ÉTUDES
CONTEMPORAINES

(Voyages, Philosophie, Beaux-Arts)

Coulommiers. — Typographie A. MOUSSIN.

ÉTUDES CONTEMPORAINES

Voyages, Philosophie et Beaux-Arts

PAR

M. PHILARÈTE CHASLES

Professeur au Collège de France.

Histoire de la Presse. — Une fabrique de vices à Paris.
La Révolution de 1848 jugée par un ambassadeur.
De la condition des gens de lettres. — Du progrès de l'argot.
Une croisade contre le costume féminin.
Du rôle de la femme dans la famille. — Bazile Hall.
Présent et avenir de l'Angleterre.
Les cantons de la Suisse centrale. — Les conteurs Russes.
Les Kirghis. — Souvenirs des lacs de Cumberland.
Wilkie. — Hogarth

PARIS
AMYOT, LIBRAIRE-ÉDITEUR,
8, RUE DE LA PAIX, 8
—
1866
Reproduction interdite. — Traduction réservée.

Ce volume, le XIVᵉ de mes Études, est consacré, plus spécialement que les précédents volumes, aux détails mobiles de nos mœurs et aux variations que les habitudes et les idées contemporaines ont subies depuis près de vingt ans : — *Rôle de la Femme dans la famille ; — Formation et fabrique du vice dans les grands centres ; — Bizarreries du nouveau costume féminin et croisade qu'il a suscitée ; — Irruption de l'argot dans l'idiôme habituel ; — Condition nouvelle faite aux gens de lettres ; — Amélioration actuelle des classes pauvres et de leur bien-être,* etc.

Ni satire ni panégyrique.

Les esprits trop accoutumés à ces deux formules arriérées se trouveront désorientés et me condamneront.

J'ai voulu suivre n mode moins oratoire, moins puéril, plus conforme aux vues et aux nécessités nouvelles. Je me suis contenté d'une naïveté absolue dans l'impression, d'une sincérité complète dans l'expression, enfin de la rigueur la plus exacte dans l'enquête. Il s'agit non de mieux dire, mais de tout dire ; non de séduire, mais d'éclairer ; non d'entraîner, mais, s'il est possible, de servir.

Que l'on n'impute pas à l'auteur les prétentions hargneuses d'un prédicateur moral ; elles déplairaient à mon temps. Je suis simplement un curieux qui aime le bien.

Il serait injuste aussi de réclamer, comme dans un débat judiciaire ou dans un Mémoire administratif, les chiffres et les dates qui viendraient à l'appui de quelques assertions dont une légèreté étourdie pourra s'étonner.

Sur les ouvriers et les ouvrières que l'on consulte les statisticiens : le savant M. Legoyt en France, Prittwitz et Rœtscher en Allemagne. Que l'on ne vienne pas m'apprendre que Notre-Dame de Paris ne fût point bâtie par Clovis ; je le sais. Ni que Franklin fût un honnête homme ; je ne l'ignore pas ; ni que Photius chez les Grecs, avant De Foë l'Anglais, inaugura la Critique littéraire et écrivit une sorte de Revue. J'affirme seulement que notre première vraie Revue fut publiée par l'auteur de Robinson Crusoé ; et que notre grande église construite du xiie au xve siècle a eu pour âme architecturale le génie composite, massif, grandiose et compacte de la Monarchie qui se concentrait au temps de Grégoire de Tours. Ne prêtez pas à l'étude et à ses résultats les couleurs de votre ignorance et de votre inexactitude.

Que Franklin soit un sage; on n'en doute guères. Portez ses finesses au passif de sa vertu. Si vous appuyez sur cette nuance, elle deviendra calomnie. Si, au lieu de l'indiquer avec réserve, vous l'autorisez de vingt citations curieusement cherchées et recueillies parmi les contemporains, votre travail qui semblera plus exact, puisque chacune des preuves apparaîtra ornée de sa page et de sa date, tournera aussitôt à la plaidoirie, c'est-à-dire au mensonge.

Je vais au-devant de ces reproches, qui me seront certainement adressés. Je ne veux pas qu'on me suppose misanthrope ou utopiste; je repousse l'une et l'autre accusation. J'aime le temps où je vis, bien que mille détails puissent blesser mon cœur ou navrer mon esprit. Ce qu'il exécute est magnifique, ce qu'il fait ou tolère est souvent méprisable, ce qu'il prépare et amène est prodigieux. Avouons bravement nos grandeurs et nos tristesses. De ce passé qui croule sur nos têtes, de ce présent qui tremble sous nos pas, tout est-il également bon? Non. — Également mauvais? Non.

Le point de vue de l'observateur n'est point misanthropique ou utopiste, amer ou joyeux, triste ou plaisant, bouffon ou sévère; on s'est trop accoutumé à cette formule exclusive, fausse et injuste.

On s'est trop plié à cette autre forme fastueusement didactique, dont la gravité impose au vulgaire et à laquelle les Français aiment servilement à se soumettre; forme qui assure le respect, donne la considération, confère l'autorité; manteau protecteur, draperie hypocrite. Ce masque de suffisance solennelle, usurpant la force et le doctorat, n'a rien de naturel ou de commode.

Restons plus terre à terre, et prétendons à moins d'empire. Quant à l'indifférence railleuse dont se targuent les esprits dégoûtés et désabusés, elle n'a pas plus de valeur.

Ici, comme dans les treize volumes précédents, on trouvera parfaite sincérité, absence totale de prétention, d'affectation, d'ambition; point de flatterie pour ce qui est; point de dénigrement contre ce qui a été; enfin l'identité la plus intime entre celui qui écrit et ce qu'il écrit; nul intérêt poursuivi; point de but personnel (1).

Philarète CHASLES.

(1) Plusieurs critiques sévères, contenues spécialement dans la *Fabrique de Vices*, datent de 1845; des efforts louables ont été tentés depuis cette époque dans le sens même et la direction indiqués. Plusieurs fragments de voyage imprimés comme « traductions, » reparaissent ici comme mon œuvre personnelle ; et j'en ai le droit. — Enfin le ton et l'accent d'un ou deux fragments révèlent leur origine; ce sont des improvisations populaires recueillies par la sténographie. (*Association Polytechnique.*

HISTOIRE DE LA PRESSE

HISTOIRE DE LA PRESSE

I

Je voudrais[1] qu'un bel esprit ayant du loisir et armé d'une érudition délicate, s'avisât d'écrire les annales de la presse, considérée dans ses rapports avec la politique, l'histoire et la morale. Quel sujet dramatique ! sans rappeler l'échafaud de Servet, le bûcher du malheureux Estienne Dolet, et de tant d'autres ; — en Angleterre seulement le pilori de Daniel de Foë, la mort cruelle de ce pauvre journaliste Tutchin que l'on roua de coups, le supplice effroyable de l'éditeur Twyn composent une légende aussi intéressante que douloureuse. Toujours vainement étouffée, la presse, surtout la presse quotidienne, se développe comme un gaz comprimé. Chaque nouvelle découverte lui prête des forces ; chaque nouvelle tentative destinée à l'arrêter la précipite. Quelle digue opposer en effet à cette expansion double et incessante de l'intelligence et des arts mécaniques, à cet emploi gigantesque et toujours plus actif des puissances de la nature domptées par l'esprit humain, et servant à en répandre la vie? En 1840, un journal anglais (le *Times*) ne tirait que *deux mille cinq cents* exemplaires à l'heure ; en 1845, il était parvenu à tirer *six mille* feuilles doubles par heure ; grâce aux progrès de la mécanique il en tire trente mille aujourd'hui.

Au moment où j'écris, il paraît dans l'Inde *quarante-huit* journaux en langues hindoustanique et anglaise ; en Australie et en Tasmanie, quarante-sept ; et sur toute l'étendue de l'Amérique environ *dix-neuf cents*, entre autres un journal noir, les « *Droits de tous,* » et une « Gazette pour les Peaux-Rouges, le *Phénix Cherokie.* » Chaque nouvelle importante se répand, comme l'éclair luit, sur la face du globe ; l'écho, répercuté mille fois, vibre à travers le monde ; c'est la force électrique appliquée à la pensée ou au fait. Le Musée Britannique, qui possède environ 4,000 volumes de journaux, n'a pas la moitié de ceux qui ont été publiés et que l'on publie.

Comment est née cette force sans pareille ?

Le gentilhomme Gutenberg venait de mobiliser les types d'imprimerie quand ses imitateurs firent paraître de petites feuilles in-4° contenant les nouvelles les plus fraîches, qui se vendirent à grand nombre, sous le porche des églises, dans les marchés, les foires et les tavernes. « On se les arrachait » (dit une note latine d'Adrien de But, que M. Gachet, archiviste belge de grand mérite, a relevée et copiée sur un manuscrit du quinzième siècle) ; « tout le monde donnait volontiers
« de l'argent pour acheter ces feuilles que les impri-
« meurs de Mayence et de Strasbourg répandaient
« avec profusion. On y lisait les *Affaires de Turquie*
« (Turcorum gesta), les *Événements récents* (Novissima
« gesta) ; à Paris surtout, ville nourrice des lettres, ces
« feuilles trouvaient un grand débit. »

Tel est le commencement du journal. Le moyen âge

n'aurait pas demandé mieux que de posséder ses journaux et de créer la presse périodique ; ce n'était pas la bonne volonté, c'était la force qui lui manquait. Jacques Cœur n'eût-il pas été charmé de recevoir chaque matin des nouvelles de la Syrie, de l'Inde, de la Grèce ; et de les payer quelques écus par mois, au lieu d'entretenir des courriers nombreux à si grands frais ? Depuis longtemps les peuples commerçants d'Europe, les Vénitiens, les Génois, les Belges, les bourgeois de la ligue anséatique avaient tâché d'obtenir des correspondances manuscrites et plus ou moins sûres, qu'ils appelaient *Notizie scritte, Zeitungen, Relazionen*, et qui, entre 1580 et 1610, s'imprimèrent et se publièrent fort irrégulièrement.

Sans périodicité régulière, fixe, complète, le vrai journal n'existe pas. En 1612, à Augsbourg, parut une *Relation, ou Papier Nouvelle de ce qui s'est passé dans le monde*, etc. — « Relation oder Zeitung was sich begeben hat... etc. » Ce n'était pas encore un journal réel et périodique ; il faut remarquer que *zeitung* n'est pas *zeitschrift* et n'indique aucune périodicité ; ce *zeitung* ne vient pas de *zeit* (temps), et n'est autre chose que le *theiding*, de *that-sache* (fait, événement), vieux mot allemand identique au *tiding* des Anglais et qui se prononce absolument de même.

On donna d'abord peu d'attention, tant en Flandre qu'ailleurs, à un fait qui allait prendre place parmi les plus féconds de l'histoire. De quoi s'agissait-il ? De ces papiers-nouvelles qu'on s'était habitué à lire manuscrits, et qui s'imprimaient tant bien que mal. Les *Zeitungen* eux-mêmes et les gazettes de Venise n'étaient point parvenus à se régulariser. On s'en tenait encore, en Angleterre surtout, aux correspondants, que dès le moyen âge les gentilshommes de campagne et les maîtres de grandes tavernes des comtés avaient entretenus à Londres; gens dont le métier exclusif consistait à recueillir les bruits et les nouvelles qu'ils couchaient sur le papier, pour les transmettre à la province. Cela s'appelait *News-Letters* (lettres-nouvelles); le Nouvelliste de profession, singulièrement multiplié depuis que la Réforme avait jeté les moines sur le pavé, était devenu un type que Ben-Johnson n'a pas oublié dans sa collection de portraits : « Bonjour, mon mignon, dit un de ses in-« terlocuteurs au Nouvelliste de profession ; tu t'en vas « donc à la quête des nouvelles! Tes bottes éperonnées « s'accordent avec ta langue vibrante pour faire reten-« tir Saint-Paul. Ah! je connais les gens de ta trempe ; « ils ont la moustache pointue, la poche vide, la plume « sur l'oreille, le nez au vent, et l'air de véritables « *écoute-s'il-pleut*. Le fond de leur langage est : *Quid* « *nunc?* » mot qui s'est en effet impatronisé dans la langue anglaise, où un *quidnunc* est quelque chose entre le nouvelliste et le *gobe-mouche*. Cette race des *Nouvellistes à la main* du seizième siècle n'est pas tout à fait perdue en Angleterre, où rien ne se perd. Nous la retrouverons tout à l'heure sous la forme du *penny-a-liner*. Il paraît en Irlande, aujourd'hui même, deux feuilles intitulées : *Lettres-Nouvelles de Belfast* et *Lettres-Nouvelles* de Saunders. Ce sont les derniers vestiges des *News-Letters* du moyen âge.

Un beau jour, près de ce vieux Saint-Paul devenu le rendez-vous des quêteurs de nouvelles (le Saint-Paul de Christophe Wren n'était pas construit), on entendit un crieur public annoncer aux chalands, de sa voix rauque, une pauvre petite feuille sans conséquence, *les Nouvelles de la Semaine*, — *the Weekly Newes, for one penny*, — pour un sou. « *La Semaine*, comprenez bien, les nouvelles de la semaine ! » Ce mot seul, *la semaine*, disait tout : il annonçait enfin un journal régulier. Le moyen âge finissait ; le dix-septième siècle était au berceau ; Shakspeare venait de mourir dans sa douce solitude champêtre ; Ben Johnson trônait au café comme poëte lauréat ; Cromwell se promenait, en méditant la Bible, dans les prairies sombres de Huntingdon ; le jeune Milton imitait à son retour d'Italie les rhythmes de Virgile et du Tasse ; Hampden menait dans le comté de Buckingham la vie paisible d'un gentilhomme de campagne ; enfin Charles Ier, enivré du platonisme de *l'Astrée*, allait, en attendant l'échafaud, partir pour Madrid, où sa royale fiancée l'attendait. Le petit journal apportant les nouvelles de la semaine se vendit fort bien ; modeste aïeul d'une postérité innombrable, honnête prédécesseur qui ne promettait pas grand'chose, il tenait tout ce qu'il promettait. Vous aviez dans sa mince feuille in-4° les nouvelles de La Haye, celles de Paris, l'arrivée d'un seigneur à sa campagne, quelques documents officiels, les orages, les tempêtes, les incendies et les animaux bicéphales ; on y joignait quelques annonces du « Stationers' Hall, » c'est-à-dire de la librairie, et bien timidement les anecdotes de la cour, — par exemple la chasse royale et l'accouchement de la reine. Le premier numéro, fort rare, est du 23 mai 1622 ; il porte les noms de Bourne et Archer ; les numéros suivants sont signés des mêmes noms, auxquels se joignent de temps à autre ceux de William Sheffard, Nathaniel Newberry, Barthélemy Downes, Edouard Allde, et surtout Nathaniel Butter; c'est le nom de Butter qui reparaît le plus fréquemment sur les titres; tous sans doute étaient *news-mongers*, anciens nouvellistes de profession, qui trouvaient commode de servir leurs pratiques sans recopier eux-mêmes leur correspondance.

Telle est la petite source imperceptible d'où ont découlé les douze ou quinze mille volumes de journaux qui composent aujourd'hui une bibliothèque si confuse et si vaste. On pense bien que l'humble journal de Butter ne contraria pas le pouvoir. Il enregistra modestement le peu qu'il savait, et voilà tout. La potence à laquelle on suspendait les jésuites et les calvinistes dont on pouvait déterrer les presses, enfouies dans les caves ou cachées dans l'épaisseur des murs, n'encourageait guère la liberté du journal. Butter et ses amis laissaient aux fanatiques du temps le plaisir de se faire pendre et l'honneur de servir aux dépens de leur vie l'irrésistible expansion de cette puissance électrique.

En France, Richelieu, qui s'y entendait, comprit bien que ces deux forces, la pensée de l'homme et son industrie matérielle, s'étant une fois rencontrées et combinées dans la presse, allaient créer une troisième force invincible, le journal. Lui qui s'emparait de tout, il s'en empara. Il permit au médecin Théophraste Renaudot de publier les nouvelles qui pourraient convenir à S. Em. le cardinal de Richelieu. Notre premier journal naquit sous la grande robe rouge.

Mais Richelieu mort, la presse subsistait; fière de sa vigueur et se sentant hors de page, elle manifesta sa

force et son caprice naissants par des mouvements folâtres dans le genre de ceux que se permettait le jeune Gargantua de Rabelais. Sous Mazarin ce fut une vraie bacchanale. Vous rappelez-vous le pont des Arts de 1848, ces crieurs bouffons et ces enfants à demi nus montés sur des chaises pour vendre leurs feuilles humides? Et ces innombrables affiches, et ces incroyables journaux? saturnales qui ressemblent à s'y méprendre à celles dont Gabriel Naudé nous a laissé le tableau et dont il riait doctement sous sa moustache solennelle. « Tout cela, dit-il, c'était *pour la*
« *panse?* »

Lucri bonus est odor ex re
Qualibet.....

Au temps de Gabriel Naudé le pont Neuf remplaçait notre pont des Arts. « On vendait, dit-il, ces journaux
« et ces pamphlets tout chauds, sortant de la presse
« comme les petits pâtés sortant du four. C'était belle
« chose de voir tous les vendeurs trotter par les rues,
« à la même heure qu'anciennement on vendait à
« Rome le déjeuner des petits enfants : »

Surgite, jam vendit pueris jentacula pistor.

Les plus mauvaises étaient les premières vendues. C'étaient le *Coup de pied au Mazarin*, la *Bombance de la France*, la *Complainte de ces Demoiselles*. Tout le monde s'en mêlait, Bruscambille et Gauthier Garguille, les histrions du pont Neuf et les chanteurs des places publiques, les filles d'auberge et les garçons d'imprimerie, dont un seul enfantait et imprimait quelquefois six chefs-d'œuvre en un jour. Tel colportait et criait lui-même son journal dans les rues ; tel autre venait de composer ce qu'il débitait. La fille de cuisine d'un libraire en faisait (dit Naudé) « après avoir écuré ses « pots et lavé ses écuelles. » Ces héros et ces héroïnes de taverne et de cabaret, en cornette de bure, en tablier de cuisine, imprimaient leurs gentillesses chez la veuve Coulon et la veuve Guillemot, chez Robert Sara et chez Cardin Besogne, tous libraires du quartier latin. Scarron et Marigny, pour une pistole ou trente francs, s'engageaient à faire rouler une presse par semaine. Trois francs la double page in-4°; quatre livres tournois pour un chef-d'œuvre.

Ce carnaval de la presse nous mena selon notre louable habitude à la complète sujétion de la presse sous Louis XIV. Le génie français est sujet aux rafales et aux ouragans, puis aux calmes plats; c'est sa méthode. Quand nous avons trop fait l'orgie, nous nous mettons à la diète. Un Italien qui écrivait au commencement du seizième siècle, monsignor Sabba di Castiglione, dont les charmants *ricordi* n'ont pas été inutiles, sans qu'on l'ait remarqué, à Montaigne pour ses *Essais* et à Bacon pour les siens, connaissait bien le caractère de notre nation, « laquelle, dit-il, n'aime que les extrêmes :
« *très-humble dans la servitude, très-orgueilleuse dans*
« *le commandement*, comme l'a décrite Tacite; géné-
« reuse et aimable, ne se reposant que dans l'excès;
« sans mémoire du passé, sans prévoyance de l'avenir;
« toute au présent, et à la première impression (ainsi la
« jugeait le spirituel et pénétrant Sannazar). » (*La qual sempre va per gli estremi senza mezzi; e pero qual grande istorico disse :* Aut humiliter serviunt, aut superbissime dominantur. *Senza memoria del passato e senza providenza dell' avvenire. E pero il mio Sannazaro, uomo*

certe d'ameno ingegno, d'acerrimo judicio, disse esser gente solamente del presente e della prima impressione.) La race n'a pas changé depuis monseigneur Sabba de Castiglione. En 1830 les lois les plus justes, contenant les restrictions les plus nécessaires en matière de presse, auraient passé pour tyranniques; en 1850 les plus sévères semblaient à peine suffisantes.

C'est une nécessité des choses humaines, que les excès trouvent toujours leur châtiment. Notre presse libre avait eu son mardi gras : le règne de Louis XIV fut sa pénitence.

En Angleterre le pouvoir tomba dans l'excès; et la presse y redevint libre.

Les Anglais n'avaient pas été si gais que nous, tant s'en faut; mais à travers Jacques Ier, Cromwell, Charles Ier, Charles II, ils avaient conservé l'habitude du journal, modeste il est vrai, et se contentant de vivre obscurément. La presse calviniste, fanatique et révoltée, eut de sanglants combats à soutenir. Jacques Ier ne la ménagea pas. Cromwell tonna; Milton la défendit en vain. La Chambre étoilée arma ses bourreaux, Charles II ses juges; tout fut inutile; les pamphlets puritains et catholiques tombèrent comme grêle. Alors on essaya de confisquer toute la presse et de transformer le roi en imprimeur universel; les jurisconsultes du temps prouvèrent très-bien que le titre de typographe était « un des fleurons indestructibles et inalié-
« bles de la couronne. » Rien n'y fit.

La presse, ressort incompressible, se relevait toujours; et sous sa protection la publicité des journaux grandissait, humble encore et irrégulière, mais certaine de son avenir.

On était si fatigué de poursuivre les imprimeurs dans leurs caves, de les condamner à l'amende et de les mettre au cachot, qu'on imagina un moyen plus expéditif : pendre et couper en morceaux le premier imprimeur qui déplairait au pouvoir.

Le coup tomba sur un pauvre homme nommé Twyn, lequel habitait la *foire aux vieux habits* (clothfair), l'endroit même où s'était réfugié l'aveugle Milton. En 1663, par une triste nuit d'octobre, les ouvriers qui se servaient de presses secrètes pour répandre les dogmes ultracalvinistes furent découverts au milieu de leur opération. Ce qu'il y a de douloureux, qui nous étonnerait si l'histoire humaine n'était remplie de faits semblables, c'est que l'homme envoyé à la recherche de ces malheureux était lui-même un homme de la presse, un vieil écrivain qui toute sa vie avait fait des journaux et abusé de la presse. *Roger Lestrange* (que par un anagramme bizarre et de tout point exact on avait nommé *Lying Strange Roger*, « Roger l'étrange menteur ») était *licenser*, c'est-à-dire « censeur unique, » et apportait dans ses poursuites, comme cela arrive toujours, l'acharnement d'un renégat. Ses espions collèrent leurs oreilles à la porte de Twyn et écoutèrent longtemps. Enfin ils entendirent le bruit des feuilles humides qui s'entassaient au sortir de la presse ; on força la porte, Lestrange se précipita.

La forme avait été brisée, les feuilles imprimées étaient tombées dans une maison voisine, et l'on eut bien de la peine à trouver un corps de délit suffisant. Mais pour pendre un homme il faut si peu de chose! Le pauvre éditeur, mis en jugement, répondit au sergent Morton, avocat de la Couronne, et au juge Hyde, qui le maltraitaient fort, qu'il avait imprimé cela pour de l'argent, qu'il était bien misérable, qu'il avait femme et enfants, qu'il n'avait pas lu un mot de ce qu'on l'avait chargé d'imprimer. Enfin tombant à genoux : « Je vous demande bien pardon, con« tinua-t-il. — Demandez pardon à Dieu, répliqua le « juge Hyde. — Je supplie Votre Excellence d'inter« céder en ma faveur auprès de S. M. — Que le bour« reau le lie, reprit Hyde, et que l'imprimeur Twyn « écoute sa sentence. » Cette sentence, quand on la lit aujourd'hui, glace le sang dans les veines. Pendu, coupé en morceaux, le corps affreusement mutilé, de son vivant même ; — les entrailles arrachées et brûlées, la tête coupée, et les quartiers du cadavre distribués dans diverses localités de Londres. — « Ayez « pitié de moi, s'écriait Twyn, je vous en supplie « humblement. — Je n'aurais pas pitié de mon père « dans un tel cas, » reprit Hyde ; et les ennemis de la presse eurent le plaisir de voir les débris du pauvre homme sécher au soleil sur les portes de Temple-Bar, de Ludgate et d'Aldgate. Cela se passait au milieu du dix-septième siècle, et personne ne s'en étonna. De quoi les hommes s'étonnent-ils ?

De telles horreurs retombèrent de tout leur poids sur la tête de Jacques II.

Elles l'envoyèrent méditer et prier dans la triste solitude de Saint-Germain.

Vous croyez que la presse va mourir ! Pas du tout. Malgré les proclamations de Charles Ier, sa Chambre étoilée, Cromwell et son grand conseil, le Parlement et ses actes, les règlements fiscaux, le bourreau et la potence, la presse marche toujours. Daniel de Foë crée la première Revue en 1689. Enfin dès 1702 on voit éclore ce dernier fruit de la presse, un journal quotidien ; — Guillaume III régnait.

Il régnait en vertu de la passion populaire, composée de calvinisme et de haine contre les nations du Midi ; il commandait à des tories, partisans du pouvoir, et à des whigs, partisans de la liberté ; c'était donc une nécessité pour lui de compter avec la presse, qui placée entre les deux partis, devint le fléau de la balance et fut l'arbitre du grand combat. En vain essaya-t-on de faire revivre le *licenser*, la presse eut bientôt brisé cette entrave débile et usée. Elle ne cessait pas de faire des progrès. Depuis l'apparition de « l'Informateur public » (*Public Intelligencer*), en 1661, jusqu'en 1688, soixante-dix nouveaux journaux avaient paru ; entre 1688 et 1692, vingt-six autres. C'est de 1709 que date la régularité quotidienne du journal ; le *Daily-Courant* en donna le premier exemple.

Alors on s'aperçut enfin du service que devaient rendre les journaux quant à la facilité des communications. Ils abattaient les barrières, ils détruisaient les distances, ils activaient la circulation dans les veines sociales. « Ceux qui voudront, dit un des éditeurs, « faire parvenir de leurs nouvelles à leurs amis, peu-« vent se servir de notre journal ; on imprimera la « copie qu'ils enverront. » C'est à cette idée originale que se rapportent les correspondances par les journaux, dont la France fait peu d'usage, mais dont les feuilles anglaises et américaines offrent des échantillons si singuliers.

Une autre invention des éditeurs anglais de 1695

n'a jamais pu s'accréditer complétement. Le rédacteur en chef de la *Poste ailée* (*Flying-post*) s'était avisé de vendre son journal comme papier à lettre, en tenant à la disposition de l'abonné moitié papier blanc, moitié imprimé. — « Les gentilshommes (dit-il dans « son annonce) qui voudront, en écrivant à leurs « amis, leur communiquer le détail des affaires publi- « ques, peuvent trouver notre journal chez Jean Sa- « lisbury, au *Soleil levant*, dans Corn-hill, — pour « deux pence. On aura soin de leur laisser assez de « papier blanc pour qu'ils y écrivent leurs propres af- « faires. » En 1696, un autre éditeur alla plus loin; pensant que l'impression typographique contrastait désagréablement avec les caractères tracés à la main, il fit fondre des caractères cursifs pour imiter l'écriture, et débita le tout; — avec peu de succès apparemment; son journal ne put se soutenir.

De 1709, année où parut le premier journal quotidien anglais (*le Courant du Jour*), date l'époque triomphale de la presse quotidienne. Non-seulement elle devint un besoin de la population, mais tous les talents contemporains se précipitèrent soit dans la rédaction habituelle des journaux proprement dits, soit dans celle de quelques publications analogues paraissant à des intervalles plus ou moins rapprochés, tels que le *Tatler* (*Causeur* plutôt que « Babillard, » comme on l'a traduit), *le Spectateur*, *le Guardian* (*Tuteur*, et non « Gardien, » comme on travestissait ce mot récemment). La littérature anglaise doit à cette périodicité quelques-uns de ses plus utiles et de ses plus charmants chefs-d'œuvre. Addison, Steele et Swift exercèrent par là sur les mœurs une influence dominante.

Le pouvoir prit de nouveau l'alarme ! Ces folliculaires troublaient les esprits ! il fallait les empêcher de livrer au public les secrets de l'État, les débats du Parlement, les mystères de la politique. La lutte commença avec la dixième année de la reine Anne, et elle dure encore ; légalement personne n'a le droit de publier, même aujourd'hui, les débats du Parlement anglais.

On doit rendre justice aux hommes politiques ; ils firent tous leurs efforts pour échapper à la publicité. C'est par tolérance seulement que les discussions des Communes et des Lords, ces magnifiques combats de Pitt et de Tierney, de Canning et de Perceval, ces joûtes splendides, non pas de rhétorique, mais de raison, qui ont affermi l'État au lieu de l'ébranler et développé la liberté au lieu de l'éteindre, ont paru imprimées. Les Anglais ont laissé dormir la loi, au lieu de l'abolir ou de créer huit ou dix lois supplémentaires et contradictoires, ce que les Anglais ont en horreur. Les péripéties nouvelles de la presse, l'invention du timbre, du double timbre, de la taxe sur les annonces forment une histoire curieuse, sur laquelle nous reviendrons et que nous poursuivrons en Amérique dans ses dernières phases.

Cette histoire prouve de reste que la presse est irrésistible, qu'il faut la régler comme toutes les forces, mais qu'on ne suspendra jamais dans le monde la circulation libre de la pensée et de la parole. Supprimez donc l'électricité !

II

A mesure que les forces de la nature ont été soumises et vaincues, la communication de la pensée est devenue plus rapide; les races ont entretenu entre elles des rapports plus nombreux et plus fréquents; la presse, puissant instrument de sympathie et de propagation, a grandi, et le journal avec elle. La presse n'est que l'intelligence humaine matérialisée et douée de la faculté locomotive; aussi se développe-t-elle avec chaque perfectionnement de l'industrie. Un volume in-folio, chargé de gravures, est aujourd'hui une œuvre bien moins laborieuse et moins rare que ne l'était du temps de Gutenberg l'impression d'une page in-4°. La mobilisation des types a inauguré le miracle; la vapeur l'a complété. Le journalisme lui-même n'est que l'application à la parole et à la pensée de cette rapidité de mouvement que les inventions modernes ne cessent pas d'activer.

On peut distinguer trois époques dans l'histoire de la presse; pendant la première, elle lutte contre l'opinion religieuse; pendant la seconde, contre la doctrine philosophique; pendant la troisième, contre la force politique. La presse étant un grand pouvoir, c'est à qui le prendra. On arrache à ses adversaires l'arme que l'on redoute et dont on vient d'être blessé; puis, sous de superbes mots de religion, de morale ou de politique, voiles éternels des intérêts humains, on fait à l'ennemi tout le mal que l'on peut lui faire. Mais on a beau confisquer la presse à son profit, l'ennemi, pourvu qu'on ne le pende pas tout à fait, redevient un beau jour maître de l'arme terrible. Louis XIV réussit à s'en emparer; ses ministres ne laissent rien imprimer en France qui ne soit dûment visé par un censeur; — et cependant, à deux pas de lui, la Hollande l'accable de ses projectiles; ce petit pays devient un arsenal; Bayle écrit; Jurieu foudroie; la satire reproduit sous mille formes, en vers, en prose, et dans des gravures insultantes, les amours du grand roi et le détail de ses faiblesses. C'est la presse qui triomphe de Louis XIV.

Tout le monde donc a voulu, et toujours inutilement, s'emparer de la presse : entre 1580 et 1680, au nom de la foi; entre 1680 et 1780, au nom de la doctrine; depuis 1780, au nom de la politique. Ni la religion, ni la philosophie ni la politique n'ont pu captiver cette force électrique dont le journal est la plus rapide étincelle et la plus invincible.

La première tentative fut bizarre. La religion proclamait son droit de ne laisser apparaître aucune idée qui ne fût chrétienne et bonne; mais il était difficile de s'assurer si une pensée était vraiment chrétienne, vraiment bonne, ou vraiment mauvaise. Les Espagnols et les Italiens, peuples catholiques qui ne pouvaient abdiquer le culte du beau moral, se soumirent à cinq, six et même dix censeurs successifs, qui revoyaient les produits de la presse, et se critiquaient mutuellement Après avoir traversé tant de creusets divers, le métal de la pensée serait peut-être de bon aloi. Impuissance! futilité! incertitude des jugements humains! les censeurs exerçaient leur tâche en aveugles, et tout allait de mal en pis.

Les plus héroïques défenseurs de la presse furent les calvinistes en France, et les jésuites en Angleterre. Ces derniers teignirent de leur sang, noblement versé, plus d'une presse et plus d'une forme d'imprimerie. On composerait un grand drame avec les péripéties et les martyres épouvantables du jésuite Parsons et de ses amis; ni l'anglicanisme d'Oxford, ni le presbytérianisme, ni les Saints de Cromwell n'en vinrent à bout; et la presse resta victorieuse.

Ce fut ensuite le tour de l'esprit monarchique qui voulut absorber la presse. On déclara qu'il n'y avait qu'un seul imprimeur en Angleterre, et que cet imprimeur était le roi. Le roi typographe et chef du royaume! admirable invention! Elle ne servit à rien.

Ni le pouvoir religieux au seizième siècle, ni le pouvoir monarchique au dix-septième siècle ne sont venus à bout de la presse.

Conciles et Assemblées se sont brisés sur l'écueil.

La première victoire importante de la presse a été la destruction du *licenser*, ou « censeur unique, » sous Guillaume III; — la seconde, la fondation régulière du journal quotidien sous la reine Anne; — la troisième, la publication des débats parlementaires passée en coutume malgré la loi. J'ai raconté sommairement les deux premiers combats; le troisième est tout un drame.

Du moment où la presse, même sans se permettre de critique, publia des débats politiques du Parlement, elle devint suspecte et odieuse aux gens d'État. Les Communes et les Pairs prétendaient qu'on violait leur privilége; les unes et les autres héritaient de l'autorité des rois, et se regardaient comme sacrés ; c'était leur prétention.

Aussi les efforts des politiques pour fermer au public les portes de leur sanctuaire datent-ils de très-loin. Sous le règne de Charles Ier, plusieurs décrets d'accusation avaient frappé tout journaliste qui publiait ses observations sur les débats du Parlement, ou, crime plus grave, quelques fragments de ces mêmes débats. Les majorités et le pouvoir se tiennent volontiers dans le nuage ; les minorités et les partis battus, ainsi que les ambitions mécontentes et les intrigues en expectative, ne manquent pas de former une cohorte d'opposition qui veut à tout prix appeler la lumière, faire du bruit, déchirer les voiles, recruter des adhérents, justifier ses manœuvres et conquérir des appuis à l'extérieur. Cette opposition, qui grossissait depuis Jacques Ier, inventa mille procédés pour éluder la loi ; elle publia ses analyses et ses comptes-rendus sous forme de roman ou de lettres ; elle adressa à des correspondants ou à des amis de province imaginaires la critique de ses adversaires et la parodie de leurs opinions. Le doux philosophe Locke, Anchitel Gray, représentant de Derby, le souple et redoutable Shaftsbury, surtout le spirituel satirique André Marvel, qui ressemblait fort à Paul-Louis Courier, avec un grain de probité et de sincérité de plus, passèrent leur vie à commenter ainsi les débats parlementaires et à diriger l'esprit public ; on leur doit une série importante de documents historiques qui n'ont jamais été recueillis en corps d'ouvrage et qui le mériteraient bien ; sous le titre de *Lettres à mes commettants, Lettres à mes correspondants, Lettres à une personne de qualité, Correspondances de province*, on y trouve non-seulement beaucoup de renseignements et de faits sur l'histoire politique d'Angleterre entre 1666 et 1694, mais le tableau animé des deux Chambres et de toutes les discussions contemporaines. La besogne du journal se faisait ainsi en dehors du journalisme et lui frayait la route.

Le pouvoir s'apercevait bien de l'usurpation de la presse et de l'avénement prochain des journaux ; il voulut se défendre. Il avait pour lui la coutume, la tradition, le texte précis de la loi. « Toute séance des « Communes ou des Lords doit se tenir à huis clos ; « — discuter les actes ou les discours du Parlement, « c'est être criminel au premier chef du *scandalum* « *magnatum*. » Ces terribles armes légales furent dérouillées en 1675, au moment où Shaftsbury braquait contre le roi le canon de ses intrigues. Le conseil privé fit brûler en place publique la *Lettre de Shaftsbury à ses commettants*. Vengeance inutile. Guillaume III, annoncé par Shaftsbury, monte sur le trône et le whiggisme y monte avec lui ; la publicité des débats s'étend, on imprime avec commentaires la diatribe de sir John Knight contre les étrangers, c'est-à-dire contre le roi (qui était Hollandais) ; là-dessus, furieuse colère de la cour et des ministres, amende et emprisonnement du journalisme.

La loi sévissait toujours contre les éditeurs ; mais l'opinion publique était pour eux, et ils continuaient de plus belle. A la fin de la même année (1694), un nommé Dyer est traîné devant la barre de la Chambre, forcé de faire amende honorable à deux genoux, et réprimandé publiquement pour s'être plaint dans son journal « que les débats des deux Chambres étaient

« stériles, que beaucoup de membres n'assistaient pas
« aux séances, qu'ils ne faisaient pas les affaires du
« public. » Puis par un bill spécial défense à toute feuille
ou papier-nouvelle de s'occuper de politique, de donner son opinion sur les débats et de les divulguer. La presse semblait devoir mourir de ce coup ; elle n'en mourut pas. Les lois la frappaient, les esprits la protégeaient.

Une de nos grandes erreurs modernes et notre superstition la plus folle, c'est de croire à la toute-puissance des lois, sans nous embarrasser des âmes sur lesquelles ces lois tombent, des esprits qui les appliquent et des individus qui les subissent. Platon a bien raison de dire « qu'on écrit les choses que l'on ne veut pas exécuter. » Le sang coulait dans les rues de Florence, au moment où l'étendard de la ville portait ces mots en lettres d'or : *Règne du Christ.*

En 1694 on espérait étouffer par des lois la presse et le journal, que protégeait le secret instinct des masses. Libérale dans le cœur et servile dans les formules, l'Angleterre fulminait ses arrêts contre les progrès de la publicité ; lois vaines, tonnerres stériles. Les âmes s'y refusaient, les esprits en condamnaient le principe et les mœurs en annulaient l'application. Après 1694 les journaux se multiplient. On voit apparaître un *Apollon britannique, un Post-Scriptum universel*, un *Facteur de la Poste*. D'abord les journaux n'avaient donné que les nouvelles brutes, sans commentaires; ils avaient ensuite essayé de s'en tenir aux réflexions seules sans y joindre le récit des faits. Ces deux modes étaient incomplets l'un et l'autre. Pour la première fois sous la reine Anne on vit les deux éléments d'un bon journal, le fait et la critique, se rapprocher et se confondre ; le fait motiver la réflexion, et cette dernière éclairer le fait. De cette combinaison de la critique avec la politique active naquit une force inconnue ; les arcanes de l'État percés à jour, le mouvement des affaires avivé, le caractère des hommes publics discuté à ciel ouvert, enfin la rapidité des « informations » mêlée à la liberté des critiques — constituèrent un nouveau pouvoir ; — le journalisme définitivement organisé.

On s'en effraya. Les Communes, averties par le ministère, promirent leur secours pour écraser cette presse criminelle, et s'engagèrent à « opposer une forte digue « aux libelles, dont l'audace devenait une honte pour « le gouvernement, enfin à trouver un remède égal à la « gravité du mal. »

Le plus sûr moyen était sans aucun doute de ressusciter l'ancien Statut, qui fermait hermétiquement au public et à la presse les séances des Communes et des Lords. Ainsi pensaient les plus véhéments et non les plus sages. De mois en mois, entre février 1712 et le mois d'avril de la même année, on remit sur le tapis des Communes cette discussion qui embarrassait tout le monde. Comment empêcher une publicité qui était dans l'intérêt de tous? Comment maintenir ce huis-clos que chacun était prêt à briser et que chacun faisait mine d'admettre ? C'était une de ces situations ignobles où tous les esprits s'accordent pour haïr ce que toutes les lâchetés conspirent à défendre. L'éditeur du *Courant du Jour* devint la victime expiatoire de la situation ; il fut mis en prison pour avoir imprimé avec commentaires un « Mémoire des États généraux de Hollande; » et l'on s'en tint là. Ni whigs ni tories ne savaient comment procéder. « Voici « nos gens d'État bien perplexes, » dit le misanthrope Swift, qui observait, pour l'expliquer à Stella, le mouvement des partis; « ils voudraient supprimer les jour-« naux de leurs adversaires et garder l'arme pour eux « seuls. Beaucoup de membres des Communes s'ingé-« nient à trouver les moyens, et ne jugent pas la chose « faisable. » — Aussi tourna-t-on la difficulté. Les whigs étaient alors au pouvoir, et l'on sait qu'en fait de lois restrictives rien n'est habile comme un ancien membre de l'opposition. Ce fut d'eux que partit le plus beau coup de Jarnac qui pût atteindre la publicité quotidienne sans avoir l'air de toucher à la liberté de la presse. Plusieurs articles de consommation soumis à l'impôt, « savon, sucre, papier, vitres, parchemins, » remplirent un long bill du Parlement, à la fin duquel un petit article supplémentaire se glissa bien innocemment; il s'agissait d'une clause imperceptible et additionnelle qui frappait les journaux d'un droit de timbre « d'un demi-penny par chaque demi-feuille de « journal, d'un penny par feuille entière, et de onze « pence par annonce. »

Le fameux droit de timbre était éclos. L'effet de cette invention fut merveilleux; beaucoup de journaux moururent, d'autres se fondirent. Les survivants héritèrent des morts, et, en dernière analyse, ce fut la presse qui gagna.

Sans reconnaître la publicité comme légale on l'admettait tacitement, et tout journal acquérait une importance réelle. Il fallait plus de capitaux pour le créer, plus d'annonces pour le soutenir. Ce qui n'avait été qu'une petite affaire devint une entreprise considérable. On distribua la besogne entre de nombreux collaborateurs bien payés. Chaque parti voulut s'assurer d'une forteresse, c'est-à-dire d'un journal pour se défendre; et le gouvernement lui-même ne pouvant subsister qu'en s'appuyant sur un parti, profita du mouvement et laissa la loi dormir. Quand George Ier monta sur le trône, cette révolution était accomplie sans que personne s'en fût douté; et depuis cette époque, les débats du Parlement, en dépit de la loi formelle, ne cessèrent plus de paraître par extraits. On les trouve diversement et assez succinctement résumés dans le *Magasin du gentilhomme*, le *Magasin du mois* et le *Registre de Boyer*. Le grave Samuel Johnson, l'élégant Hawkesworth, le savant Guthrie, le moraliste Burke prêtèrent leurs plumes à cette œuvre difficile, souvent rebutante. Comme on invitait lord Chatham à sévir alors contre la presse : « Allons donc! s'écria-t-il, la presse porte sa charte avec elle, et jamais rien ne l'étouffera. »

En effet, placée entre l'élément aristocratique ou de permanence et le mouvement populaire ou de progrès, la critique, armée d'une publicité quotidienne, devint nécessaire au pouvoir comme à l'opposition. Un matin de l'année 1760, lord Bute, cet homme d'esprit qui ne fit que des sottises, alla voir son ami Doddington, célèbre par ses intrigues parlementaires, et lui proposa de fonder un journal destiné à soutenir le ministère; ce qui eut lieu, mais avec tant de maladresse et de parcimonie, que *le Breton* (c'était le nom de la feuille) dura juste le temps nécessaire pour assurer la fortune d'une feuille ennemie. Un homme brillait alors, parfaitement taré, orné de tous les vices, vénal, ignorant, lâche, capricieux, mauvais écrivain ; trop hideux pour être ridicule ; borgne, envieux, débauché, méprisé ; au moral pauvre ; au physique laid ; de fortune nul ; mais en fait de jeu politique excellent ; il avait du tact, de l'audace encore davantage, et de l'impudence par-dessus tout ; c'était le fameux Wilkes. Il saisit le moment ; et en face du *Breton* de lord Bute, il lança une autre feuille, *le Breton du Nord*, titre admirable qui rejetait l'adversaire dans les régions méridionales et le renvoyait en Italie et en Espagne, contrées catholiques très-odieuses aux Anglais. Le journal de Bute disparut d'un souffle. *Le Breton du Nord* triompha bruyamment. Encouragé par le succès, Wilkes se mit à commenter tous les discours parlementaires, et même à les publier *in extenso*, ce qui ne s'était pas vu jusqu'alors. La vieille législation qui condamnait la publicité des débats n'était plus qu'un vain fantôme ; Wilkes ne s'en effraya point. Il n'eut peur ni de l'huissier à la verge noire, ni de la vaste perruque du chancelier, ni de celle des juges, ni du sac de laine sur lequel le président des Lords était assis. Il savait que tous les partis l'aideraient sous main, puisqu'ils y trouvaient leur compte. C'était bien raisonner.

Aidé par le grammairien Horne Tooke et par les aldermen Oliver et Townsbend, Wilkes brava donc le privilége parlementaire, et publia sans subterfuges et sans réticences les discussions des Communes. La voie était ouverte ; d'autres éditeurs y entrèrent, Miller et Thompson les premiers. Alors les Communes s'émurent et leur « Speaker » fit appréhender au corps un des journalistes et éditeurs réfractaires, Thompson.

C'était le 15 mars 1761. Le messager de la Chambre se présente chez l'éditeur de la *Poste du Soir de Londres* pour l'arrêter au nom du Parlement. Thompson fait aussitôt appeler un constable et se laisse conduire à l'hôtel de ville (*Mansion House*), où l'attend le lord-maire avec Wilkes et Oliver.

La scène fut dramatique et la mise en scène excellente. Le sergent d'armes des Communes venait d'arriver pour prêter main-forte au messager.

« — De quel droit, au nom de qui arrêtez-vous cet
« homme? demanda le lord-maire au sergent.

« — Au nom du *Speaker* des Communes. Nous
« avons un mandat de la Chambre qui vous ordonne
« de remettre en nos mains l'éditeur Thompson, ici
« présent.

« — Pour quel délit?

« — Nous exécutons notre mandat.

« — Ce mandat est-il signé du magistrat de la Cité?

« — Non.

« — Montrez-le!

« — Le voici.

« — Ce mandat ne vaut rien. Nous déclarons l'ar-
« restation nulle, et ordonnons que Thompson soit
« remis en liberté. »

Les Communes bravées, Wilkes triomphant, la Cité victorieuse, tout cela ne suffit pas. L'éditeur Thompson de prisonnier redevenant accusateur, et reprenant l'offensive :

» — Je demande acte, dit-il, de l'arrestation illé-
« gale dont j'ai été victime, et je réclame à mon tour
« l'arrestation du messager et du sergent d'armes des
« Communes. »

Le lord-maire et Wilkes, qui avaient arrangé la comédie, accordèrent à Thompson sa requête; procès-verbal fut dressé ; les trois magistrats signèrent; enfin le sergent d'armes et son confrère furent contraints de donner caution pour ne pas se rendre à la Tour.

Les masses frémissaient, les bourgeois de la Cité se montraient déterminés à se défendre et les Communes étaient irritées. Wilkes, Oliver et Townshend, pour avoir insulté la législature, furent mandés à la barre et incarcérés. Mais l'émotion populaire devenait si vive qu'il fallut proroger la session, et la prorogation entraînant de fait la libération des captifs, ils sortirent de prison.

Wilkes, un des plus vicieux et des plus spirituels brouillons dont les annales politiques aient gardé le souvenir, fut porté en triomphe avec ses deux acolytes; la Cité illumina.

Belle occasion d'improviser une révolution, de bouleverser l'État, de brûler Londres, de tuer les lords, de renverser le trône qui ne tenait guère ! Les Anglais ne trouvèrent pas que cela fût utile. La publicité des débats leur était acquise; ils la gardèrent. Les Communes ne voulaient pas céder leur privilége antique; on n'y toucha pas. Seulement on se mit à conquérir l'Inde et à prendre le Canada sur les Français, qui lisaient Jean-Jacques avec passion et qui admiraient sentimentalement les souliers de Franklin et ceux de Malesherbes; on régularisa les banques, on étendit le commerce, on activa l'industrie; Liverpool et Manchester s'élevèrent; le *Times*, le *Morning Chronicle* furent fondés en dépit des lois sur le timbre. Nous verrons bientôt quelle influence exerça sur les destinées de l'Angleterre cette presse à la fois si puissante et contenue par des lois si sévères.

III

Les Américains[2] et les Anglais, quels que soient leurs qualités ou leurs vices, ont le sens politique au plus haut degré.

Qu'est-ce que le sens politique?

C'est le droit sens.

Non pas le théorique et l'absolu, la logique et l'algèbre; mais la pratique, la vie et la nécessité de chaque jour. Mener les affaires de ce monde d'après l'algèbre et l'absolu, c'est mener un bateau par logarithme. — « Oh! dit le spirituel et inexorable Butler, dont on nous pardonnera de citer les rimes burlesques à propos d'un sujet grave; — oh! la belle histoire et la belle science

> De ceux qui vous disent *bonjour*,
> Qui font la guerre ou bien l'amour
> Par poids, mesure et concurrence
> Des *Gémeaux* et de la *Balance*,
> Selon que monsieur *Jupiter*
> A salué *Vénus* dans l'air!
> Beaux philosophes algébriques,
> Amoureux des lois sympathiques;
> Otant leur chapeau par compas,
> Et ne prenant un seul repas
> Que si madame la Logique
> Et madame la Rhétorique
> Démontrent que leur pancréas,
> Peut digérer deux ou trois plats!

Le comique auteur a bien raison ; c'est le pire des pédantismes que ce retour perpétuel à l'absolu et à la logique suprême dans les affaires d'un monde où tout est flottant et incomplet. L'imperfection évidente des choses humaines rend la loi sainte et sacrée aux yeux des peuples vraiment politiques ; pour eux la loi doit être immuable, puisqu'elle représente l'absolu, le juste, l'équitable, le parfait. Remplacez-vous par une succession de petites lois qui se désavouent et s'annulent la loi traditionnelle, enracinée dans les mœurs, alors il n'y a plus de lois ; cette recherche vaine d'un absolu qui nous fuit sans cesse est la destruction du sentiment même de la justice. Aussi les nations politiques changent-elles leurs lois le moins possible ; elles savent qu'une loi renouvelée est une loi amoindrie, et que l'affaiblissement de la loi équivaut à l'abaissement de l'humanité. Bentham lui-même et sa grande « Codification abstraite » n'ont pas séduit l'Angleterre.

Quand il s'est agi de publier dans les journaux les débats parlementaires, un problème complexe s'est présenté à la bourgeoisie anglaise : de deux libertés il fallait, pour être logique, en immoler une, soit celle du Parlement, soit celle de la presse. Devait-on détruire le privilége des Communes, blesser la représentation nationale et affaiblir le solide rempart des libertés publiques ? ou fallait-il, en cédant aux Communes, sacrifier la liberté de la presse, envelopper de mystère les débats politiques et tomber sous la tyrannie parlementaire, la pire des tyrannies ? On sortit de ce pas difficile par un sentier de zigzag et une route absurde, — absurde du moins aux yeux de la métaphysique. La bourgeoisie prouva au Parlement que s'il s'obstinait dans la lutte, il serait battu infailliblement; puis elle se garda bien de le battre; au contraire, elle lui laissa son privilége comme fiche de consolation. Satisfaites sur le papier, les Communes s'en tinrent là et firent bien; la loi resta la même, la presse continua son œuvre; et la coutume s'enracina si profondément, qu'aujourd'hui la destruction officielle et reconnue du privilége parlementaire n'étonnerait personne et semblerait aller de soi.

Le bon sens pratique avait tranché la difficulté; savants, sages, théoriciens n'y avaient vu goutte. Le plus honnête moraliste du temps, Samuel Johnson, placé entre son amour pour la presse et son respect de la loi, comme l'âne de Buridan entre ses deux pâtures, se tirait d'affaire par une sentence superbe, tout à fait digne de notre Molière, quand il démontre que « sa fille est muette » par de si bonnes raisons. — « Du danger produit par une liberté illimitée de la presse, dit Johnson, et de l'autre danger que fait naître le désir de limiter la presse, résulte un problème... » Assurément !... « Problème majeur, que l'intelligence humaine paraît hors d'état de résoudre ! » Voilà qui est clair.

O très-honnête Samuel ! l'intelligence humaine ne résolvait rien; la pratique sensée, active venait à bout de tout. Le jury se montrait quelquefois sévère, même inique et la presse souvent insolente, cela ne pouvait manquer; l'injustice et les violences sont le train ordinaire des choses humaines. Mais l'habitude d'assister aux débats des deux Chambres et de les commenter devenait universelle; le commerce et l'industrie trouvaient un levier puissant d'action dans la publicité des annonces; les tavernes et les lieux publics étaient semés de feuilles quotidiennes, dont le fisc tirait par la loi du timbre un bénéfice considérable; les provinces les plus reculées faisaient venir un ou deux journaux de Londres; enfin, dix années seulement après l'équipée de Wilkes, Cowper, le poëte calviniste, cet autre Jean-Jacques de l'Angleterre, insérait un charmant passage dans le poëme que l'amitié d'une femme lui imposait comme remède à son hypocondrie : *la Tâche*.

« — Voici le journal que nous apporte le facteur botté, crotté, ceinture serrée, cheveux couverts de neige. Messager du monde et de ses bruits confus, bonjour; te voilà donc avec des nouvelles de toutes les nations bercées sur tes épaules ! Tu vas sifflant, sans te soucier de ce que tu portes, et ton petit paquet une fois jeté dans l'auberge voisine, tu repars joyeux, sifflant toujours, soufflant dans tes doigts, le cœur léger, l'esprit content. Incendies et morts, mariages et naissances, les fonds qui tombent, les fonds qui se relèvent, tout cela est enclos dans le journal que tu nous apportes. Nos troupes se battent-elles? sont-elles paisiblement assoupies et étendues au bord des flots atlantiques? L'Inde ancienne est-elle libre et riante, heureuse et parée de son diadème séculaire? ou bien gémit-elle encore sous nos tortures et nos vexations? Et nos orateurs, et nos grands hommes, que deviennent-ils donc? Voyons un peu : discussions, logique, réplique, triplique, épigramme, insulte, objurgation, raillerie, facétie, que devient tout cela? Je suis curieux de le voir. — Donnons la liberté à ces captifs; fermez bien les volets, que les rideaux tombent en plis épais; faites briller la flamme du foyer; approchez le sofa; lisons, pendant que l'urne bouillante laisse échapper avec bruit sa colonne de vapeur embaumée; préparez les coupes où va tomber la chaude liqueur, mère de la gaieté sans ivresse. Voici l'in-folio de quatre pages qui se déplie avec fracas; ce volume heureux que la critique elle-même ne critique jamais, que tous écoutent avidement, même les femmes, les jeunes et les belles, silencieuses et attentives. C'est une vraie carte géographique de nos gains, de nos pertes, de nos intérêts, de nos pensées, de notre vie entière, de ses ondoyants rapports et de ses variétés singulières. Cette chaîne aride de montagnes conduit au pic glacé du ministère; ce grand bourbier est le marécage où tombent les ambitions déchues; voici le sentier perdu que suit le démagogue quand il veut atteindre le nouveau triomphateur et lui donner le croc-en-jambe redoutable qui réussit toujours. Ici roulent à flots dorés les onctueuses vagues d'une jeune éloquence parlementaire; — on est modeste, humble et timide; on espère peu, on ne demande rien, on promet peu; hélas! et l'on tient tout! — Plus loin, l'emphase tombe en cataractes bruyantes, la prolixité des mots étend son océan sur un désert d'idées, et la plaisanterie prend ses ébats aux dépens d'une nation qui souffre. Plus loin encore voici le plus charmant chaos du monde, merveilles sur merveilles, cheveux pour les chauves, roses pour les teints qui pâlissent, des lis pour qui en veut, de la santé pour les mourants, le ciel et la terre à vos ordres, Dieu et l'enfer mis à sac, rosées olympiennes, nectars qui rendent la vie aux trépassés, sermons et festins, chansonnettes et ballons, charlatans de place et charlatans du monde ! Oh ! qu'il est délicieux pour le rêveur et le poëte, d'observer par les meurtrières de sa citadelle bien fermée les mouvements et la mêlée de ce grand combat, de voir s'agiter l'énorme Babel et de ne point en sentir la presse, d'écouter de loin et sans danger le vague murmure de ces flots confus qui viennent mourir paisibles à notre oreille ! Ainsi tranquille, assis au coin de mon feu, le journal dans mes mains, je vois d'en haut le monde et tout ce qui l'agite ; il me semble que j'ai gravi quelque hauteur sereine où nul danger ne peut m'atteindre, où je suis quelque chose de plus qu'un mortel, d'où je contemple à mon gré les races, les générations, les empires. J'observe ce grand tumulte, paisible moi-même. »

Ces vers délicieux sont une date et de l'histoire. On y voit éclater l'expansion vive et l'influence universelle du journal, quand la loi du timbre fut portée et la publicité acquise aux débats parlementaires.

C'est alors que le journal, devenu indispensable à toutes les classes, s'organise sur le pied d'une administration puissante. Le vieux *newsman*, ou chercheur de nouvelles, revit sous la forme du *penny-a-line-man* (homme-à-un-sou-la-ligne), qui approvisionne de décès, d'événements et de miracles les colonnes dévorantes. Son talent consiste à fixer l'attention du lecteur, à rendre tous les prodiges croyables, surtout à multiplier les lignes et à colorer son style d'épithètes véhémentes et nombreuses. L'incendie ordinaire doit lui rapporter 1 schelling, le mariage comme il faut 2 schellings ; tout beau crime 5 schellings. C'est à *l'homme-à-un-penny-la-ligne* qu'est dû le grand serpent de mer qui a passé la Manche, qui a pullulé en France et s'est répandu dans le nouveau monde où il s'est fort multiplié.

L'industrie ne pouvait manquer d'utiliser ce beau talent d'amplification et de rhétorique. L'annonce, qui, du temps d'Addison, s'était tapie modestement à la fin du *Spectateur* et du *Tatler*, déploya ses ailes et occupa une portion considérable du journal. Il le fallait bien : le droit du timbre et le prix élevé du papier eussent enlevé aux propriétaires tous leurs bénéfices, si le commerce, aidé de l. publicité, ne se fût chargé de combler cette lacune. Par degrés et bien timidement, l'éloquence du comptoir, l'une des plus insinuantes et des plus emphatiques éloquences imaginables, se glissa dans le journal et l'envahit. En 1695, madame Baker, lingère et modiste, s'annonçait dans la *Poste du matin* : *Piccadily, n° 27, excellente confection de robes et chapeaux, sous le patronage des dames de la cour*. C'était modeste. Dès 1712, un hardi bottier saisit la trompette et proclame dans *le Courant du jour* ses *chaussures portées avec orgueil par toute la gentry des trois royaumes*. L'annonce marche ainsi ou plutôt vole comme Mercure, en 1760, on lit dans le *Journal de la Cour* vingt-cinq vers en faveur d'un chapelier célèbre. L'annonce devient puissante; le commerce et l'industrie y trouvent leur compte.

Bientôt pour exprimer ce progrès nouveau il fallut inventer un nouveau terme, l'art de « ballonner » (*puffing*). Raillerie à part, cette rapidité et cette multiplicité des annonces servit merveilleusement le com-

merce anglais. « Je trouve dans les pages remplies d'an-
« nonces, dit l'ingénu Charles Lamb, tout l'idéal qui
« manque à ma vie. Charmantes et chères annonces!
« Ce beau chat qui se mire dans une botte! l'urne à
« thé ! le chapeau magnifique ! Surtout ces vers mélan-
« coliques, composés par le poëte lauréat de mon
« coiffeur ! Tout cela me ravit l'âme ; j'aime à me rap-
« peler qu'autrefois monarques et princesses avaient
« le monopole des poëtes lauréats, c'est une fantaisie
« que mon épicier et mon tailleur peuvent se passer
« aisément ! »

Les annonces seules ont soutenu les journaux anglais depuis la loi du timbre. Pitt en 1797 augmenta
ce droit de 100 pour 100 ; en 1798, il astreignit l'imprimeur, l'éditeur et deux propriétaires de chaque feuille
à signer leurs noms sur un registre. En 1840 le droit
de timbre était de un penny par feuille, avec une
déduction de 20 pour 100 sur ce droit, à cause des
autres taxes sur la fabrication du papier. Le papier
se vendait aux grands journaux de Londres 70 schellings le 1,000, c'est-à-dire 1 penny 1/5 par feuille.
Les commissionnaires de journaux achetaient chaque
feuille 9 pence 7/9, ou 15 schellings vingt-sept exemplaires. En définitive, le bénéfice des chefs de l'entreprise se réduisait à 1 penny 3 farthings par feuille
vendue.

Toutes ces entraves apparentes ont accru l'énergie vitale de la presse anglaise, devenue le plus puissant instrument de la civilisation moderne. 12 ou 15,000 livres
sterling pour la rédaction proprement dite d'un journal ; 4,000 livres sterling pour les comptes-rendus des

séances parlementaires, n'ont pas effrayé les propriétaires de ces colosses de publicité.

Au-dessus des *penny-a-line-men,* pourvoyeurs nécessaires, qu'il ne faut pas mépriser, car le journal ne fonctionnerait pas sans eux, sont venus s'échelonner les *reporters* de diverses natures, au nombre de cinq dans les premiers temps, et qui, pour les diverses attributions de leur emploi, ont fini par s'élever au nombre de trente ou quarante, payés de quatre à six guinées par semaine. En dehors du journal et même de l'Angleterre, on eut des correspondants, véritables ambassadeurs rétribués avec munificence; enfin, cet édifice gigantesque de publicité fut couronné par le double trône, et le mot n'est pas excessif, du sous-éditeur, qui perçoit de 4 à 600 liv. sterl., et de l'éditeur en chef, qui touche de 600 à 1,000 liv. sterl. Voilà où en était déjà venue la presse périodique en 1840, et depuis ce temps elle n'a pas perdu un pouce de terrain. Cet espace parcouru par elle en deux siècles et demi lui appartient encore. En 1586, un décret de la Chambre étoilée avait défendu, « sous peine de
« mort, de garder une presse, même pour en user
« dans les cabinets et les recoins des maisons ; avait
« supprimé tous les imprimeurs hors de Londres, ex-
« cepté à Cambridge et à Oxford ; et autorisé la Compa-
« gnie des Stationers à pénétrer de force chez tous
« les imprimeurs non patentés et à briser, fendre ou
« mettre en morceaux sur l'enclume tous les instru-
« ments nécessaires à l'impression. » Cette *typophobie*
« ne réussit guère, comme nous l'avons dit.

Nous reviendrons plus tard sur l'organisation intérieure des journaux anglais depuis 1780. La liberté anglo-saxonne venait alors de pousser sur un autre hémisphère des racines nouvelles et de puissants rameaux. En Amérique, après la déclaration de l'indépendance et la formation des Etats-Unis en républiques fédératives, la presse ne trouvait aucun obstacle. Dans ce pays libre et neuf, ni timbre, ni droit sur les annonces, ni restrictions d'aucune espèce ; une législation indulgente, un jury toujours prêt à donner raison aux principes de liberté. Dans ces admirables conditions, vous diriez que la presse va fleurir et s'armer d'une autorité nouvelle. Nullement. L'excès de l'indépendance va la priver de sa force.

Le pays du monde où la presse a peut-être le moins d'influence utile, c'est l'Amérique, et c'est le pays où y a le plus de journaux. Les journaux américains sont consacrés presque exclusivement aux nouvelles : cette partie matérielle du journalisme a tout absorbé ; le talent leur importe peu ; ils ne connaissent pas d'autre rivalité. Comme toute la population américaine est abonnée à quelque journal, et que la plus petite ferme, la moindre chaumière, reçoit une ou plusieurs feuilles publiques, il s'agit seulement de donner les nouvelles avant tout le monde ; pour atteindre ce résultat, pas de sacrifices, pas d'efforts dont un éditeur américain ne soit capable. On entretient sur les routes des chevaux de rechange et des courriers tout exprès. Le télégraphe électrique joue ; récemment il est arrivé qu'au moyen d'une flèche lancée par une personne placée à bord d'un navire, une entreprise rivale a trouvé moyen de distancer ses concurrentes. Presque toutes les villes, même les plus petites, possèdent plusieurs journaux quotidiens. Il y en a qui paraissent trois fois, deux fois, une fois par semaine. Rochester, avec ses 30,000 âmes, en a cinq, qui, après tout, ne contiennent que des annonces, des affiches, et quelquefois des injures. « Pas un Américain, dit M. de Tocqueville dans son « excellent ouvrage sur l'Amérique, n'oserait pro- « poser une restriction à la liberté de la presse. » La licence de la presse aux Etats-Unis est extrême. « Trop souvent, dit le *North American Review*, les « journaux sont les organes des passions les plus « basses et les plus vénales. Ils gagnent peu d'ar- « gent, ne peuvent servir aucun intérêt utile ou « honnête, et déshonorent le pays. »

Les journaux anglais, pour une population de 26 millions d'hommes, sont à peu près au nombre de 370. Les 14 millions de citoyens des Etats-Unis ont aujourd'hui 11,000 journaux.

Tous les voyageurs anglais se sont accordés, depuis le commencement du siècle, à flétrir la violence, la vénalité et l'ignoble grossièreté d'une portion de la presse américaine. M. Webster lui-même, un des hommes les plus justement célèbres et estimés du continent américain, s'est élevé souvent contre ce qu'il appelle une « presse polluée et sans honte, » et ce que Fenimore Cooper nomme une « presse intolérable. » Il est juste de dire qu'elle se rachète et s'épure par degrés; mais comment se fait-il que la diffamation et l'outrage dont ses journaux sont remplis ne produisent aucun effet; que sans cesse on y lise que monsieur un tel est un drôle et madame une telle une misérable? Serait-il vrai, comme les voyageurs anglais ne manquent pas de le prétendre, que les Américains soient insensibles à l'honneur, et qu'ils ne soignent pas le moins du monde leur réputation? — Non, certes; mais dans ce pays du fait et de l'action, l'action seule a quelque valeur; il est question de défricher, de planter et de bâtir des villes, bien plus que de lire ou de faire des phrases. Personne ne s'inquiète donc des injures des journaux et des journaux eux-mêmes. Seulement, comme on y trouve la note exacte de tout ce qui peut s'acheter et se vendre, et les nouvelles du commerce et de la politique, on en use, et l'on fait bien, sans s'embarrasser du journal. Telle diffamation, qui soulèverait la France, passe inaperçue en Amérique. On court en Californie; on rêve à cette immense voie de fer qui partira des Grands-Lacs pour aboutir à la Nouvelle-Orléans; qu'importe le reste?

Personne en Amérique ne donne grande attention à ce qui s'imprime et à la valeur des mots.. Quand il est convenu que les mots n'ont plus de prix et de sens, ceux qui les écoutent les reçoivent exactement pour la même valeur que ceux qui les prononcent; de même une monnaie de billon qui porte avec elle son alliage, quel que soit le titre apparent qu'on lui donne, est toujours réduite par la circulation à sa valeur réelle. La presse n'en demeure pas moins en Amérique un vigoureux instrument de civilisation naissante, d'activité, de puissance et de labeur. Elle entretient avec force ce mouvement qui remue le sol, fertilise la terre et fait germer les villes. Elle a ses fautes et *ses péchés*, comme dit miss Martineau; souvent elle ne représente que la fumée de cette grande machine à vapeur qui marche toujours. C'est que le moment n'est pas encore venu. Jusqu'à ce que l'Amérique ait renouvelé la littérature anglaise pour lui imprimer définitivement son caractère propre, les journaux américains ne seront que ce qu'ils sont aujourd'hui, des locomotives du fait et non des moteurs de l'idée.

Les Américains ont-ils abdiqué en cela le sens politique de leurs pères? Non, certes; aux besoins d'une civilisation en travail de formation ils appliquent les ressources d'un journalisme enfant. Nous chercherons maintenant à étudier les singularités de cette formation et les nuances de ce progrès.

IV

Le journalisme aux États-Unis est d'hier; car il ne date pas de plus loin que 1704. L'imprimerie américaine elle-même ne remonte pas plus haut que l'année 1674. — « En 1639, dit le *North American Review*, auquel nous empruntons ces détails, John Glover fit présent au collége de Cambridge (Massachussets), d'une fonte de caractères (*a font of printing letters*). Quelques marchands d'Amsterdam envoyèrent ensuite 49 liv. sterl. applicables à une imprimerie américaine. Trente-cinq ans se passèrent sans que cette donation portât ses fruits. En 1674, enfin, Boston eut son imprimerie, et Philadelphie la sienne en 1724, cinquante ans plus tard. On ne publiait encore en Amérique que des pamphlets religieux, des sermons, et surtout des almanachs. Les querelles des planteurs et des colons, leurs guerres contre les Indiens, leurs discussions théologiques, leurs défrichements et la construction de leurs villes frayaient la route d'une civilisation nouvelle; au milieu de leurs travaux, les Américains, se passaient de journal; ils s'en passaient comme tous les fondateurs d'anciens empires ou d'anciennes républiques. Après tout, on peut douter que le journalisme eût été pour eux d'une utilité bien grande. Cette population, disséminée sur tous les points d'un vaste territoire, sentait vivement le besoin de se réunir en groupes; elle ne recevait aucune nouvelle de ses frères puritains, épars et persécutés sur la face de l'Europe. Au lieu de lire la gazette au coin de son feu, on allait à Boston causer des intérêts de la secte; ces pieux centres de réunion prêtaient de l'énergie aux sentiments religieux et patriotiques de chacun. Jusqu'au milieu du dix-septième siècle quelques-uns de ces points de ralliement ont conservé leur influence et leur intérêt. Le jeudi de chaque semaine on voyait accourir à Boston une foule de campagnards, de jeunes gens, d'écoliers, qui assistaient à ce que l'on appelait la leçon du jeudi. Après la leçon, il se formait une espèce de club où l'on apprenait les nouvelles, où l'on échangeait ses idées, où se faisaient les mariages, où se traitaient les questions de commerce et de politique. L'un lisait à son voisin les lettres qui lui venaient d'Ecosse, et l'autre lui communiquait les nouvelles fraîchement arrivées d'Angleterre. J'ai entendu dire à d'anciens colons que jamais journal, quelque excellent qu'on le supposât, ne parviendrait à remplacer ce club social, dont l'ombre existe encore à Boston.

« En 1704 (dit toujours le *North American*), Barhélemy Green, de Boston, fils de l'imprimeur du Collége, et qui avait longtemps rempli l'office de *precentor* dans une des principales églises, imprima et publia dans cet Etat le premier journal, qui avait pour titre : *Lettres nouvelles de Boston*. Un maître de poste, John Campbell, Ecossais, avait fait les fonds. En général, les journaux américains ont eu pour berceau les maisons de poste, espèces d'hôtelleries et de lieux de rendez-vous où les nouvelles abondent avec les voyageurs. Green, l'imprimeur, acheta le journal dix-huit ans plus tard, combattit le mouvement républicain, ne cessa point de prêcher la loyauté envers la métropole, essaya de ranimer cette flamme éteinte de patriotisme anglais qui n'avait plus de foyer ni d'aliment, et vit expirer son journal en 1776, lors de l'évacuation de Boston par les troupes anglaises.

Le maître de poste qui avait succédé à Campbell établit, en décembre 1719, une gazette rivale de la gazette continuée par Green; cette dernière se nomma *Gazette bostonienne*. Le prix des grains et les arrivages servaient de texte principal à ce recueil intéressant, qui depuis l'année 1718 n'a pas cessé de se publier et de s'imprimer dans une petite allée obscure située près de la cour de la prison. Mais chaque maître de poste, ayant fondé un journal à lui, ne manquait guère, avant de quitter sa place, d'en vendre la propriété, et son successeur, quel qu'il pût être, se mettait aussitôt à créer un journal nouveau. Ainsi, de maître de poste en maître de poste, le journalisme acquérait des forces nouvelles. Le journal fondé par Kneeland en 1732 (le troisième en date), se nomma *Gazette de Boston* et *Journal hebdomadaire*, et eut beaucoup de succès. En

1752, le même Kneeland, s'étant séparé de son partenaire, établit un nouveau journal qui eut pour titre *l'Avertisseur de la semaine*, contenant (ainsi le titre s'exprimait) « les nouvelles les plus fraîches, tant domestiques qu'étrangères. »

En 1721, James Franklin, frère aîné du célèbre Benjamin Franklin, publia contre la métropole, en faveur de la colonie, ses *Nouvelles courantes de la Nouvelle-Angleterre*. Le jeune Benjamin travaillait au journal pour fort peu d'argent, car il était pauvre. Avisé comme il était, il demanda à son frère une augmentation qui lui fut très-commercialement refusée; alors il quitta Boston et le journal, qui tomba aussitôt. Sur les cendres encore chaudes de cette feuille apparut un nouveau journal, *la Répétition de la semaine*, par Thomas Fleet, qui avait quitté Londres en haine de la haute Eglise, et qui était venu à Boston, où, pour prouver sa loyauté de sujet, il avait fait peindre sur son enseigne *un Cœur et une Couronne*. La déclaration d'indépendance une fois signée, il effaça la couronne et la remplaça par une Bible ouverte, avec cet exergue : *Thomas Fleet. Le Cœur et la Bible*.

C'est le *North American Review* qui nous fournit ces détails. Le rédacteur possède, dit-il, une collection complète de ces vieux journaux « de toutes les tailles, « et terribles pour le relieur; collection bizarre, vallée « de Josaphat, rendez-vous de toutes les proportions « et de tous les âges. » Le même écrivain cite en passant quelques échantillons curieux de la « vieille « plaisanterie indigène dont ces feuilles s'égayaient. — « A vendre un vieux quaker défunt et desséché qui

« paraît vivant, qui est mort, qui ne parle pas, qui
« remue peu, mais qui sait toujours comment on triche
« le voisin en vendant de mauvais drap, etc. » — « A
« louer une belle esclave noire, avec ou sans le magis-
« trat J. Hopwood qui s'est chargé de son éducation,
« et qui lui a appris toutes sortes de sciences; l'esclave
« seule, dix dollars par semaine; avec le magistrat,
« onze dollars; le magistrat seul, un demi-dollar. »
Et encore : « On demande six ladies *patronnesses* pour
« se mettre à la tête des bals de New-York, décider
« des admissions et des exclusions, déterminer avec
« une exactitude scrupuleuse d'où sort celui-ci et
« d'où vient celle-là, et bannir sans réserve de la
« société toute espèce de *petites gens*. Elles devront être
« d'une naissance distinguée, prouver par leur arbre
« généalogique que depuis la quatrième génération il
« n'y a eu dans leurs familles ni blanchisseuses, ni
« tailleurs, ni cordonniers, etc. Elles devront aussi
« entendre le français et un peu l'italien, savoir au
« juste quand il faut crier *bravo* dans un concert, et
« marquer la mesure par un mouvement de tête aux
« soirées musicales du samedi. »

Le journal américain s'est éloigné par degrés de cette situation primitive et patriarcale. Il s'est multiplié démesurément.

Il y a aujourd'hui en Amérique des journaux de toutes les formes, de toutes les dimensions, de toutes les nuances, illustrés, non illustrés, in-folio, in-12, allemands, anglais, français; ils vous assaillent de tous côtés, ils viennent vous harceler dans le wagon, sur le bateau à vapeur, dans les rues, dans les hôtels, chez votre banquier, au spectacle, au concert, dans la chaumière, dans le sentier perdu des vieilles forêts, sous le wigwam de l'indigène. Toute l'Europe a entendu parler du *Chillicote-Banner*, mouchoir qui devient journal, journal imprimé sur un mouchoir, et que l'on envoie chaque semaine à la blanchisseuse, qui en est aussi là typographe, l'*éditrice* et la *rédactrice*. D'autres feuilles paraissent deux, trois ou quatre fois par semaine. Les unes sont politiques, les autres littéraires, d'autres satiriques, quelques-unes professionnelles. Le *Picayune* de la Nouvelle-Orléans est assurément un des plus malins héritiers de Marforio et de Pasquin. Ce sont les loustics américains de cette espèce qui se permettent des plaisanteries telles que celles-ci : Une gravure sur bois représentant « une souricière, » et au-dessous de l'instrument la liste des nouveaux mariés. « Des commu- « nautés de 2,000 âmes, dit un voyageur anglais, pos- « sèdent jusqu'à six journaux. » Rochester, avec ses 30,000 âmes, en a cinq quotidiens et huit hebdomadaires ou bihebdomadaires. Un statisticien polonais, qui a publié un excellent livre statistique sur l'état du pays, a calculé de la manière suivante le rapport proportionnel de la population aux journaux : un journal pour 10,000 âmes. En Asie, un journal suffit à 14 millions d'hommes. En 1849, il a paru aux Etats-Unis dix-sept cents journaux en chiffres ronds.

Ce que le lecteur cherche dans ces journaux, qui remplacent les affiches, ce sont les annonces, et rien de plus. Pas un n'a d'influence, de crédit, de force ou d'argent. On ne s'étonne point d'y trouver la souricière burlesque dont nous venons de parler tout à l'heure, ni de lire, dans un numéro manquant d'annonces, cinq pages arrachées sans autre cérémonie au roman qui vient de paraître. Dans les localités reculées, dans l'Ioway, par exemple, et même à Cincinnati, la femme mariée qui a mis au monde un jeune citoyen ou une citoyenne l'annonce économiquement à ses amis par l'organe du journal : *La colonelle Tabitha Grundt est heureusement accouchée d'une fille ; la mère et l'enfant se portent bien.* Souvent une transaction commerciale s'ébauche et se termine dans deux journaux dont les imprimeries respectives sont à cent lieues de distance l'une de l'autre : — « Mille « balles de coton pour ... dollars ! » — « Trop cher ; « je rabats 25 par cent ! » — « Impossible ! » Et le dialogue continue. Le *New Albany Packet* de 1849 est rempli d'invitations qui ne coûtent ni frais de poste, ni plumes, ni encre : *Les misses Dorothée Trewe et Jemma Trewe* (ce sont les demoiselles qui invitent) *ont l'honneur d'inviter à leur soirée du* 25 *courant MM...*, etc.

Ces particularités de ménage deviennent chaque jour plus rares et se concentrent de plus en plus dans les localités où la vie primitive se maintient. A Boston, à New-York, à Philadelphie et à Baltimore, le ton des journaux principaux, si l'on fait abstraction de la véhémence politique, est en général élevé et modéré, du moins comparativement aux anciennes habitudes de la presse américaine. Quant au talent, au style, à la forme, à la valeur intrinsèque, on ne s'en occupe guère ; tout est sacrifié aux nouvelles et aux annonces. Il n'est rien qu'un éditeur américain ne fît pour se procurer des nouvelles fraîches. Les trois principaux journaux de Philadelphie et de New-York s'arrangèrent récemment pour faire arriver plus vite, d'Halifax à New-York, les nouvelles d'Europe. C'était l'hiver. Ils employèrent des exprès à cheval et frétèrent un bateau à vapeur pour l'occasion. Ils gagnèrent un jour. Pendant la guerre du Mexique, tout le monde attendait avec anxiété les nouvelles du Sud, qui arrivaient alors par la Nouvelle-Orléans, où le bateau-poste débarquait. Une lutte s'établit entre les journaux de Baltimore, et ce fut à qui se servirait le premier du télégraphe électrique établi récemment entre Baltimore et Washington.

Le vapeur, après avoir remonté le Potomac, s'arrêtait à plus d'un mille du télégraphe et de la poste de Washington pour y délivrer ses paquets et ses messages, qui de là étaient transportés en chemin de fer jusqu'à la poste de la métropole administrative. Voici ce que les éditeurs rivaux imaginèrent pour se distancer l'un l'autre. Chacun d'eux embarqua un agent à bord du vapeur, et lui recommanda de recueillir en route toutes les informations possibles, de les rédiger d'une manière succincte, et d'attacher cette rédaction à un bâton court, assez pesant pour être lancé sur le rivage et y tomber avant même que le vapeur eût touché le bord. A terre se trouvait un homme qui ramassait le bâton et le passait à un enfant monté sur un excellent cheval. Le cheval partait au galop pour atteindre le bureau du télégraphe. Il y avait quelquefois cinq ou six chevaux ainsi montés, et c'était un véritable *steeple-chase* auquel on assistait avec beaucoup d'intérêt. Le premier qui s'emparait du télégraphe le faisait jouer à son profit ; en un quart d'heure Baltimore savait les nouvelles, avant même qu'on les connût à Washington et que la correspondance fût distribuée dans cette dernière ville. Un jour, l'un des concurrents s'avisa de lancer son manuscrit attaché au bout d'une flèche, ce qui lui assura la victoire.

On voit qu'il n'est plus question de littérature, de philosophie, de progrès intellectuel ; il est question « d'aller vite, » *going ahead*, et les Américains ont parfaitement raison : pour peupler ces grands espaces, pour relier les lacs Supérieurs à la Pacifique, pour défricher, coloniser, civiliser, enfin accomplir leur tâche, ils n'iront jamais assez vite. Les vingt ou trente races différentes dont le sang confondu et mêlé coule dans les veines de ce corps jeune et gigantesque ont besoin, pour opérer leur fusion, de ce mouvement perpétuel et véhément. Que feraient-elles du journalisme intellectuel ou civilisé de l'Angleterre ou de la France ?

Tel est encore aujourd'hui le journalisme américain. Les pionniers du nouveau monde, les préparateurs de l'avenir, n'ont pas eu le loisir ou le désir de faire de leur presse périodique autre chose que ce qui leur convient parfaitement : une rapide locomotive pour les faits, un moyen matériel d'anéantir l'espace, un instrument un peu grossier pour économiser le temps et forcer les points les plus éloignés de leur territoire immense à communiquer entre eux. Le journal américain, quel qu'il soit, a peu de crédit, exerce peu d'influence, se vend très-bon marché et gagne très-peu d'argent. Ce qui est étrange, c'est qu'en se vendant bon marché, il est encore très-cher relativement à ce qu'il coûte et à ce qu'il contient. Un voyageur affirme « que
« le prix des journaux américains, quelque inférieur
« qu'il paraisse, est infiniment plus élevé que celui des

« anglais ; ces derniers, dit-il, renferment dix fois plus
« de matière, coûtent vingt fois plus, et sont d'une
« autorité comme d'une utilité cent fois plus élevée. »

Dans quelle voie doit aujourd'hui s'engager la presse
quotidienne de l'Europe et surtout de la France ? Dans
celle que les Etats-Unis ont suivie ? Ce serait revenir
à l'enfance de l'art. Les journalistes même des Etats-
Unis en conviennent, et l'un des plus spirituels s'exprime ainsi : « Laissez-nous marcher, dit-il, nous
grandirons ; nous ferons un jour des livres comme on
en fait à Paris et des journaux comme on en fait à
Londres. Nous ne pouvons pas employer nos loisirs
comme messieurs les Européens. Le temps, ce grand
vieillard poétique des anciens, avec des ailes et une
faux, emportant sur sa route des fleurs, des couronnes, et des coupes, n'est pour l'Américain moderne qu'une pauvre et musculeuse bête de somme
qui creuse de son mieux la terre, qui trace son sillon
avec un patient labeur : jouissance, luxe, délicatesse,
tout ce qui orne la vie n'appartient pas encore à l'A-
mérique. Nous sommes aujourd'hui ce qu'étaient les
Goths ; nous associons encore les idées de vie efféminée et de mollesse d'âme aux idées de littérature et
de poésie. Nous croyons que l'intelligence ne s'applique
pas aux choses idéales sans se pervertir et se corrompre.
Pour nous, littérature et niaiserie sont synonymes ;
nous voulons de l'action et non de l'étude ; du savoir-
faire et non du savoir. Nous voulons que la muscula-
ture domine, quand même le système cérébral en
souffrirait. Notre éducation n'a qu'un but, l'utilité
actuelle. Nous nous disputons du pain et de l'argent ;
voilà tout. »

C'est très-bien ; et l'Europe vieillissante, que ferait-elle d'un journalisme enfant? Renfermée, comparativement à l'Amérique, dans des bornes territoriales assez étroites, à quoi pourrait lui servir et le fractionnement infini, et la médiocrité universelle, et la transformation complète de la presse, devenue instrument matériel de transmission et de communication? Toute force dont on abuse et que l'on subdivise immodérément s'évapore et disparaît. La presse européenne, en reculant jusqu'aux procédés fractionnaires et enfantins de la presse américaine, atteindrait donc ou le suicide ou du moins un état d'abaissement excessif ; or, l'abaissement de la presse est celui de la pensée même, et cet abaissement serait celui de la race et du pays.

V

Est-ce à dire que je veuille la mort de l'annonce? L'annonce, fille aînée de la liberté de la presse, n'a pu exister sans sa mère. L'annonce est la sœur bâtarde de la publicité ; elle soutient, à elle seule, comme Samson, le temple des institutions modernes. Elle est essentiellement démocratique ; elle s'adresse au peuple, à la masse, à la crédulité ; elle a remplacé la religion, la poésie ; elle tient lieu de toutes les croyances. En un mot qui ne croit plus à Dieu garde du moins la superstition de l'annonce. L'annonce représente la masse humaine facile à duper, heureuse d'être dupe. Imaginez un peu de quel malheur seraient frappés les neuf dixièmes des populations française, anglaise et américaine, si on les privait tout à coup de cette douce jouissance. Les bourgeois les plus respectables des deux mondes en périraient de chagrin. Il y a toujours dans l'annonce une espérance, c'est-à-dire une portion de vie et de bonheur. Ne parlez pas du danger qui peut la suivre et de l'avenir trompeur qu'elle ouvre trop souvent à nos désirs : elle contient un gaz enivrant qui monte au cerveau, le caresse et l'exalte comme le gaz acide carbonique. Une fois habitué à l'annonce et aux jouissances qu'elle procure, on ne peut pas plus s'en défaire que de l'habitude stimulante du tabac, du café ou du vin de Champagne. Honneur à ceux qui ont accru la somme des jouissances humaines en inventant l'annonce! Ils savaient que l'avidité de l'imagination est insatiable et ardente comme celle des sens; que ses désirs sont inépuisables, intenses, éternels, incorrigibles, et que sa munificence égale toujours le plaisir qu'elle reçoit et la mystification qu'elle subit.

« La poésie, dit Bacon, ne fait que réaliser le monde idéal et nous mettre en possession de l'objet de nos désirs. » Que fait l'annonce ? Elle offre un remède certain à ceux qui ont la goutte, du vin de Madère excellent aux buveurs gourmets et pauvres qui ne veulent payer que 10 pences la bouteille, un certain revenu à quiconque veut doubler et tripler même ses capitaux, un mariage riche et une jeune beauté aux officiers sans fortune, un Adonis plein de qualités et de vertus aux veuves surannées et aux épicières retirées du commerce. Toutes ces jouissances sont idéales si l'on veut, chimériques et insensées, j'en conviens; mais ne sont-ce pas là de véritables voluptés poétiques admirablement adaptées à un monde matériel ?

Sous le rapport de la civilisation et du commerce, l'annonce est un bienfait; elle établit dans toutes les branches du commerce et de l'industrie une circulation continue et progressive; elle tient lieu d'une loi fort nécessaire et que nos législateurs ont cependant oubliée : je veux parler d'une mesure administrative qui forcerait le public à débarrasser les marchands de tout ce qui se trouve dans leurs magasins et de tout ce qui y reste. L'annonce remplit ce but, elle balaye les magasins avec une facilité et une rapidité surprenantes; tout le rebut qu'ils contiennent disparaît en moins de rien, sans violence arbitraire; et le public déçu se croit encore obligé à la reconnaissance. La loi du *maximum*, employée à cet effet par les chefs et les moteurs de la révolution française, n'était qu'une tyrannie ridicule. L'annonce n'exerce pas la compulsion; elle ne force pas, elle persuade. Pourquoi toutes les législations n'ont-elles pas mis en œuvre cette douce et charmante violence? Pourquoi cette route de fleurs ne nous conduit-elle pas à la république où à la monarchie?

Salut donc, invention sublime, dernier effort de la philanthropie progressive! tu es devenue l'un des beaux arts de notre époque, ou plutôt tu les as remplacés tous. Fille des mathématiques et de la spéculation financière, tu as la crédulité pour sage-femme et la publicité pour nourrice. Jamais système d'intérêt composé n'a produit de bénéfice aussi net, aussi gigantesque que l'annonce. Il ne s'agit ni de dix, ni de quinze pour cent, mais de cinquante et de mille pour cent. Les industriels de Londres et de Paris dépensent tous les ans vingt-cinq millions en annonces, et retirent de cette transformation sublime un milliard de profits! Financiers, établissez des banques d'escompte; armateurs, faites voguer vos navires; mécaniciens, créez vos puissantes machines; économistes politiques, supputez le nombre de briques dont se composent les maisons de Londres, le nombre de pommes de terre que produit et exporte l'Irlande toujours affamée; inutiles philosophes, calculez le nombre d'utiles mensonges que contient un journal, jamais vous n'obtiendrez rien qui approche des résultats obtenus par cet admirable procédé de l'annonce.

Vers le milieu du dix-huitième siècle, un homme de beaucoup d'esprit découvrit l'influence nouvelle qui venait d'éclore. Ce fut Sheridan qui le premier s'occupa d'une classification savante des mystifications que le public commençait à subir, non-seulement sans se plaindre, mais avec reconnaissance. Le premier, il introduisit dans sa comédie, intitulée *la Critique*, un journaliste habile, véritable fondateur de la science, et qui disserte en connaisseur sur les différentes manières de faire *mousser l'annonce*. « Tantôt, dit-il, on la fait mousser directement, franchement, sans prétentions oratoires et sans artifices: on dit qu'un auteur est sublime, et l'on frappe de malédictions quiconque ne reconnaîtra pas sa grandeur. Tantôt la mousse est oblique et semble arriver comme par hasard et comme par accident à l'éloge que l'on veut atteindre. Ainsi, à propos d'un mauvais poëte, on fait valoir toutes les beautés, toutes les qualités du poëte que l'on protége, et dont l'édition ne se vend pas. Un mode plus ingénieux encore, et qui peut s'appeler, selon Sheridan, *la mousse par opposition*, est celui qui jette au hasard, à travers une phrase, une gloire qui n'existe pas encore, dont personne n'a entendu parler, mais que l'on donne pour publique, pour éclatante et pour universellement reconnue. Par exemple, on veut faire la fortune d'un chapelier envers lequel le journaliste a contracté la dette de cinq ou six chapeaux, usés et non payés; on prend ce chapelier inconnu pour point de comparaison, et l'on dit : « Martin se croit aussi célèbre et aussi habile dans son art que Napoléon dans l'art militaire, que Kemble dans l'art dramatique, ou le célèbre Tannert dans l'art de faire les chapeaux. » La mousse hostile est beaucoup plus belle et peut être considérée comme une des raretés du genre. Celle-ci demande une diplomatie raffinée, et qui va jusqu'au machiavélisme.

Suivez exactement la recette que voici : Dites d'un homme ou d'un livre tout le mal que les hommes pardonnent, quand même les moralistes et les critiques le réprouveraient; laissez supposer en lui toutes les qualités que l'on estime, c'est-à-dire celles dont on a besoin. Ayez l'air de le blâmer amèrement; jouez le rôle d'un ennemi acharné, mais excitez la curiosité, mais éveillez l'attention; vous aurez atteint votre but. Vous avouerez avec une sorte de regret et comme chose dont tout le monde est obligé de convenir, que tel homme politique a de l'éloquence, de l'habileté, qu'il sait faire triompher son parti; mais vous tomberez d'aplomb sur ses vices, sur son immoralité, sur son défaut de principes. Vous ne disconviendrez pas que cet ouvrage ne soit curieux, intéressant, que le style n'en soit nouveau, rapide et coloré; mais vous ajouterez que ces mérites ne vous éblouissent pas, que l'auteur est un homme de mauvais goût, chef d'une mauvaise école et qui emploie mal son talent. Le sublime de la mousse hostile est de faire maudire le critique et de faire acheter l'ouvrage.

Mais ce n'est rien encore auprès de la mousse accidentelle, qui prend pour base quelque grande catastrophe vraie ou supposée, et qui, donnant pour ainsi dire son coup de tam-tam à la curiosité publique, contraint tous les yeux à se tourner; c'est le dernier échelon de cette grande politique des annonces; la plus invincible et la plus brillante des fusées que projette le grand feu d'artifice donné au public. Phénomènes de la nature, crises politiques, meurtres, assassinats, réjouissances publiques, l'annonce s'assimile à tous ces événements et s'en sert comme d'autant de véhicules. Vous voulez donner de la réputation à quelque pauvre auteur de vos amis qui a six enfants, une vieille mère, et aussi peu de talent que de fortune: je suppose qu'il se soit retiré, par motif de santé ou d'économie, dans un petit village voisin de Londres. Quinze jours après sa retraite, vous publiez dans un journal en vogue le paragraphe suivant : « Une tempête affreuse vient de soulever les flots du Rhin; les côtes de l'Alsace ont été submergées et l'inondation, qui a détruit les plus beaux et les plus fertiles vignobles de Breikdorf-Weilstein, s'est étendue jusqu'à Colmar. Le bateau à vapeur *le Krauen*, qui était parti d'Ehrenbreinstein le 17 septembre au matin, a succombé à l'effort des vagues malgré l'habileté du capitaine Brokhsturff, qui a péri avec tout son équipage et ses nombreux passagers. On doit déplorer la perte de miss Elisa-Wilhelmine Bangor, fille unique et héritière du célèbre lord Bangor, et qui se rendait à Wiesbaden avec sa gouvernante et l'un de ses oncles Lord Beresfield ; le cadavre de cette jeune et intéressante victime a été retrouvé sur la plage d'Embersden, et enseveli dans le cimetière du village. Le même paquebot portait l'un des hommes les plus instruits et les plus modestes de l'époque, le jeune Eleuthère Chalcidicus, qui revenait de Leyde, où il avait été compulser dans les archives de la république de Hollande les documents nécessaires à sa grande histoire du Stathoudérat, documents que l'on croyait perdus, et qui n'ont pu échapper aux investigations de son érudition infatigable : il rapportait en Angleterre cette précieuse conquête, qui eût servi à rendre plus digne de son talent l'un des beaux monuments historiques de l'époque; lorsque cette grande catastrophe inattendue l'a enseveli dans les flots du grand fleuve qui lui sert aujourd'hui de tombeau. Sans doute, après sa mort on lui rendra toute la justice qui lui est due ; on lui assignera le rang qu'il mérite à la tête des grands écrivains du siècle ; car un habile pilote de Wissembourg, Dorotheus Bonn, a réussi à sauver une grande partie de ces manuscrits si précieux, dont on ne saurait trop hâter la publication. » Huit jours après vous annoncez que le grand Eleuthère Chalcidicus, lequel n'a pas bougé de place, a eu le bonheur de survivre à cette catastrophe épouvantable et que l'ouvrage va paraître. La fortune de l'auteur est faite, et la vente du livre assurée.

Votre ami Eleuthère a-t-il la plus légère dose de talent? Ce n'est pas du tout la question. Ne vous en embarrassez pas. Peu importe ; accomplissez votre devoir et desservez votre temple; vous êtes le prêtre de la déception publique, recevez les hommages et les offrandes de vos bons paroissiens, et payez-les de la monnaie qu'ils réclament. Si la grande histoire du Stathoudérat n'est, en définitive, qu'une spéculation de librairie et une compilation informe, à qui s'en prendra-t-on? Pourra-t-on vous imputer un malheur? Entre la publication de votre annonce et l'apparition de l'œuvre, combien d'existences s'évanouiront, combien d'heureux vous aurez faits, heureux par la seule Espérance! Combien de personnes qui vivent en province ou hors de l'Angleterre, et qui, ne pouvant se procurer la fameuse et magnifique histoire du Stathoudérat, conserveront l'agréable image de l'œuvre idéale et parfaite dont vous aurez enchanté leur pensée! Calculez donc le nombre de jouissances innocentes que vous aurez procurées au monde reconnaissant. Bienfaiteur de l'humanité, bravez son ingratitude, quand même on vous traiterait de charlatan et de menteur; marchez toujours d'un pas ferme et certain dans la voie de l'annonce. Ne répondez au mépris injuste des hommes que par un redoublement d'activité, par un accroissement de puissance. Les philosophes vous dédommageront; ils vous décerneront d'une main sûre et équitable les couronnes qui vous appartiennent. Ils savent que le faiseur d'annonces est né d'une civilisation perfectionnée, que sa mission est haute et sociale et que l'annonce a presque le grave caractère du sacerdoce.

Les juges d'Angleterre connaissent si bien cette sainteté de l'annonce, ils la respectent si profondément, qu'ils lui ont rendu hommage dans plusieurs circonstances remarquables. En voici un exemple : William Sharp, graveur célèbre, qui, après avoir commencé par essayer sa main sur des pots d'étain et de plomb, après s'être perfectionné par l'embellissement des colliers de cuivre et des marteaux de porte, a fini par devenir membre des académies de peinture, sculpture et gravure de Vienne et de Bavière ; William Sharp, l'un des plus originaux et des plus bizarres personnages que l'Angleterre ait produits, se trouvait impliqué, vers le commencement du siècle où nous sommes, dans je ne sais quelle trame démocratique tendant au nivellement des fortunes et à l'établissement de la loi agraire. Ce n'était là que sa quinzième ou dix-huitième folie ; il professait les doctrines de Mesmer, celles de Swedenborg, croyait que Richard Brothers, l'inspiré, apportait un Evangile nouveau, et que Johanna Southcôte, l'hydropique, était grosse du Messie. Toutes ces extravagances se pressaient à la fois dans la tête de William Sharp, qui, de temps à autre, pour dissiper l'obscurité dont ce cahos obscur enveloppait son intelligence, se levait à quatre heures du matin, se jetait dans la Tamise, la traversait deux fois à la nage, revenait déjeuner avec du jambon et du homard, reprenait son travail et exécutait ces chefs-d'œuvre qui reproduisent avec une fidélité si brillante la touche de Reynolds et celle de Thomas West. Sharp, dans un de ses intervalles non lucides, s'était affilié à une société philanthropique, qui devait donner à tous les hommes une égale portion de la richesse territoriale. Pitt, Dundas et les autres membres du ministère le firent comparaître devant eux. On l'examina ; tout au milieu de la séance consacrée à l'interrogatoire, il se fit une pause. Sharp, que cette opération amusait médiocrement, se rappela qu'il avait dans sa poche les annonces d'un recueil de gravures exécutées et publiées par lui, recueil au succès duquel il tenait beaucoup; car, enfin, il faut vivre, quand même on serait swedenborgien, démagogue et southcotien. Le voilà, oublieux et du danger couru par lui, et de son interrogatoire, et de ses juges, et même du sujet des gravures annoncées, qui s'approche respectueusement de ses vénérables inquisiteurs, les salue jusqu'à terre, et leur offre ses prospectus et ses annonces. Hélas! les gravures en question devaient accompagner les pamphlets les plus virulents d'Horne Tooke et de Cobbett. Notre homme était perdu si les examinateurs eussent manqué d'esprit : ils se regardaient l'un l'autre et le sourire de la plus ironique incrédulité voltigeait sur leurs lèvres. Sharp, sans se déconcerter, les sollicitait, chapeau bas, de vouloir bien lire son annonce et d'ajouter leurs noms à la liste des souscripteurs. A ce dernier trait, Pitt éclata de rire : accuser un tel homme de haute trahison, c'eut été absurde. Sharp fut renvoyé de la plainte; à l'instant même on lui rendit la liberté, et l'annonce triompha.

L'annonce, comme la politique, comme l'art diplomatique, tient à la circonstance, à l'occasion, à la convenance; et sa règle la plus fixe, c'est la souplesse des mouvements et l'élasticité qu'une main habile lui imprime. Dans les États-Unis de l'Amérique septentrionale, elle a besoin d'une certaine brutalité franche, qui manquerait son effet en France et en Angleterre. L'éditeur d'un journal publié sur les frontières de l'Illinois n'était pas satisfait de la vente de sa feuille, voici le nouveau genre d'annonce qu'il inventa. Son dessein était d'inculquer profondément dans l'esprit des colons et des chasseurs de la contrée, la conviction de la parfaite indépendance avec laquelle il rédigeait son journal. Le lendemain, cet article-ci étonna ses lecteurs :

« L'éditeur du *Drapeau de l'Illinois* regrette de n'avoir pu donner ses soins à l'impression du numéro qui devait paraître hier. Il a été occupé pendant cette journée à châtier, à coups de cravache, un misérable qui s'était permis de révoquer en doute son indépendance. Cette occupation indispensable ne lui a pas permis d'achever en temps utile la rédaction et l'impression de sa feuille. » Imaginez une annonce de ce genre insérée dans un journal de Londres ou de Paris. Les républicains transatlantiques ont trouvé cela d'assez bon goût. Ils ont su gré au brave porte-drapeau de *l'Illinois* de ses coups de cravache indépendante, et le journal a pris un magnifique essor.

Souvent l'annonce américaine est une simple affiche, l'annonce primitive dans son état brut. Il se publie un nombre considérable d'annonces de ce genre dans toutes les feuilles américaines ; le *Laurier de New-York* en contenait récemment *douze cents* dans un seul numéro, qui se vendait trois demi-pences (trois sous). Voilà ce qui s'appelle se rattraper sur la quantité. Deux exemples encore de l'espèce d'éloquence que comporte l'annonce américaine ; elle ne supplie jamais, elle ne se prosterne pas ; elle commande, elle exige, elle est impudente : « Ebenezer Ephrahim vient de rece-
« voir une partie d'étoffe de coton magnifique. Qui-
« conque n'a pas six dollars dans sa poche pour se pro-
« curer cet objet nécessaire et de qualité superfine est

4

« un mendiant ou un imbécile. Citoyens, songez-y
« bien. » Cette annonce est assez remarquable; en
voici une autre plus brillante encore : « Jonathan
« Brassbill est persuadé d'une chose, c'est que de
« toutes les têtes qui portent chapeau de feutre, de
« Philadelphie jusqu'à la rivière des Sacks, il n'en
« est pas une assez stupide pour être insensible à
« la nouvelle suivante : que vos oreilles se dressent,
« mes concitoyens; frappez votre cuisse de la paume
« de votre main, et écriez-vous en chœur : Brassbill
« nous appelle! Il vient de lui arriver quatre mille
« batteries à piston, et des capsules qu'on ne payerait
« pas au poids de l'or. Vive Brassbill ! » O quelle distance entre la belle insolence de Brassbill et le ton patelin des avertisseurs anglais! Ils s'adressent à l'aristocratie, et au lieu d'enfoncer leur chapeau en tapageurs sur le coin de l'oreille, voici comment ils s'expriment à propos d'une paire de gants fourrés que M. John Warmill désire mettre en faveur :

> Du matin la douce rosée
> Tombait sur les champs d'alentour;
> La jeune Iris était glacée
> Tout en songeant à son amour.
> Son ami se trouvant près d'elle
> Voyait les beaux doigts de la belle
> Devenir rouges et tremblants.
> Il lui dit d'un ton plein de grâce :
> « Iris, pardonnez mon audace,
> « Acceptez ma paire de gants. »

Et ainsi de suite pendant l'espace de cent vers qui contiennent à la fois l'adresse du gantier, l'apologie de sa fabrique et le développement de la scène érotique que nous avons ébauchée. La médiocrité de la poésie a dû nuire à la vente du gantier Warmill. Heureux le chapelier, le culottier, le dégraisseur qui ont à leur service un homme de goût et de talent! Plusieurs grands établissements de Londres se sont procuré cet avantage. Je citerai entre autres la fabrique de cirage du célèbre Warren, dont les affiches se sont si longtemps distinguées par les exclamations suivantes imprimées en lettres sanglantes sur un fond noir : *Le soleil est moins brillant!* ou bien : *Une nouvelle lumière créée!* ou bien encore : *Les pieds rayonnants!*

Sublime Warren! l'annonce te vaudra un million sterling de rentes. Qui n'a pas admiré dans tous les journaux cette gravure sur bois représentant un chat, l'œil fixe, le poil hérissé, en arrêt devant une botte tellement lustrée par le cirage de Warren, qu'elle semble un miroir, et que le matou voyant ses traits fidèlement reproduits, croit avoir à combattre un autre matou son rival? N'y a-t-il pas là du drame, de l'action, de l'étonnement pour le public, et la nécessité impérieuse de fixer ses regards sur le chat et sur la botte pour savoir ce que ce chat et cette botte signifient? C'est assurément un des chefs-d'œuvre de l'annonce pittoresque. Les vers destinés à soutenir cette annonce, et composés par le poëte lauréat du fabricant de cirage, ne sont pas moins recommandables.

Le faiseur d'annonces maladroit et inexpérimenté dépasse le but qu'il voulait atteindre, et se trompe perpétuellement quant aux convenances des temps et des lieux. Aux Anglais par exemple il jettera violemment à la tête une brutale annonce qui ne peut avoir de succès qu'en Amérique; à nos Français, dont la civilisation est très-raffinée, il déplaira par l'exagération qui trahit toujours le mensonge. Dans l'annonce préparée pour un peuple religieux il laissera pénétrer des paroles profanes qui choqueront souverainement. Ainsi, aucun bonnetier anglais n'aurait pu risquer l'admirable prospectus qu'un bonnetier de Paris a osé lancer à la circulation, et qui eût ameuté contre lui tous les sentiments moraux de l'Angleterre : « Je vous supplie, « monsieur, de jeter un regard d'indulgence sur les ob-« servations suivantes. Le désir que j'ai de contribuer « à votre salut éternel me porte à vous les adresser. « Permettez-moi d'attirer votre attention sur l'étude « des Écritures saintes, ainsi que sur l'extrême modé-« ration des prix que j'ai introduits le premier dans « les articles de bonneterie, dans mes cotonna-« des, etc. »

Cette étrange circulaire a produit son effet, et le nom, jusqu'alors inconnu, du bonnetier convertisseur s'est trouvé bientôt dans toutes les bouches. Les Parisiens ont ri sans crier au sacrilége, grâce à la légèreté et à l'aisance avec lesquelles le Parisien accueille et pardonne toute chose. Les tombeaux de notre pays sont même devenus des prospectus ; on voit sur le sépulcre d'un boucher, sépulcre en marbre noir, des couperets et des têtes de veau, et plus bas, l'adresse exacte de la boutique ; sur la tombe d'un restaurateur célèbre, un fourneau et une casserole avec ces mots en caractères d'or : *Sa vie a été consacrée aux arts utiles.*

Transportez d'un climat à l'autre, d'un pays à l'autre, chacune de ces annonces, et vous révolterez la morale de chaque peuple. Il s'agit de toucher juste et avec adresse les préjugés et les ridicules actuels de la nation que l'on veut exploiter. En 1809, par exemple, la civi-

lisation de l'annonce ayant encore fait peu de progrès, ou pouvait imprimer sans crainte la tirade suivante, dont la forme ossianique paraîtrait aujourd'hui tant soit peu exagérée, et que nous transcrivons textuellement. Nous la donnons à la fois pour un modèle des défauts qu'il est bon d'éviter, et de la licencieuse éloquence que se permettaient les annonces, il y a quelques années : « Arthur Macalpine se plaît à remercier
« le public de la faveur signalée qui ne cesse de l'en-
« courager dans ses heureux efforts. Il prend de nou-
« veau l'engagement solennel de diriger vers l'embel-
« lissement des têtes humaines toute la force de sa pen-
« sée, toute la puissance de sa luxurieuse imagination.
« Qu'est-ce donc, je vous en prie, que la jeune et bril-
« lante Hébé ou que le bel Adonis, comparés aux fils
« et aux filles de l'Angleterre, lorsqu'ils sortent des
« mains rajeunissantes de Macalpine? Les Horaces et
« les Curiaces étaient jadis des modèles de la beauté
« parmi la jeunesse romaine; mais le talent de Macal-
« pine donne aux enfants de la Bretagne un je ne sais
« quoi, une grâce enivrante qui les distinguent de
« tout l'univers. Il regrette assurément d'être obligé
« de se donner des éloges qui répugnent à sa modes-
« tie; mais les prétentions abusives et empiriques de
« ses voisins lui en font un devoir. C'est un spectacle
« effroyable que de contempler avec quelle légèreté
« fatale ces charlatans de la science traitent les têtes
« malheureuses qui se confient à leurs soins. Il leur suf-
« fit de faucher au hasard, que leur importe le reste!
« Ces perruquiers, qui usurpent le titre de coiffeur,
« n'ont pas plus d'idées que les têtes qui supportent
« leurs perruques. Quant à Macalpine, il opère par

« lui-même et par la main de ses adjudants sur une
« totalité de douze cents têtes par semaine. Il parie
« sa réputation, chose aussi précieuse pour lui que la
« vie, que le prix de ses barbes et de ses coupes de
« cheveux, beaucoup plus modéré que celui de ses con-
« frères, aboutit à des résultats dix fois plus utiles. Seul
« au monde, il se fait payer pour conserver et non pour
« défigurer cet admirable ornement de l'homme que
« l'habileté la plus consommée peut seule protéger
« contre les outrages du temps et disposer avec toute
« l'élégance désirable. Il jette le gant du défi à tous
« les coiffeurs de l'Europe, et propose dix mille gui-
« nées à son vainqueur, quel qu'il puisse être. Qu'ils
« viennent donc tous, qu'ils viennent armés du peigne
« et du ciseau! qu'ils viennent des quatre parties du
« monde, et ma main les précipitera dans le gouffre de
« l'oubli. »

Ce torrent d'éloquence, dont nous ne donnons que le début, pouvait convenir en 1809. Nous sommes obligé de supprimer un magnifique morceau sur les perruques et un récit du grand combat que Macalpine a soutenu contre l'ours noir, dont il vend la graisse en petits pots pour la somme de deux schellings. En 1860, l'éloquence des perruquiers demande plus de raffinement et de grâce; tantôt elle descend jusqu'à l'épigramme, tantôt elle s'élève jusqu'à la sensibilité. Les Français sont assez forts dans ces deux genres. L'un place sur son enseigne, cette attendrissante épigraphe : *Aux âmes sensibles*; l'autre suspend au-dessus de sa porte une tête gracieuse et élégamment bouclée, avec ces mots qu'un académicien lui aura sans doute fournis pour exergue : *La coiffure fait la physionomie*.

L'*huile de Macassar* et le *Kalydor* de Rowland, ainsi que le *cuir à repasser magique de Melchi*, ont poussé jusqu'à la dernière perfection les finesses, les ressources, les bizarreries, le madrigal et la satire, ou, comme s'expriment les Italiens, le *dolce piccante* de l'annonce manufacturière. Ces heureux et habiles fabricants ont débarrassé leur annonce de sa forme la plus grossière, de son enveloppe rude et pénible à l'œil. Il ne s'agit plus pour eux de gagner de l'argent, chose agréable à celui-là seul qui le reçoit, mais de nous causer d'abord une agréable titillation, en agissant par l'annonce sur les houppes nerveuses de notre esprit; puis de satisfaire à nos besoins les plus urgents, à nos plus chers désirs, et d'obéir eux-mêmes à l'élan sublime d'une générosité désintéressée. Le coutelier Méchi a composé un petit volume in-32 de quinze ou vingt pages, orné d'embellissements délicieux, et qui, réuni à toutes les revues à la mode dont la couverture le protége, offre une lecture vraiment onctueuse, enivrante et sans égale.

Voilà le vrai but des annonces : augmenter les voluptés réelles des hommes en étendant la sphère de plaisir dans laquelle se meut leur imagination. C'est l'annonce qui remplace, pour nous autres gens du xixe siècle, le bouffon du moyen-âge, le parasite des Romains, le magicien en honneur sous Henri VIII, le barde qui charmait nos primitifs aïeux. Elle flatte, caresse, plaisante, se prête, se plie, change de forme; elle est universelle, immense, omniprésente. Elle tient la place de mille séductions, de mille plaisirs passés de mode. Il n'y a plus ni astrologie, ni nécromancie, ni géomancie, mais l'annonce vit et prospère sur leur ruines.

Dans une société épuisée, l'annonce réveille la sensation, provoque le désir, ranime l'espérance, fait briller mille éclairs de perfectionnement inconnu, combat les folles inspirations d'une raison maudite et destructive qui changerait le monde en un vaste désert, étend notre bonheur en élargissant celui de notre avenir et nous conduit mollement à la tombe au milieu des hallucinations les plus enivrantes. Fortune pour ceux qui l'exploitent, plaisir pour ceux sur lesquels elle opère, voilà toute la théorie de l'annonce, ses résultats, ses annales.

« Oui, me dit un philosophe au front pâle, au nez
« recourbé, à l'œil creux, oui, votre panégyrique de
« l'annonce a de l'élégance et du charme. Mais l'an-
« nonce séductrice est une sirène dangereuse. Sa lueur
« trompeuse nous promène de déceptions en décep-
« tions, nous fait errer d'écueils en écueils. Vous avez
« vanté sa puissance; laissez-moi vous donner un
« exemple vivant des périls auxquels elle nous expose.

« Tobie Bellièvre est un excellent homme doué de
« l'imagination la plus chaude, la plus facilement
« émue, la plus rapide dans ses élans, la plus étour-
« die dans sa course. L'avénement des annonces à la
« suprématie qu'elles·ont obtenue a été une époque
« grave, une ère majeure dans sa vie. Il a subi avec
« joie et reconnaissance le joug qu'elles lui impo-
« saient. Un cordonnier annonçait-il de merveilleuses
« bottes sans couture, il prenait note de l'adresse du
« fabricant et courait acheter les bottes. Toute nou-
« velle invention avait droit à ses hommages. Vous
« trouviez dans sa maison l'exposition complète des
« produits de l'industrie moderne, non dans ses pro-

« cédés antiques, mais dans ses créations inattendues
« et bizarres.

« Il faisait cuire ses œufs, pétrissait son pain, cou-
« pait ses cheveux, mettait son vin en bouteille, selon
« les ordonnances de l'annonce. Il engraissait ses
« bestiaux et les tuait, construisait ses maisons qui
« croulaient en moins d'une année, fournissait sa bi-
« bliothèque de livres si mal imprimés que personne
« ne pouvait les lire et si mal écrits que personne ne
« voulait les relire. Ses champs, qu'il fertilisait au
« moyen de l'annonce, ne présentent plus qu'une in-
« culte jachère, et ses capitaux, confié à un grand spé-
« culateur qui, dans ses annonces, promettait un béné-
« fice net de cent pour cent, sont aujourd'hui réduits à
« rien. L'annonce l'a mis sur la voie des calculs cer-
« tains qui font gagner à coup sûr les joueurs de
« loterie et de roulette. Elle l'a rendu actionnaire
« inévitable de toutes les entreprises qui croulent,
« acheteur intrépide de tous les coupons sans valeur.
« L'annonce a versé douze mille livres sterlings, sorties
« de sa poche, dans les bons des Cortès ; son pain était
« brûlé, il avait fait construire un nouveau four ; sa
« farine était gâtée, le moulin à bluter comptait
« parmi les plus belles inventions de l'art moderne ;
« l'incendie dévorait les charpentes et ses murs, grâce
« à la nouvelle cheminée dont il avait fait emplette ;
« l'inondation détruisait ses pâturages, protégés par
« la digue bâtie d'après des formules insolites.

« C'est moi seul qui, guidé par le hasard, l'ai retenu
« sur le bord de la tombe où l'annonce allait préci-
« piter cette victime intéressante. Je le trouvai un
« jour étendu par terre sous le coup d'une machine

« galvanique vantée pour la guérison des rhumatismes.
« Il était là sans voix, sans mouvement, sans couleur,
« gisant et à demi foudroyé par le moyen de guérison
« que le journal de la veille avait porté jusqu'aux nues.
« Tel a été le sort de Toby Belliève. Plaignez-le, mais
« redoutez son sort. Il a perdu son patrimoine, que la
« gueule béante de l'annonce a dévoré tout entier.
« Il ne lui reste plus qu'un plaisir, c'est de lire le
« *Journal Général des Annonces* qu'on a la générosité
« de lui envoyer gratis. Il prend beaucoup de notes,
« caresse encore l'espérance et la chimère qu'il a
« choisies pour idoles et met de temps à autre un ou
« deux penny à la loterie, selon les préceptes charla-
« taniques dont le journal bénévole lui fournit la re-
« cette. »

Je n'ai point de réponse à faire à cet indiscret et désolant philosophe. N'a-t-il jamais, dans une froide matinée, assis près d'un feu d'auberge maladroitement construit, près d'une petite table servie d'un petit nombre de mets, lorsque les réalités sont tristes, maigres et chétives; n'a-t-il jamais connu l'ineffable jouissance que procure un journal chargé d'annonces?

Le monde de la magie s'ouvre, rayonnant de lumières. Voici un homme qui promet des hivers sans froidure, des étés sans orages, une température toujours égale, et un moyen infaillible de tenir son feu toujours prêt, toujours allumé, toujours flambant, avec une seule bûche par année et une petite allumette inextinguible. En voici un autre qui vous apporte ses rasoirs ayant éternellement le fil et ne s'ébréchant jamais; un troisième rend l'appétit aux estomacs les plus délabrés; un quatrième transforme le lard et le petit-salé en un digestif puissant; un cinquième concentre dans une goutte imperceptible de liqueur la valeur de trente tasses de café; huit ballots de sucre dans une pastille, et votre maigre déjeuner s'achève au milieu de ces miracles adorables; si chétif qu'il puisse être, il se métamorphose en repas des dieux, et votre pensée assouvie, enivrée, vous fait oublier les griefs de votre estomac!

UNE

FABRIQUE DE VICES A PARIS

UNE
FABRIQUE DE VICES A PARIS

Voilà un titre qui mécontentera les philosophes et déplaira aux hommes d'État. Il est convenu que tout langage amer naît d'une misanthropie affectée, et toute révélation courageuse d'une puérilité romanesque. Ainsi parlent les têtes politiques ; ainsi parlent les administrateurs et les philosophes pendant que la société se disjoint et se détraque ; ainsi parlent tous les habitants de ce grand vaisseau bien dessiné, bien bâti, bien gréé, qui marche en chancelant pompeusement et ne veut pas être averti de ses continuelles avaries. Il ne lui manque que deux choses, le lest et les ferrures. Il n'a rien qui le maintienne, le contienne et le soutienne. Mais les timoniers et les gens de quart n'entendent pas que l'on effraye l'équipage. Taisez-vous ! ne semez pas l'épouvante ! Les choses vont bien : ces mâts ne sont-ils pas polis, lustrés, lavés, blanchis ? Chacun n'est-il pas à son poste ? Que voulez-vous, faux prophète, homme de terreur ? Cependant au milieu de ces paroles consolantes, il se fait un grand bruit ; le feu est ici, le vaisseau fait eau là-bas ; on donne sur un écueil. Les esprits qui se disent *sérieux*, et qui ne sont qu'aveugles et sourds, s'étonnent considérablement et regardent autour d'eux avec un ébahissement niais ; celui qui voit la profonde erreur dans laquelle la société se démène, éprouve une angoisse extrême, dans laquelle se confondent la tristesse et l'ironie.

Nous sommes la réaction du xviiie siècle. Il s'exaltait, nous dormons ; il exagérait, nous affaiblissons. Il hurlait la philanthropie, nous *serinons* l'espérance ; il tonnait contre le vice, nous caressons nos faiblesses ; il grossissait tout, nous effaçons tout. On cherche en vain un seul écrivain moraliste qui ose dire toute la vérité. Il y a des coins de roman et des fragments de critique qui renferment un débris de vérité, mais menue, rompue, honteuse, par fragments et timide. Une voix héroïque s'élèverait du sein de ces mollesses, on ne manquerait pas de crier : O pessimiste, ô Timon, ô misanthrope ! — Oui, l'on trouve bien des colères et des injures quand on le veut, mais c'est contre un rival ; on se fâche, mais dans son intérêt, jamais dans l'intérêt de la vérité. Le journaliste attaque le journaliste, et le romancier, le romancier ; on se venge, voilà tout. La Bruyère, Molière, Aristophane et Shakspeare sont devenus impossibles ; la contemplation et la transmission du vrai ne touchent plus des gens si fort ensevelis dans le calcul des intérêts présents et bruts. Caisse générale d'amortissement où toutes les consciences viennent dormir ; jeu dont toutes les cartes sont bizautées, accommodement sans fin, compromis universel ; transaction, concession, ménagement de tout pour tout et de tous pour tous. Je sens déjà combien ce que je dis paraît blessant et rude à ceux qui l'écoutent ; c'est un fait incontestable que l'affaiblissement des nuances et leur subdivision infiniment subtile, perdue au sein des vapeurs; les millièmes de fractions et de nuances qui subdivisent les partis expirent après un rapetissement douloureux qui rappelle les vers du vieux poëte :

> Toujours, toujours ils s'amenuisent
> Tant, que vous en mettrez bientôt
> Trente ou quarante *dans un pot* (1).

Voilà pourquoi est muette la société notre fille.

Il faut le chiffre, le fait, la statistique, non le raisonnement, pour que la vérité se fasse jour. Dans une population spirituelle, active et crédule, jamais les raisons ne manquent contre la raison. Contre l'argument du chiffre, contre la force irrésistible du fait, aucune éloquence n'est valable; aussi regardons-nous les livres de statistique comme un des plus éminents services que l'on ait rendus au temps présent. Ce sont eux qui font connaître et pénétrer tous les détails de ce Paris inconnu, de ce Paris souterrain qui a ses catacombes et ses cavernes comme l'autre Paris au-dessus duquel nous marchons.

C'est un spectacle affreux que l'état matériel de la civilisation au commencement du xviie siècle. Point de banques, point de crédit; partout des finances mal organisées préludant à la banqueroute. La Hollande seule avait donné l'exemple de l'économie, de l'application et de la pratique industrielle. Les mémoires particuliers et les journaux des voyageurs présentent la France et l'Angleterre, ces deux reines actuelles

---

(1) La *Bible Guyot*. Je préviens ceux qui trouveront cette citation trop française et qui pourraient préparer contre elle une accusation sérieuse d'inexactitude au premier chef, que ces vers sont *exacts*, mais qu'ils sont *traduits*.

de la civilisation, comme des gouffres de misère et de mauvaise administration, les ménages les plus mal réglés qui se puissent concevoir. Lisez Locke et La Bruyère, si vous voulez apprendre ce qu'étaient nos campagnes et nos villes de 1650 à 1680. Aucune précaution contre les incendies ; partout des voies fangeuses. La description d'un incendie dans les *Lettres* de madame de Sévigné prouve qu'alors tout était remis au hasard ; les rues mal éclairées, les communications lentes, les impôts mal répartis. Vous savez quelle pitié ressentit pour nous le philosophe Locke lorsqu'il parcourut la France. « Je ne vois, dit-il, que haillons recouvrant à peine des corps affamés qu'ils appellent leurs paysans. » La Bruyère (hardi grand homme) les a dépeints des mêmes couleurs. A Londres, la moitié de la ville brûle pendant huit jours sans que l'on puisse éteindre le feu. La lingerie de Charles II ne contenait, en 1666, selon Ashburnam, que trois chemises et deux cravates. On ne sort la nuit qu'avec des lanternes et des torches, faute d'éclairage. Partout désordre, dilapidation ; les produits de la terre et de l'industrie, du commerce et des communications, mal employés. On perd une semaine pour aller de Paris à Dijon. Les cadavres encombrent les églises ; les hôpitaux répandent les maladies au lieu de les soulager ou de les guérir. L'homme riche ne peut placer son argent ; au premier bruit de guerre, il l'enfouit. Il aime mieux le laisser dormir dans ses coffres, que le livrer aux caprices d'une politique incertaine et d'une administration rapace. Voilà sur quels objets devait se porter alors l'attention du philosophe. Il était beau alors de servir l'industrie qui n'était pas reine. C'était courage de dire tout haut, comme Molière, élève de Gassendi, que le corps doit être soigné, guéri, utilisé, choyé :

Guenille, si l'on veut, ma guenille m'est chère !

C'était courage de prêcher le bon sens terrestre et matériel en face d'une doctrine ultraspiritualiste, au milieu d'une cour toute dévote par mode, à moitié dévote de cœur ; devant Bossuet qui maudissait Molière ; à coté du Père Lachaise qui dirigeait le roi ; près de Louvois qui massacrait les protestants. Tout homme de cœur et de sagacité pratique se fût fait alors opposant comme Saint-Simon, comme Fénelon, comme Vauban, et eût essayé de contre-balancer la prépondérance dangereuse d'une théorie qui se faussait en devenant exclusive. Tout homme politique digne d'estime eût suivi la route de Colbert et ouvert la voie la plus large aux arts de la paix, aux industries productrices, aux améliorations de la vie sociale et privée.

Voilà les idées génératrices qui ont fécondé pendant deux siècles les esprits éminents. De 1650 à 171 le progrès matériel a été incomplet, vague et chancelant. A dater du XVIIIe siècle il a déployé de vastes ailes et créé, sous la dynastie des Nassau, la splendeur de l'Angleterre. Le XIXe siècle a vu la France hériter de ce grand succès et en recueillir les résultats : héritage de deux siècles, pendant lesquels on n'a pas cessé de réparer les abus flagrants, de diriger les efforts des peuples vers l'accroissement du bien-être. Molière, Gassendi, Locke, Saint-Évremont, Voltaire, Jean-Jacques Rousseau lui-même, ceux-ci précurseurs, ceux-là apôtres, d'autres législateurs, ont fait marcher l'Europe dans cette voie. Elle y marche encore, sans bien savoir quels ont été les plus utiles, les plus sensés et les plus sincères de ses nouveaux guides ; sans assigner à chacun sa place, à chacun sa part; sans comprendre que l'amélioration du commerce, des finances, la création des assurances et des institutions charitables datent de Henri IV et de Sully, se propagent à travers Colbert, Vauban et Turgot, et reconnaissent pour grands promoteurs de Witt le Hollandais, Guillaume III et de Foë, auteur de *Robinson*.

Ainsi protégés par les esprits philosophiques, les intérêts matériels ont dominé la civilisation. Cette phase, comme je l'ai dit, date de deux siècles ; elle est glorieuse dans la vie des peuples européens ; mais l'erreur des esprits est aujourd'hui précisément la même, qui a détruit la phase antécédente ; l'erreur *exclusive*. De même que l'on avait espéré suffire à tout, en donnant seulement aux hommes une religion et une morale, c'est-à-dire en cultivant leurs facultés d'amour, de sympathie avec l'harmonie universelle et de vénération pour le Dieu suprême, on imagine depuis quelque cent ans que la culture des facultés corporelles du bien vivre, du bien manger, du bien fabriquer et du bien vendre suffit à produire des peuples heureux, libres et moraux. Erreur analogue ou plutôt équivalente. Saint-Simon, homme profondément logique, ne s'arrêtant qu'au dernier terme de la pensée publique, l'a constituée en théorie. Il appartient aux philisophes de moraliser l'industrie, de relever la civilisation par le côté même qui commence à faiblir, et de rendre à une société préoccupée du gain, c'est-à-dire de la jouissance, le sens moral, qui n'est point le fils du gain, mais qui le tempère, le consacre, le domine et l'empêche d'être, selon sa nature propre, égoïste, lâche, inique et féroce, comme il l'est toujours si vous l'abandonnez à lui-même.

Il ne s'agit donc point de maudire le présent, de maudire l'industrie, de maudire le gain, d'anathématiser le progrès, mais de réaliser le progrès et de moraliser l'industrie. Chaque époque a ses maux. Observez-les. Vous ne guérirez la plaie que si vous l'avez vue. Ne nommez pas assassins, bourreaux ou fous, ceux qui sondent les blessures. L'accumulation des hommes dans les grandes villes, sous la loi d'une démocratie matérielle, sans religion centrale et sans moralité dirigeante, sans esprit de famille profondément enraciné, avec un insatiable besoin de distinctions et de plaisirs, voilà nos problèmes difficiles à résoudre. Qu'on ne dise pas que nous prêchons en curé de village contre les plaisirs et la licence. La France actuelle n'est point livrée à une grande corruption de mœurs. Des mœurs débauchées peuvent recouvrir une société forte; bientôt l'élément vital et sain triomphe de l'élément corrupteur. Aujourd'hui l'on n'est pas plus licencieux que dans les autres temps, mais on est plus faible, plus antisocial, plus hostile à toute institution définitive et disciplinée, plus follement confiant dans de vaines formules de législation, plus amoureux d'une jouissance rapide et sans contrôle, plus enfermé dans sa personnalité, plus disposé à s'attribuer une valeur spéciale, en dehors de la cité et de la masse, de la patrie et de la communauté. On est aussi plus crédule que jamais dans l'efficacité de certains règlements pour opérer le bien moral, et trop porté à

5.

confondre une amélioration dans les choses avec une conquête de la civilisation. Ce qui reste à faire est donc énorme. Énorme quant à la réalité du bonheur humain, que le développement de l'industrie ne suffit pas à protéger.

Il est utile de chercher la situation.

Comment se fabriquent à Paris le crime et le vice?

La société moderne offre-t-elle une prime au mal ou au bien, à l'immoralité ou à la moralité?

Le bien-être des classes laborieuses est-il en rapport avec leur moralité? s'accroît-il de la bonne conduite de l'individu? décroît-il en raison de sa mauvaise conduite?

Est-il vrai que la société garantisse l'honnête homme laborieux contre la misère, la misère contre le vice, le vice qui s'ébauche et commence contre les séductions du vice organisé, et l'homme devenu criminel contre une dépravation incurable?

Le contraire ne serait-il pas prouvé?

N'y aurait-il pas ainsi une barbarie sauvage naissant de la civilisation extrême?

Règne de la force; — la faiblesse, condamnée; — l'argent, qui est force, devenu roi; — la femme, qui est faible, jetée comme proie au malheur; — le pauvre, qui est faible, jeté comme proie au crime; — l'enfant, qui est faible, jeté comme proie au vice; — et les rangs de la misère et du vice se recrutant dans ces trois armées de malheureux, c'est-à-dire de faibles!

Si cela était, quelle cruauté! Ne faudrait-il pas avouer que pour avoir tant gagné comme industrie, nous avons gagné peu comme bonheur? Humanité, charité, civilisation, dites-vous? Vous êtes encore sur le seuil, vous vous croyez au fond du temple ; voyons donc. Isolant, séparant, combinant, rapprochant, éclairant l'un par l'autre les éléments de cette étude, interrogeons courageusement la profondeur des entrailles sociales, pour y lire la vérité de l'avenir et la réalité du présent.

I

LE FILS DE L'OUVRIER.

De mars à novembre, lorsque les travaux sont en pleine activité, Paris compte 265,000 ouvriers de tout sexe et de tout âge, et quand les travaux se ralentissent, de novembre à mars, 235,000. Le nombre des ouvriers venant, année commune, des départements à Paris est de 30,000 ; celui des ouvriers réellement domiciliés à Paris, de 75,000. Les ouvriers que nous envoient les départements y laissent en général leurs familles. Parmi les autres, 50,000 sont unis à des femmes, soit par le mariage, soit par les liens d'une vie commune. On peut évaluer la portion féminine de cette population à 40,000, dont 20,000 ouvrières célibataires, et 20,000 partageant le domicile des ouvriers. Les apprentis ou plutôt les jeunes garçons en état de travailler sont évalués à 100,000. Ainsi, une partie de cette masse est flottante, une autre fixe ; une partie mariée, une autre sans famille, et toutes les nuances de la probité, de l'improbité, de la sensualité, de l'égoïsme et de l'héroïsme, marquent cette vaste population. Des chiffres, dignes de toute confiance, porten à 55,000 la fraction diversement dépravée de cette masse énorme; 20,000 pour les ouvrières, 35,000 pour les ouvriers. Enfin, formant une seconde classification, isolant du total les hommes livrés à l'intempérance, on en trouve 17,000. Parmi les ouvrières, on reconnaît 2,000 filles publiques insoumises. Il faut joindre à cela environ 2,000 chiffonniers et chiffonnières qui, sur 4,000, sont parfaitement corrompus. On arrive ainsi, par diverses combinaisons que nous regardons comme inattaquables, à convenir que le tiers des ouvriers touche à la dépravation, à l'abrutissement et au crime.

La société est attaquée par plus de 50,000 hommes qui souffrent. La conquête de soi-même et l'exercice de la force morale, qui pour vous, moraliste, et pour vous, philanthrope, sont des axiomes de philosophie élégante et un luxe de bon goût, sont pour ces 265,000 hommes la nécessité de la vie. Ils ne peuvent exister que par le travail, l'économie, la privation. S'ils se relâchent, ils tombent; s'ils tombent, ils s'engloutissent. L'esclave antique s'appuyait sur son possesseur et attendait tout de lui, comme le chien de son maître. La société de 1864, si sûre de ses perfections, est-elle meilleure et plus bienfaisante pour l'ouvrier? C'est ce que nous allons voir.

Nous entrerons dans des détails qui paraîtront à plusieurs ou ignobles ou superflus. — Quoi! diront ces intelligences éthérées, le gamin, l'ouvrier, étudier cela! Qui ne connaît le gamin? Qui ne l'a vu dans les rues? A d'autres, monsieur. Échafaudez des phrases creuses s'il vous plaît, payez-nous de mots sonores s'il vous plaît, soyez sublime s'il vous plaît. — A quoi je répondrai humblement : «Messieurs, je ne suis pas sublime.

Je me conforme à l'habitude anglaise des enquêtes, qui est la seule bonne méthode en économie politique. Ah ! vous ne voulez pas étudier le *gamin!* Absolument comme si un naturaliste ne voulait pas étudier la chenille : c'est très-commun une chenille; pourquoi nous parler des chenilles? Parce qu'elle est non-seulement chenille, mais larve, papillon, ver à soie ; immense enseignement, admirable résumé des transformations et des métamorphoses de la nature ; tout un monde. »

Descendez donc avec moi dans ce monde du vice, dans ces transformations qui semblent triviales à votre frivole coup d'œil; dans ces détails que vous croyez connaître et qui vous offriront des déductions inattendues.

Il y a mille manières d'être ouvrier, et l'enfant qui naît dans cette classe se trouve placé dans des conditions très-diverses. Le serrurier mécanicien gagne 6 francs par jour; au-dessous de ce taux se trouvent des salaires de 2 fr., 3 fr., 4 fr., 5 fr. Certains métiers, soumis à des variations et à des suspensions arbitraires, voient s'augmenter tour à tour et diminuer leurs bénéfices. Il y a des femmes veuves, avec un enfant, qui gagnent, en travaillant beaucoup, *trente sous* par jour. Les variétés ne sont pas moins nombreuses quant au caractère, aux habitudes, au logement, à la vie morale et matérielle des individus. Ceux-ci vivent en famille, ceux-là en chambrées. Beaucoup soutiennent courageusement le long combat contre le sort, déposant toutes les semaines une somme d'argent à la caisse d'épargne et vivant obscurément comme des héros. Qui sait ce qui se passe de sublime dans certains greniers? « Le salaire est toujours au-dessous des besoins de l'ouvrier, dit M. Frégier, un économiste distingué, puisque l'année ouvrable n'excède pas sept mois et que sur les douze mois de l'année, il y a cinq douzièmes de chômage. Les chances de détresse se multiplient donc même pour le travailleur, à plus forte raison pour le paresseux.

Nous voulons étudier la marche suivie en général par la population vicieuse. Il nous serait facile de rembrunir le tableau; mais c'est la vérité seule que nous cherchons : toute exagération nous est défendue.

Examinons la naissance et la vie du fils de l'ouvrier.

Nous ne choisirons pas les exemples extrêmes. L'homme admirable qui d'un gain disproportionné à son travail et souvent interrompu, tire assez de ressources pour élever sa famille et pour économiser; qui fait de sa mansarde ouverte à tous les vents un lieu habitable et propre; qui trouve du temps pour soigner l'éducation de ses enfants, et ne se laisse abattre ni par les époques de chômage, ni par les persécutions de quelque propriétaire affamé; cet homme qui se lève avec le jour, travaille douze heures et roule éternellement son rocher de Sisyphe, n'a pour perspective, dans la dernière vieillesse, que l'hospice et quelque cent francs de rente tout au plus. Cet homme est sublime. Il sort de la règle. A l'extrémité opposée, voici un malheureux qui, fatigué d'une activité incessante, se fait voleur et apprend à son fils comment on *tire* un mouchoir. Voici un père et une mère que le soin de leur famille ennuie et gêne, et qui l'abandonnent à ce que la société veut faire d'elle, c'est-à-dire au vol, à la mendicité, au vagabondage. — En voici d'autres qui ne gagnent que 40 sous par jour, ayant femme et enfants ; qui placent leur fils ou leur fille, dès l'âge de huit ans, dans une fabrique, qui les tue et débarrasse les parents : d'autres qui, changeant de femmes entre eux, laissent trois ou quatre enfants suivre la mère dans le nouveau ménage nomade qu'elle va desservir. Ailleurs, à quelque cinquième étage, le père et la mère, appesantis par l'ivresse, gisants, au milieu de la nuit, sur le carré de la chambre dont ils n'ont pu ouvrir la porte avec leurs mains tremblantes, sont rencontrés dans cette situation abjecte par leur jeune enfant qui rentre et qui, ne pouvant leur prêter secours, s'étend, faute d'asile, sur les marches de l'escalier. Suivez cet autre ouvrier habile qui, pendant quinze jours enfermé dans son réduit, a fourni à son entrepreneur les produits les plus élégants et les plus solides. L'heure de la délivrance arrive ; il sort de chez lui ; il a des habits, une cravate, une chaussure commode ; son gousset contient de l'argent. Il passe trois jours hors de son logis ; il n'a plus rien. Ses habits ont été échangés contre des vêtements de rebut. Il se met au travail ; il porte une veste en lambeaux et un méchant pantalon qui cache à peine sa nudité. Il ne pourrait sans honte aller chercher dans cet état le pain qui chaque jour doit apaiser sa faim, si sa femme qu'il a délaissée ne l'aidait de ses démarches et de ses secours. Dans la force de l'âge ce travailleur diligent, cet homme habile est le plus pauvre de tous les pauvres. Que deviennent ses enfants lorsqu'il sacrifie à sa passion leurs nécessités premières ? Une fois dépouillé par sa faute de toute ressource, il redevient actif, il supporte avec insouciance cet état misérable, ce labeur forcé, qui doit le conduire à des jouissances nouvelles. Ainsi sa vie entière s'écoule entre l'excès du travail et l'excès de l'intempérance. — Dans quelques villes de manufactures, à Lille par exemple, ville dont les portes trop tôt fermées obligent les ouvriers à loger hors des murs, ils se cotisent entre eux pour louer un même local et y vivre ensemble, quelquefois dans des caves, hommes, femmes, enfants pêle-mêle.

Je ne veux point m'occuper ici des nombreux enfants nés au milieu des diverses et tristes conditions que nous venons d'exposer. Ils sont condamnés d'avance. Ennemis de la société, ils lui rendront ses tortures. Une âme bonne, un corps robuste, une tête saine ne combattraient pas l'influence de tant de causes simultanées. Tout est mauvais exemple autour d'eux. La faim, la détresse et la douleur les élèvent. Nous ne parlons pas non plus des enfants issus de conjonctions illégitimes. Les affections changeantes de leurs mères, le manque de retenue des nouveaux amants, les scènes violentes que font naître la jalousie ou la débauche, le spectacle d'un désordre permanent agitent et enfièvrent ces jeunes cerveaux. Que dire des autres malheureux qui, dès l'âge de huit ou neuf ans loués par troupes ou par troupeaux dans certaines contrées, en Alsace par exemple, sont pour quelques spéculateurs sur l'homme un objet d'effroyable exploitation? et des filles que leurs propres mères élèvent dès la première enfance pour une prostitution qui n'attend pas même la puberté?

Ces faits sont réels; leur source commune, qui est dans les mœurs, non dans les lois; leur nombre, leur infamie jettent un cri lamentable que je ne commenterai pas. Dieu veuille encore que les philosophes et les gens du monde ne se révoltent pas contre moi; que l'on ne m'accuse pas de répéter mille horreurs inutiles? Vous savez cela, dites-vous? vous le savez? J'admire votre sang-froid.

Je veux prendre le fils de l'ouvrier dans une situation meilleure. Je choisirai la condition moyenne entre la misère extrême et l'aisance rare, entre la moralité stricte et le vice complet, entre l'économie rigide et la brutalité des goûts, enfin entre ces deux limites au milieu desquelles l'humanité oscille. Voici un père de famille, honnête homme, fêtant le dimanche et quelquefois le lundi, passablement laborieux, assez clément pour sa femme quand il n'a pas bu et gagnant 3 ou 4 fr. par jour pour lui, sa compagne et ses enfants : entrons dans sa chambre.

C'est une chambre sans antichambre, éclairée par une ou deux fenêtres à guillotine et située au quatrième ou cinquième étage. La maison est vieille, lézardée, croulante et obscure; car l'ouvrier ne peut habiter les opulants boulevards fraîchement percés. Quelque corridor infect conduit à un escalier déjeté dont les marches ont subi l'affaissement irrégulier des poutres moisies ; sur tous les paliers règne une malpropreté ignoble; les eaux ménagères arrêtées dans les tuyaux engorgés corrompent tout l'air ambiant; souvent une cour de cinq pieds carrés, ou plutôt un puits ténébreux, reçoit ces eaux empoisonnées et les conserve pour les vicier encore.

Dans cette atmosphère abominable vient dormir le père de famille après avoir habité toute le journée un atelier rempli d'ouvriers et mal aéré : là est le petit berceau de l'enfant, s'il a pu l'acheter, ou la couchette commune qui renferme à la fois l'enfant, le père et la mère. La porte criblée de trous et bossuée par la vieillesse ferme mal; la fenêtre ne joint pas. Un petit poêle de fonte jette pendant l'hiver une vapeur lourde qui aggrave les miasmes pestilentiels dont la maison est le réceptacle. Le quartier, en général fangeux, malsain, sillonné de rues étroites, troué d'impasses immondes, compte quelque trois ou quatre mille maisons semblables, distribuées en nids de la même espèce; vous retrouvez ces maisons dans les faubourgs Saint-Antoine et Saint-Jacques, vers les rues de l'Ourcine et Mouffetard. Là sont confinées les classes de la société qui ont le plus besoin d'air, de santé, de propreté. L'ouvrier paye proportionnellement plus cher le mauvais trou qu'il habite, que le riche ne paye ses quinze pièces au premier étage; le loyer, dépense indispensable et importante, effraye l'ouvrier, qui cherche le domicile le moins coûteux possible et ne peut se procurer qu'à très-haut prix une chambre mal close, dans une localité insalubre. Il paye avec exactitude. Son propriétaire s'abstient religieusement de toute réparation, ne paye pas de portier et abandonne à la lune et aux étoiles les soins de l'éclairage, comme aux pluies du ciel les soins de salubrité; mais il touche aussitôt qu'il le peut le salaire de ses baraques infectes. Pudeur, décence, bien-être et santé sont également blessés par cette « dure nécessité » du pauvre. L'enfant de l'ouvrier grandit sous cette loi aussi pestilentielle pour le corps que pour l'âme, et (il faut bien l'avouer) le premier obstacle à son élan vers la vie, vers le bonheur et vers le bien, ce sont un propriétaire cupide, une société imprévoyante, des hommes sans entrailles qui font des machines à vapeur pour leurs marchandises, des palais pour leurs danseuses et ne savent pas bâtir une maison saine pour leurs travailleurs.

Vous répétez ici que ces détails sont oiseux. Mais ne voyez-vous pas que si l'enfant de l'ouvrier avait un meilleur domicile, il y resterait; que si l'ouvrier vivait, comme l'artisan du pays de Neufchâtel, en bon air, dans une maison propre et paisible, il s'attacherait à la vie, à sa famille, aux lois du pays; et que toutes ces souffrances du pauvre, que vous m'accusez mal à propos de décrire, vous environnent, pour emprunter un beau mot à Samuel Johnson, d'une armée de *haïsseurs?*

Ayant soin d'écarter toujours les hypothèses extrêmes, bien que la réalité du mal excessif soit plus fréquente qu'on ne l'imagine, supposons que la maison de notre ouvrier ne soit ni trop ruinée ni trop dégoûtante, et que son enfant grandisse et devienne vigoureux au milieu de l'atmosphère dont nous avons parlé; supposons encore que le père soit assez honnête, la mère assez courageuse pour garder leur enfant et ne pas l'envoyer aux manufactures. Les parents, quelque probes et même vertueux qu'on les croie, ont bien peu de temps à donner à l'éducation des enfants. Ne craignons pas le lieu commun. Les frivoles esprits ne s'aperçoivent pas que le mal est dans cette boue du ruisseau, que tout le monde voit. Le garçon entre de bonne heure dans la vie active. De cinq à six ans, il fait les commissions du ménage : il va aux emplettes chez le boulanger, la laitière, l'épicier; il se mêle aux événements du quartier. Il voit, il écoute, il cherche, il comprend, il devine. Pendant qu'un travail assidu retient ses parents hors du logis, c'est-à-dire du matin jusqu'au soir, il est exempt de surveillance. On l'envoie à l'école qui l'ennuie ; il parcourt en liberté les rues, les quais, les boulevards. Tandis que la mère de famille aisée invente mille moyens de charmer, d'instruire, de fixer l'imagination de son jeune fils, la mère de famille pauvre ne mesure son temps que par son travail et tombe anéantie après le travail; la journée faite, son bonheur n'est pas d'agir, mais de se reposer. L'enfant pauvre ne trouve autour de lui, dans la demeure paternelle, que des murailles nues, un parquet délabré, un triste ménage, son père et sa mère accablés de la fatigue subie; personne qui calcule habilement ses plaisirs et ses devoirs, personne qui le soutienne et l'encourage. Il est seul : il se fait ses amusements et ses bonheurs. De là cette vivacité ardente, cette dextérité hardie qui distinguent l'enfant du peuple à Paris; de là aussi sa terrible ressemblance avec le sauvage nomade dont il a les instincts et les goûts. L'opiniâtre et sévère labeur de l'école, comparé aux spectacles variés de la vie parisienne, lui devient bientôt insupportable.

Il a tant de choses à voir ! Les boutiques étincellent, les équipages roulent, les bataillons passent, la musique militaire retentit. Le soir, les théâtres s'ouvrent et la foule se presse à leur porte. Si le gamin de Paris devenait philosophe, il dirait éloquemment quelle surexcitation de curiosité germe et se déploie alors dans le cerveau de l'enfant du peuple. Le dénûment de son logis contraste avec le luxe et la richesse qui l'environnent. Ces plaisirs, il le sait bien, ne sont pas pour lui. Le premier sentiment qui l'ébranle, c'est l'étonnement; le second, l'envie. Avant de connaître l'alphabet, la moitié des enfants du peuple désirent vainement, souffrent et haïssent.

Le fils de l'ouvrier qui a goûté cette liberté nomade y renonce difficilement; c'est la seule jouissance vive à laquelle il puisse prétendre. Il fait l'école buissonnière, est attiré par les jeux des enfants de son âge, s'y mêle avec empressement, trouve d'autres *gamins* dominés comme lui par une répugnance naturelle pour le travail, contracte leurs habitudes et s'associe à leurs goûts. Ce crime bien mince de *l'école buissonnière* a des conséquences graves; soit que l'enfant se fasse renvoyer de l'école à cause de ses absences continuelles, soit que ses habitudes vicieuses finissent par inquiéter ses parents, il est l'objet de leurs réprimandes. Le pauvre administre la morale avec dureté; il souffre trop pour être indulgent. Il frappe, il bat, il rudoie; c'est chose effrayante que la discipline des classes inférieures envers leurs enfants. Rarement exercée, dépourvue de continuité et de surveillance, elle a quelque chose d'odieux dans sa sévérité irrégulière. On entend de la rue les cris de ces petits êtres soumis au régime de la force et punis souvent avec injustice, toujours avec excès par des parents que le sort traite mal et qui ne savent point se montrer cléments. Rudement corrigé, l'enfant fuit et ne reparaît plus; de tous les lieux du monde, celui qui offre le moins d'attraits au petit garçon, c'est la chambre où il est né, où l'attendent une nourriture chétive, l'esclavage et des coups. Peut-être avant de fuir, a-t-il déjà commencé l'apprentissage du vol, sous la direction d'un de ses camarades. On lui aura dit comment il peut se procurer des plaisirs inconnus à la maison paternelle, c'est-à-dire l'argent qui les représente; secret connu de tous les enfants du pauvre et de presque tous les domestiques. Ce secret consiste à retenir quelques sous pendant la semaine sur le prix des fournitures de la famille, ou à les dérober au père et à la mère.

Beaucoup d'entre elles ne l'ignorent pas, et elles sont néanmoins impuissantes à les prévenir par les menaces et les châtimens. Quand ces châtiments se multiplient ou deviennent intolérables, l'enfant disparaît et se perd dans la masse des vagabonds.

Le *gamin* vient de naître sous nos yeux; souriez de l'importance donnée à ce berceau, vous avez tort. C'est quelque chose de grave qu'une pépinière de 15,000 petits bandits; chantez le gamin, mes chers poëtes, mais défendez votre bourse.

La chanson et le roman ont deviné la poésie de cette vie nomade; ils lui ont fait une apothéose de caprice, piquante sous le rapport de l'art et semblable à celle dont les écrivains espagnols ont couronné leurs bandits. Signe fatal que cette tolérance pour l'oisiveté picaresque (1). L'Espagne croulait, quand Lazarillo de Tormès marchait à la gloire et préparait Figaro.

Associé aux petits mauvais sujets qui l'ont corrompu et devenu libre, l'enfant commence par se livrer à ses goûts. A Paris, il n'a pas de plus vif penchant que le spectacle. Est-il parvenu à dérober, liard à liard, quinze

---

(1) *Picaro,* polisson, bandit.

sous, dix sous, moins peut-être, il trouve moyen de pénétrer dans un de ces sanctuaires rayonnants de lumière, assiégés de voitures, et où la foule se précipite. Il a tout vu, hormis le spectacle. Ses amis y vont et font un grand récit de leurs jouissances dramatiques. Il sait que le maître d'atelier, l'apprenti, le bourgeois, aiment le spectacle. Quelque prix que lui coûte une telle conquête, il l'obtiendra, soyez-en sûr, et vous le verrez debout, aux derniers rangs des spectateurs, sous la voûte de quelque théâtre secondaire, s'attendrir et frémir de ce qu'il voit et de ce qu'il entend. Quelles leçons il reçoit là, vous le savez. Ces passions furibondes qui nous touchent peu, sont les véritables maîtres, les seuls précepteurs de la population pauvre ; elle y étudie les tours d'adresse du malfaiteur, la gaieté du bagne ou la frénésie de la passion. Nous avons rencontré plus haut, tout au fond de cette manufacture inconnue de vice et de malheur, le propriétaire avide, c'est-à-dire la société sans entrailles ; ici nous retrouvons encore l'auteur dramatique et le public indifférent, c'est-à-dire la *société sans principes*. Prenons garde à ces sources premières, et si nous avons réellement à cœur une réforme sociale plus importante que toutes les réformes de nos lois, n'oublions pas que le mal tombe de haut et vient de loin. Elle est immense l'influence du théâtre sur le peuple, non sur les classes aisées, mais sur le pauvre ; non sur l'homme fait, mais sur l'enfant, ce qui est bien autrement redoutable. Une pauvre femme dont le fils était devenu voleur racontait avec cette naïveté qui est la meilleure des psychologies le progrès de la démoralisation chez son enfant. Il avait été au spectacle, et cela lui *avait cassé les bras* dès le lendemain, disait-elle, il ne travaillait plus, il avait la *tête montée*; d'étranges manies le possédaient ; il pensait au suicide, qui sans doute lui paraissait d'un bel effet dramatique ; il s'éveillait en sursaut, se mettait à genoux et priait. Un jour il disait à sa sœur : « Ce serait drôle si je m'accrochais à ce clou et que ma mère me trouvât pendu. » Les effets d'une surexcitation fébrile aussi intense sur une population jeune, ardente, indépendante et sauvage ne sont pas difficiles à calculer. Une telle éducation développe l'activité de l'intelligence dans l'absence des idées, et l'inquiétude de la passion dans le vide des principes.

Pour l'enfant de sept à seize ans qui peut fuir le taudis paternel, toute la civilisation, toute l'instruction, le point culminant du bonheur et de la science sont là. Le soir il rôde autour des théâtres et tâche d'y trouver place ; le jour il se confond avec la masse des petits vagabonds qui forment une armée parisienne excessivement nombreuse.

Cette armée de mauvais garçons menant une vie errante et paresseuse impose à ses membres le devoir de se soutenir mutuellement pour échapper aux recherches des parents et des maîtres d'apprentissage. Les moins pervertis et les plus timides mendient, fréquentent les places et les halles et offrent leurs services aux marchands, aux acheteurs aux passants; la plupart commettent de petits vols; comment vivre? Les voleurs sont les dominateurs du corps parce qu'ils en sont les principaux soutiens ; c'est à leurs dépens que subsistent les nouvelles recrues ou les timides. Une prime se trouve offerte au plus audacieux dans le mal. Deux passions ardentes possèdent tous ces vagabonds : le spectacle et le jeu. L'une ou l'autre suffisent pour déterminer l'enfant à quitter à jamais une famille marâtre, une école où il dort, un domicile de malheur que les mauvais traitements, une lourde tâche, des punitions cruelles, des corrections humiliantes lui rendent odieux. Il trouve sur les ports, sur les boulevards et sur les places mille petits joueurs de profession dont les excitations et les conseils fomentent en lui la passion du jeu; elle le préoccupe et l'absorbe. Souvent livré à ce nouveau désir il vend sa cravate, son mouchoir ou sa casquette pour en jouer le prix. Quelque soir, après le spectacle, il rentre tard, il heurte en vain à la porte de son misérable domicile; la colère de ses parents le force à coucher sur le palier ou dans la rue : le lendemain on le met au pain et à l'eau et on le bat. Il va retrouver ses camarades, dont il grossit les rangs; comme eux en haillons, sans chemise, endurci à toutes les intempéries, le front nu, l'âme bronzée de bonne heure, l'esprit plein de ressources, incapable d'attention ou de travail, il joue et court, il mendie et vole; il s'élance au premier mouvement de sédition; tout bruit le charme, tout groupe l'attire, tout attrait de curiosité l'emporte. Il sillonne Paris dans tous les sens, il sort des pavés à toute apparence d'émeute; il est gai, il chante, il rit, il dérobe, il escamote, il pille; il a de l'esprit, de l'audace et de l'expérience; il forme la constante pépinière du vice, il dépense beaucoup et il vit de rien ; les voleurs d'un âge mûr le recherchent et il les recherche. Ainsi se continue une éducation si bien commencée. L'argot du gamin est le même que celui du voleur. C'est-à-dire qu'à la première faute, placé sur une pente fatale, l'enfant du pauvre se trouve emporté vers les derniers bas fonds du vol et de la misère. Je ne parle pas des fils de voleurs que l'on élève pour la profession. On m'en a cité un qui à trois ans démontait une serrure, et qui plus tard amusait chaque soir son père par le naïf récit de ses exploits.

C'est un fait constaté que l'existence de plusieurs bandes de jeunes garçons voleurs qui procédaient et qui opèrent encore avec un ensemble et une habileté peu commune. L'une d'elles était forte de dix-huit membres, tous de neuf à seize ans. Les jeunes vagabonds dirigent principalement leurs tentatives contre les marchands étalagistes et contre les divers groupes de curieux; tous les lieux de réunion publique sont du reste le théâtre de leurs prouesses. Il n'y a pas longtemps qu'une bande de ces nomades a été découverte la nuit, chargée de son butin, sous *l'armature* en fer du pont d'Arcole à Paris; la crue excessive des eaux de la Seine avait placé les aventuriers dans une position fort dangereuse. Quand le petit voleur a de l'argent, cet argent s'en va vite; quand il n'en a plus, il existe on ne sait comment; aux jours de dénûment complet, vous le voyez mendier et dormir; essaim misérable qui s'abat la nuit sur les bateaux, sous les piliers des halles, dans les baraques, les caves, les voitures, les carrières, sur les fours à plâtre, dans les embrasures de portes. On les ramasse, on les rend à leurs familles. Les mêmes motifs ne tardent pas à les rejeter dans leur vie désordonnée, aussi chère à leurs souvenirs que l'indépendance nomade est chère au cosaque. Un de ces pauvres enfants a été pris et repris quarante fois sur la voie publique, à des heures indues, en état de vagabondage.

Toujours seul, sans bas, sans cravate, sans gilet, sans casquette et sans mouchoir, il n'avait commis aucun acte répréhensible, si ce n'est l'opiniâtreté de sa vie errante. Comme beaucoup d'autres, il cédait à la nécessité. Mais une société bien faite garantit l'homme contre cette nécessité.

Telle est la gradation établie par des faits nombreux. Le *gamin*, c'est tout bonnement la *larve* du voleur. Vous avez dédaigné notre analyse microscopique, vous verrez bientôt toutes les feuilles de la forêt envahies par cette population qui va grandir.

Tout en rendant justice aux intentions des législateurs et des philanthropes, nous croyons que les formules, les règlements et les institutions, remèdes purement extérieurs, viendront se briser contre le mal intérieur. Il ne suffit pas de recueillir les enfants du peuple pour les empêcher d'être vagabonds puis voleurs ; il faut les empêcher de désirer le vagabondage et le vol. Médecin, si vous corrigez par le régime seul une maladie chronique, ou la phthisie pulmonaire par la diète vous obtiendrez des résultats incomplets. C'est au fond des entrailles qu'est le siége du mal. Pour notre société, ce mal est la faiblesse morale, ou si l'on veut *l'individualité*, ou si l'on veut *l'égoïsme*. Rien de convenu, rien de consenti ; chacun se faisant un trône et y plaçant sa volonté comme reine. Point de lien commun ; le riche inaccessible à toute considération, si ce n'est de se conserver ; le pauvre ne pensant qu'à usurper. Trop de primes offertes au vice ; trop peu d'encouragements offerts au bien. Il n'y a pas, dans un tel état, de plus courageuse et plus belle mission que celle du moraliste qui sait voir et qui ose dire.

La pente de la misère au vagabondage, du vagabondage à la rapine, de la rapine accidentelle au vol permanent et de là au crime, se trouve donc aplanie et presque inévitable. La détresse et la douleur dans la famille, l'encouragement au mal hors de la famille, la corruption sur la place publique et dans les théâtres; point de barière, aucune protection. Les palliatifs imaginés par la philanthropie, salles d'asile, écoles primaires, pénitenciers des jeunes détenus exercent une influence restreinte, voici pourquoi. La vaste séduction sociale l'emporte sur la répression partielle qui cherche à s'établir au sein de cette séduction. Lutte inégale; ce que l'administrateur prêche en théorie, ce qu'il veut organiser dans la pratique, tous les faits extérieurs le démentent. Vous offrez à l'homme de l'instruction et quelquefois du pain. L'homme veut aussi du bonheur. S'il ne trouve pas ce bonheur dans le bien, c'est dans le mal qu'il le cherche. La modicité du salaire, l'égoïsme du propriétaire, l'exemple des compagnons, les leçons du théâtre rejettent l'ouvrier, en dépit de tout, dans le cercle fatal de la détresse au vice et du vice à la détresse. Les instructeurs du monde, qui sont les gens de lettres, manquent trop souvent à leur mission. Créatrice de jouissances, la civilisation multiplie avec les besoins du riche, qui les satisfait, ceux du pauvre, qui s'irrite dans le vague de ses désirs perdus; armée d'expédients insuffisants, elle ne remédie à aucun mal fondamental. Le mal moral et physique abonde pour le pauvre; le bien physique seul abonde pour le riche, que la délicatesse et la susceptibilité de ses goûts ne rendent pas moins malheureux. Un mécontentement immense dont personne ne comprend l'étendue, dont on explique la cause par des sophismes, se répand partout. L'industrie, qui prétend moraliser la population, fait le contraire; car l'industrie, c'est la richesse créant la richesse par le travail. C'est la richesse augmentant le bien être pour la richesse et rejetant les travailleurs dan sla misère. Comment voulez-vous que l'ouvrier soit heureux, s'il n'est moral ? qu'il soit moral, si le maître ne l'est pas? que le fils soit moral, si le père ne l'est pas? Perpétuelle rotation de ce fatal cylindre, à la marche duquel vous opposez des grains de sable qu'il broie et des brins de paille qu'il anéantit.

Nous avons vu le fils de l'ouvrier devenir vagabond, il y a plusieurs milliers de ces enfants à Paris; ces malheureux font les voleurs et alimentent la population dangereuse. Un sergent de ville ramasse l'enfant la nuit sous l'arche d'un pont, commettant un petit vol ou nanti d'objets dérobés. Mis sous la main de la justice, les parents, invités à le reprendre, exposent devant le public et le tribunal ses torts envers eux, ses égarements, les vaines tentatives qu'ils ont faites pour le ramener à des sentiments meilleurs, en un mot la nécessité d'infliger un châtiment à celui que l'indulgence et le pardon n'ont jamais pu toucher. Ces explications ont lieu en présence de l'enfant mis sur la sellette des malfaiteurs. Il baisse la tête, il pleure, il est confus; mais l'indulgence doit avoir un terme. Le vagabond, âgé de douze ans peut-être, est jeté dans une maison de correction qu'il habitera plusieurs années. Là se fera sa troisième éducation. La première date d'un grenier, la seconde d'une place publique, la troisième datera d'une prison. Il a d'abord appris à haïr, ensuite à voler ; il lui reste à ériger sa théorie en système. Nous le laissons dans ce triste lieu, et nous parlerons bientôt de sa sœur, la fille de l'ouvrier.

La femme, plus faible, tombe plus rapidement et plus bas que l'homme. Reproche amer que nous adressons à cette société, adoratrice de la force et qui a supprimé le christianisme comme trop doux, l'humilité comme abjecte, les asiles religieux comme inutiles, la charité du cœur comme ridicule et la politesse même comme servile. Nous disons qu'elle a tort ; que ce dévouement au culte de la force matérielle et brutale est un pas en arrière, que si elle sacrifie tous les faibles leur masse finira par se soulever, et que si elle repousse comme ennuyeux et inutiles les détails douloureux dont nous nous occupons avec courage, elle périra sans mériter la pitié de l'histoire, car elle périra par son égoïsme.

II

Pour exposer fidèlement le sort de la fille de l'ouvrier, choisissons encore notre exemple dans une classe moyenne, également éloignée des meilleures comme des pires conditions. Il y aurait de trop horribles tableaux à tracer. Ne nous occupons pas de la pauvre enfant condamnée d'avance à la dégradation par sa famille dégradée ; ne descendons pas jusqu'à peindre les souffrances d'un ménage sans lien religieux ou civil, agité par les tristes vicisstudes de l'industrie, dépouillé par l'habitude du cabaret, en proie aux plaintes de la mère qui n'a pas de pain et du père qui étouffe le cri du faible sous les mauvais traitements qu'il prodigue. Ne parlons pas de cette pauvre enfant élevée par une mère qui, s'enivre habituellement et qui tombant dans un idiotisme fiévreux, devient incapable de surveiller ou d'élever sa fille. Supposons que cette dernière est née dans la même chambre que nous avons décrite plus haut; déjà le petit garçon, le fils aîné, a quitté la famille pour se joindre à la masse vagabonde. Dans la pauvre chambre on ne pense plus à l'enfant perdu. Il faut gagner sa vie. La dure nécessité pousse au travail le père et la mère, forcés d'élever quatre enfants, peut-être avec 3 ou 4 fr. par jour. Les enfants les plus âgés gardent les plus jeunes. Dès que la fille aînée atteint huit ans, on songe à l'utiliser, on la place dans une fabrique pour augmenter, au moyen du salaire qu'elle gagnera, les faibles ressources qui feront vivre ses frères et sœurs. Cette conduite, qui n'a certes rien de blâmable, n'en est pas moins fatale. Quand nous avons creusé la situation de l'ouvrier, l'avarice du *propriétaire* et la cupidité de l'*entrepreneur* se sont montrées à nous comme premiers ressorts de cette grande manufacture de malheur; nous trouvons ici l'avidité du *chef de fabrique*.

Il importe peu à ce dernier que ses ouvriers soient moraux ou immoraux, heureux ou malheureux; le gain le préoccupe. Il a placé des capitaux dans cette entreprise. Qu'ils rapportent, il le faut; le reste n'est rien. Les contre-maîtres maintiennent l'ordre matériel dans l'établissement; ils activent le travail, comme le berger fait paître la brebis qui donnera sa laine et son sang ; comme le laboureur presse de l'aiguillon le bœuf dont il vendra la chair. L'ordre moral et intime n'existe donc pas dans ces fabriques et ces filatures ; l'ordre externe et apparent y règne seul. A côté du travail, le vice, ou plutôt l'énergie du vice augmentée de l'énergie du travail. Quand les théoriciens ont confondu le travail avec la vertu, ils ont créé au profit de leur théorie un sophisme misérable. Le développement excessif de nos forces, par un labeur assidu, impose à l'organisation humaine le besoin de jouissances exagérées. L'excès répond à l'excès. Non, il ne suffit pas du travail. Vous le croyez, vous qui voyez dans l'homme une certaine combinaison de nerfs et de muscles, poulies et ressorts, qu'une activité perpétuelle entretient. Mais au fond de votre erreur il y a la ruine sociale.

La fabrique et la filature, où la petite fille de sept à huit ans est introduite, reposent sur un seul principe, *travailler*. Personne ne s'inquiète de ce qui s'y dit ou de ce qui s'y passe ; mais il faut que soixante ou cent travailleurs donnent leurs produits. Les chansons obscènes retentissent ; les paroles sont d'accord avec les actes ; le plus déhonté sert de modèle ; les adultes dépourvus d'éducation ne gardent point de mesure dans leurs propos. La plupart des femmes de la fabrique errent d'un mariage illicite à un autre mariage passager ; un tiers seulement d'entre elles sont vraiment mariées. On consacre régulièrement le lundi et même le mardi à l'oisiveté et à l'ivresse. Remontez jusqu'aux anciennes barrières les rues de Rochechouart, des Martyrs, du Faubourg-Saint-Antoine et du Faubourg-Saint-Martin, le lundi soir, vers neuf heures, et vous verrez de jeunes cotonnières sortir de la boutique du rogomiste, dans un état complet d'ivresse. « Quelquefois, la mère et la fille également avinées ou plutôt abreuvées d'alcool marchent en se donnant le bras et regagnent en chancelant leur domicile. Plusieurs de ces infortunées n'ont pas de chemise; elles ne portent qu'une légère robe de toile; la chaleur que leur refuse un vêtement insuffisant, elles la demandent aux liqueurs fortes. » Tous les soirs, quand la dernière heure du travail a expiré, ces êtres sans sexe s'échappent par essaims, ou plutôt par hordes, de leurs fabriques; une femme décente qui viendrait à passer serait accablée d'outrages. Cris bruyants, paroles immondes, injures ordurières adressées à ceux qu'elles rencontrent; elles dépassent les hommes en dépravation. Devenues cruelles et dures par la corruption, elles perdent les qualités les plus naturelles à la femme. Nos tribunaux ont jugé de jeunes ouvrières parisiennes qui, jalouses d'une de leurs compagnes, l'avaient outrageusement battue, dansant autour d'elle en rond, la traînant dans le ruisseau fangeux, et la fouettant avec un sabot; mélange de licence, d'orgueil, de malice et de cruauté, que la douceur excessive de nos lois a punie seulement de quelques jours de prison. Il est vrai que notre pénalité, si clémente pour les délits les plus féroces, est inexorable envers la pauvreté. Un billet à ordre de *cent* francs, non payé, jette sur la paille un père de famille; il devient par les frais de l'huissier une dette de *trois cents* francs; il donne une pelisse ou un bonnet à madame l'huissière et ruine une famille. Voilà le double résultat de ces lois, dirigées vers le gain, protégeant le gain et ne respectant que lui seul.

La petite enfant lancée dans ce foyer de la fabrique, soumise à son influence directe, irrésistible, toute-puissante, prend de bonne heure le ton du lieu qu'elle habite. Quelquefois les parents l'en retirent à douze ans, lui font faire sa première communion et la placent en apprentissage dans une boutique ou un atelier. D'autres jeunes filles restent attachées à la filature et suivent le train commun de ce qui les entoure. A seize ans, elles deviennent mères. L'imagination et le penchant ne sont rien dans ces liaisons brutales, qui n'attendent même pas le développement complet de la puberté. Le plus roué de la fabrique multiplie, comme un marquis d'autrefois, ses bonnes fortunes et ses amours, moins brillants mais plus funestes que la licence du xviie siècle décrite par Crébillon fils. Quand le terme de la grossesse approche, étrangère aux délicates sollicitudes d'une mère, l'ouvrière se fait recevoir à l'hospice; elle ne veut qu'être délivrée. Soit qu'elle se charge de son enfant ou qu'elle l'abandonne à la pitié publique, elle revient prendre place parmi ses compagnes d'un air effronté jusqu'à ce qu'une grossesse nouvelle la condamne à une seconde absence. Cette absence se répète encore et aboutit après deux ou trois épreuves au mariage ou à la vie commune avec un des ouvriers de la fabrique. Tout cela est si misérable dans son ensemble et si abject dans ses détails, que la plume nous tombe des mains et que nous oserions à peine y croire si chacun des faits n'était prouvé d'une manière incontestable. Vous le voyez, la chute vers le mal est plus facile à mesure que l'être est plus faible. L'ouvrier, l'ouvrier pauvre et enfin l'ouvrière jeune sont placés sur trois pentes différentes dont la rapidité augmente pour le sexe débile et l'âge impuissant et décroît en proportion de la vigueur et de la virilité. C'est le contraire de ce que la civilisation devait opérer. A quoi sert-elle, dites-moi, si elle protége les forts ? La force se protégera bien toute seule. A quoi sert-elle, dites-moi, si, comme nous l'avons vu, le propriétaire abuse du locataire, le riche du pauvre, l'entrepreneur de l'artisan, l'ouvrier de la jeune enfant qui travaille auprès de lui ? — Chimères ! déclamation ! — Ah ! prenez garde que ces chimères soient des réalités et qu'elles ne détruisent quelque jour la réalité de vos fortunes et de vos plaisirs !

L'ouvrier connaît la corruption grossière de la fabrique. Il se garde bien, quand il le peut, d'y placer sa fille ou de l'y laisser longtemps ; il la met en apprentissage dès que ses ressources le lui permettent, dans une boutique ou un atelier. Ici le ton est plus doux, les manières sont meilleures, le vice est plus raffiné ; mais c'est le vice. Un langage singulier qui mêle la galanterie à la licence, frappe pour la première fois les oreilles d'une enfant de douze ou de quinze ans. L'ouvrière la plus pudique et la mieux élevée s'étonne des caquets et des rires qui l'environnent ; on glose sur la conduite d'une de ses compagnes, qui répond par des épigrammes hardies aux brocards dont elle est l'objet et révèle à son tour les intrigues ou les faiblesses de ses accusatrices. On ne peut résister à l'influence d'une atmosphère dans laquelle on est plongé ; tous les principes s'ébranlent et l'on suit la pente de la faiblesse. Le salaire d'un grand nombre d'ouvrières ne s'élève qu'à vingt-cinq ou trente sous par jour ; souvent les parens absorbent cette somme insuffisante et l'appliquent aux achats du ménage. Les besoins de la toilette, la nécessité d'un vêtement propre, si ce n'est recherché, se font bientôt sentir ; dégoûtée du travail, fatiguée de privations ;

humiliée de son état, la jeune fille écoute les paroles affectueuses du premier être qui semble s'intéresser à elle. Elle est faible, elle est pauvre, elle est femme; la société ne fait rien pour elle; la famille, rien. Des unions fortuites, produits forcés de la misère, la conduisent, selon que le hasard en décide, au mariage avec quelque ouvrier honnête, ou à une vie errante et mendiante, ou à une succession de liaisons éphémères, ou à la nécessité de se vendre.

Nous voici parvenus à ce point fatal que la faiblesse du salaire, l'insouciant égoïsme des entrepreneurs, l'imprévoyance de la société, si cruelle aux faibles, rend inévitable pour les deux tiers des ouvrières qui sont à Paris, au moins 20,000 d'entre elles. Il y a, nous le répétons, des luttes sublimes, des familles protectrices, des courages que rien n'abat, des ouvrières qui, à force d'accumuler les privations et les épargnes, mettent de côté une petite dot et deviennent, à travers la souffrance et la résignation, de bonnes mères de famille; grandes âmes inconnues qui méritent autant de vénération que de compassion; encore faut-il que les circonstances viennent en aide à leur vertu. Au moindre accident elles périssent.

Nous venons de dire comment se fabriquent primitivement à Paris et dans toutes les grandes villes le vice de l'homme qui est *le vol*, la perte de l'honneur, et le vice de la femme qui est la *débauche*, la perte de la pudeur; celà dès que l'enfant peut marcher, voir et comprendre. L'industrie est-elle donc la moralité ? Demandez-le au fabricant; sachez s'il n'aime pas à se servir d'ouvriers habiles et ivrognes qui soient sous sa main du mardi au samedi, qui boivent tout leur argent le dimanche et le lundi et qui, travaillant comme des damnés pour réparer les torts de leur imprévoyance, ne deviennent jamais maîtres et produisent beaucoup sans améliorer leur situation. Certes, tous les fabricants ne sont pas dans ce cas ; on peut en citer et en honorer qui exercent avec une admirable et exceptionnelle bienfaisance le patronage du riche sur le pauvre. Leur conduite est-elle la règle commune? Non, c'est l'exception.

Si cette règle était générale, nous n'aurions point à écrire ces lignes. Combien de petites industries égoïstes fabriquent le vice et le favorisent! Quel état, excepté le métier incertain de professeur de musique ou de langue, fournit aux femmes de quoi vivre? Les places les mieux rétribuées, celles de caissière et de dame de comptoir, valent cinq cents francs par an, et il faut se vêtir. Demandez au confiseur et à la modiste si la jeune fille mal mise et timide achalandera leur magasin ; demandez à ce maître de boutique, si lorsqu'il donne cent cinquante francs par an, ou ne donne rien à la demoiselle de magasin, il ne veut pas la voir coquette, parée, souriante, les épaules un peu nues et d'une amabilité qui attire. Les amants feront le reste. Les amours de la grisette ne m'inspireraient pas une grande indignation, je l'avoue; mais ce n'est point l'amour, ce n'est pas même la licence qui est là ; c'est la plus atroce misère, c'est l'hôpital, c'est le sacrifice du faible; nulle ressource pour la femme pauvre; et toujours une société remplie d'égards et de bontés pour ce qui l'effraye, d'inhumaine dureté pour ce qu'elle domine.

Le double travail de corruption s'est donc opéré par la société elle-même. Après qu'elle a fabriqué le voleur et la fille, voyons comment la fille et le voleur travaillent sur elle.

III

RÉPARTITION DU VICE; NAISSANCE DU CRIME.

Si la population vicieuse naissait tout à coup et qu'elle sortît de terre comme une armée, il ne serait point difficile de la parquer, de la refouler, de la combattre. Mais aux yeux du philosophe il n'y a pas de population vicieuse; il y a *le vice*. De deux choses l'une; ou l'élément moral d'une société est protégé par elle, ou il ne l'est pas. Pour nous, si au XIXe siècle nous protégeons l'égoïsme, nous protégeons ce qui nous détruit, négligeant ce qui nous sauverait.

Toujours un certain principe général et souverain règne sur une masse d'hommes. C'est la guerre ou la gloire; c'est le plaisir, c'est la religion, c'est l'honneur. Tout ne marche pas régulièrement dans une seule voie; mais chacun avoue et respecte une discipline conforme à un certain principe.

Dans les temps, où rien n'est puissant que le *gain*, où le gain, c'est l'honneur, la moralité, le *beau;* où les puissans attentifs à créer des lois ou à punir les faits, ne s'occupent pas des volontés, ne dirigent pas les acteurs; — les volontés, tendant au lucre, égoïstes et mauvaises chez le riche, hostiles et ignobles chez le pauvre, parviendront, à travers toutes les conquêtes de l'industrie matérielle, à créer une manipulation plus active du mal, une fabrication plus féconde du vice et du malheur. C'est ce qui arrive.

Revenons aux chiffres et à la statistique, meilleurs que tout argument.

Quand le fils et la fille de l'ouvrier sont tombés l'un dans une maison de correction qui le déprave encore, l'autre sous la loi d'un ou de plusieurs amants qui la perdent, ils se trouvent confondus avec une population de tout sexe et de tout âge qui n'a de loi que les sens et la rapacité ! C'est celle qui exerce le vol, la fraude, la débauche. Un statisticien la divise comme il suit : 42,000 escrocs, voleurs et filous, sortis des classes ouvrières ; 12,000 fraudeurs logeant près des barrières, voleurs cachés et voleuses habiles, logeant dans des maisons particulières ; 4,600 filles publiques inscrites ; 6,000 femmes faisant clandestinement le même métier ; environ 19,500 amants ou souteneurs des unes et des autres ; 1,000 recéleurs ; 580 entremetteuses tolérées ou non, trafiquant de la débauche ; 25,000 vagabonds enfants et adultes ; total énorme que, après avoir épuré ces différents groupes, et s'être prémuni contre les doubles emplois, on peut réduire à 85,000 individus vicieux, vivant de vice ; criminels vivant de crime à Paris. Nous dormons au milieu de cela, ce qui pourrait stimuler les attentions contemporaines et réveiller les sommeils optimistes. On ne peut les classer en catégories réelles, le voleur étant dans le fait ou dans l'avenir assassin, l'escroc recéleur, le recéleur fraudeur, le fraudeur filou, la prostituée voleuse, la voleuse recéleuse. Cette masse est répandue partout, dans les rues où roulent les vagabonds, dans les garnis infimes à cinq et deux sous par nuit; les plus savants dans des hôtels ou des maisons honnêtes, où leurs habitudes sont ignorées; plusieurs fuyant de retraite en retraite, et les souteneurs chez les femmes qui les alimentent. Non-seulement les classes ignorantes et souffrantes sont attirées vers ce tourbillon toujours écumant, mais les classes lettrées et prétendues honnêtes lui apportent leur expérience et leur savoir. L'Académie des sciences morales a donc eu grand tort d'isoler *une* classe dangereuse des autres subdivisions sociales, et le danger n'est pas dans *un membre*, mais dans le sang qu'il faut épurer. Les sentences correctionnelles montrent l'escroc se faisant condamner 13 fois parmi les professeurs, 19 fois parmi les clercs d'huissier, 14 fois parmi les militaires en retraite, 25 fois parmi les écrivains publics et copistes, 27 fois parmi les jeunes étudiants, 29 parmi les courtiers et placeurs, 31 parmi les agents d'affaires, 313 dans les professions industrielles (16 de ces derniers coupables se donnant pour négociants, 198 employés de boutiques et commis marchands, et 99 marchands); enfin 6 fois parmi les propriétaires. Il est bon de réfléchir sur la vraie signification de tels chiffres, et de se demander s'il n'y a pas une cause morale qui sollicite à la fraude ces propriétaires qui veulent le bien d'autrui; ces commerçants (313!) qui savent que le commerce a la probité pour égide et qui escroquent; ces hommes qui connaissent la loi et la violent; ou qui n'ignorent pas la science et commettent la fraude (157!); — sans compter l'escroc de bon ton, la femme galante qui donne à jouer, l'usurier qui sollicite la profusion ou abuse de la détresse, l'aigrefin qui exploite les positions sociales, le fournisseur improbe qui abuse de la négligence ou de l'inexpérience, l'avocat qui se mêle de tripotages et de spéculations imaginaires, l'huissier qui fait payer le papier timbré qu'il n'a pas fait, l'inventeur d'un journal qui ne paraîtra pas, le mendiant à domicile, le créateur d'industries et d'inventions inattendues.

Si la dépravation saillit d'en bas par la pauvreté, elle tombe d'en haut par les lumières, et vous voyez quelle œuvre c'est que la réforme sociale. Qu'importent subdivisions et catégories? Que saurez-vous d'utile après avoir étudié les groupes de cette armée? Vous connaîtrez à fond le *cambrioleur*, qui vole avec de fausses clefs; le *carroubleur*, qui va reconnaître les lieux pour les dévaliser ensuite; le *bonjourien* qui s'introduit le matin chez vous pour enlever votre montre; le *rouletier*, qui soustrait les effets placés dans une voiture; le *boucardier*, qui pille les boutiques la nuit; le *détourneur* qui dérobe un objet dans le magasin où il vient faire des emplettes; le *carreur*, qui escamote des pièces d'or ou d'argent; le *floueur*, qui met à contribution la simplicité d'un provincial; le *ramastique* possesseur d'un bijou faux qu'il vend pour de l'or; le *voleur à l'américaine, au charriage, au pot à la graisse*, grands diplomates, qui exploitent l'avidité du passant et le font dupe de son vice; le *chanteur*, extorquant de l'argent par la menace d'une révélation; ainsi que les *détourneuses, carreuses, chanteuses, bonjouriennes, recéleuses*, formant la population féminine de ces soixante-trois mille individus. — Vous donneriez une description complète de leurs prouesses et de leurs ruses, vous n'auriez accompli rien d'utile. Leur naissance, le mode de leur recrutement, la cause de leur persistance et de leur cohésion, voilà ce qu'il importait de savoir. Existe-t-il entre ces parias du crime et les lumières orgueilleuses de notre société des relations secrètes? Dans cette autopsie cadavérique du monde moral où nous sommes, le *bonjourien* et le *carreur*, pour être les plus gueux et les plus en évidence, sont-ils les vrais coupables? Que direz-vous donc des tours de bâton de l'homme d'affaires, de l'avocat et du médecin et des autres professions? Est-ce que la vraie source du vice et du crime gît dans les classes inférieures? Ne voyez-vous pas ces professions libérales encombrées, ces ambitions inassouvies, cet énorme besoin de jouir et d'improviser la jouissance, cette domination exclusive du profit, cette difficulté de vivre, et de vivre honnête, qui pèse sur l'homme sans fortune? Examinez donc comment naît l'enfant de l'ouvrier, ce que fait le riche pour moraliser le pauvre, ce que fait l'entrepreneur pour moraliser l'ouvrier, ce que fait l'homme pour moraliser la femme. Le faible est-il tué par le règne du *pain*, qui est le règne de la force; et de la plus bête, de la plus aveugle, de la plus cruelle des forces?

Le problème de l'instruction primaire rencontre de grands obstacles. Supposez que toute la génération des jeunes enfants de sept à douze ans soit élevée dans un amour profond du devoir. Quand elle atteint sa quinzième année, elle se réunit aux 385,000 ouvriers préexistants qui dominent sa faiblesse. Allez donc persuader l'abnégation et le courage moral au fils d'un homme qui s'est fait voleur; ou à celui d'un honnête négociant qui n'a d'âme et de vie que pour le lucre, l'orgueil, le plaisir et la vanité? Dans une société fiscale il y a prime pour tout ce qui est lucre : prime au banqueroutier qui est adroit; prime au spéculateur qui fait des dupes; prime à l'ouvrière qui s'exploite avantageusement ; prime au contrefacteur qui n'est pas pris sur le fait. Ne parlez donc pas de « classe dangereuse, » dites seulement qu'il y a des sentiments pervers, qui sont l'égoïsme et le gain mêlés à la lâcheté et à la mollesse. Ne dites plus que les mœurs de l'Europe se sont adoucies. En effet, le bourreau du moyen âge n'a plus sa cotte rouge et sa hache aiguisée : mais d'autres bourreaux exécutent les ordres émanés de votre mépris général pour le faible ; et ce mépris a quelque chose de plus féroce. Les bas-fonds de la société vous en offrent la preuve et le résultat.

Réformez l'instruction, réformez les prisons, réformez les ateliers; très-bien. Tant que vous n'aurez pas réformé l'homme, à quoi parviendrez-vous ?

LA RÉVOLUTION DE 1848

JUGÉE

PAR UN AMBASSADEUR

LA RÉVOLUTION DE 1848

JUGÉE PAR UN AMBASSADEUR

En ouvrant un livre (1) qui piquait ma curiosité, et où sont passés en revue choses, hommes, tragédies, douleurs, catastrophes, changements, péripéties qui touchent vivement le cœur de tout Français, je me demandais comment l'auteur, homme d'esprit et du monde, avait pu aborder une pareille tâche et en venir à bout.

Les événements de 1848 palpitent encore. En 1847 le marquis de Normanby était ambassadeur de S. M. la reine d'Angleterre, accrédité auprès du roi Louis-Philippe et reçu non comme un envoyé ordinaire, mais admis comme « ambassadeur de famille, » c'est-à-dire dans la confiance et l'intimité. Toutes les transactions relatives aux mariages espagnols passaient par ses mains; ainsi ne faisait que s'accroître cette familiarité encouragée, dit-il, par la *personal kindness*, la « bonté personnelle » du souverain. Après la chute du trône, la même hospitalité l'a protégé; le droit des gens a été respecté dans sa personne par la blouse et l'habit brodé; tous ceux qui figuraient naguère dans les luttes de notre politique ont accueilli, les uns avec

(1) *A year of revolution, from a Journal kept in Paris, in* 1848 *by lord Normanby, K. G.*

faveur, les autres avec courtoisie, le représentant du pays voisin. Que d'embarras, d'obstacles ou plutôt d'impossibilités pour un écrivain de Mémoires ! Jamais le comte d'Avaux, lord Stairs, lord Malmesbury, sous le premier Empire, auraient-ils compris ou conçu cette idée de publier leurs ambassades ou de communiquer au public les observations qui en résultaient, et cela si peu d'années après l'ambassade même.

Quoi qu'il en soit, lord Normanby, qui, dans sa jeunesse, a cueilli, comme disaient nos pères, quelques lauriers littéraires et créé l'école des *romans-comme-il-faut* (*silver-fork-school*), a voulu réveiller la fraîcheur de ses premiers trophées et en faire reverdir l'éclat. Il est de son temps, du nôtre, qui va vite, qui broche l'histoire, qui ne ménage point les heures, qui n'attend point la mort et qui presse la vie. Mais comment faire ?

Quoi ! me demandais-je, démêlera-t-il des caractères qui se comprennent à peine eux-mêmes ? Remontera-t-il à la source de ces torrents qui nous ont épouvantés ?

Quelle analyse ! quelle complexité ! surtout quelle audace !

Je suppose un historien doué d'assez de pénétration, un écrivain possédant assez de vigueur et de génie pour interroger, sonder, comprendre, reproduire et mettre en relief les causes et les effets de ces troubles et de ces changements qui ont eu lieu en 1848, non-seulement en France, mais en Europe et à travers le monde ; un esprit à qui rien n'échappe ; un analyste, un peintre, un moraliste au niveau de cette tâche. Il va reculer d'effroi devant les vérités à dire. Se contentera-t-il de raconter la suite des événements et des faits? A travers tant d'obscurités, de contradictions, d'équivoques et de récriminations, comment retrouvera-t-il sa route? Le fil d'Ariane où est-il? Les partis le lui offriront à l'envi, je le sais; mais s'il les écoute il ne sera plus historien. Il descendra du fauteuil du juge; il en abdiquera la dignité. Avocat, il remplira sa tâche avec ou sans conscience habilement ou maladroitement; voilà tout. Ou bien enfin bornera-t-il ses prétentions à rédiger un journal comme Pepys ou Dangeau? à croquer, comme s'expriment les peintres, les groupes qui passent, les physionomies qui se dessinent, l'allure de celui-ci, le costume de celui-là, les perspectives et les attitudes, les aspects des masses, les particularités des individus, les bizarreries des masques? Honneur mesquin en vérité, et qui ne demande pas beaucoup de frais d'esprit. On n'a qu'à se tenir au courant des bruits de ville, avoir de la curiosité, de la mémoire, le jarret ferme ou de bons chevaux. Mais accommoder ces espionnages et ces mièvreries avec le titre d'ambassadeur et l'honorable mission de représenter un grand peuple, il n'y a pas d'apparence. Ni moraliste, ni analyste, ni auteur de journal, comment le noble écrivain sortira-t-il du piége où ses loisirs de Florence, l'habitude d'écrire, le besoin de publier, le désir de gloire l'entraînent évidemment?

Voici comment lord Normanby sait se tirer d'affaire. Il prend une nouvelle méthode à laquelle personne n'avait prétendu et qui le sauve de mille dangers. Ce n'est pas le moraliste ou l'historien qui vous parle. L'homme de salon, l'homme du monde mêlé aux affaires veut bien vous communiquer quelques souvenirs. Il cause ; rien de plus. L'ambassadeur disparaît. De Saint-Simon ou de Tacite il n'est pas question, l'auteur le dit lui-même dans sa petite préface, et nous le savions bien. Que la rue soit pleine de sang ou que les trônes disparaissent, il observe tout à travers une lorgnette d'opéra, et souvent il la retourne de manière à tout diminuer. Profondeur d'aperçus, variété de caractères, rapports entre les faits et les hommes, entre l'avenir et le passé, ne lui demandez rien de tout cela. Ici la philosophie n'est pas de mise ; — pédantisme ! La morale aussi n'a que faire dans un boudoir ; allez au sermon. Le chroniqueur du monde (et ce portrait ridicule n'est pas celui de lord Normanby, dont les bonnes manières nous sont connues) s'appuie sur la cheminée, relève ses basques, se chauffe avec aisance, sait écouter, reprendre la parole sans affectation, la rendre aux autres, passant la main dans une chevelure qui s'arrange et se dérange. On l'écoute ; il n'a pas besoin d'être un Tacite ou un Thucydide. C'est quelque chose qui gêne, Thucydide ou Tacite. Anicet et Ganeo, ou le marchand d'esclaves Trux, ou tel autre coquin d'importance, s'ils savaient que Tacite écrit, le dénonceraient. Le *Diary to Stella* de Swift aurait effrayé les maquignons de son temps. Ce monument dans lequel il inscrivait jour par jour les iniquités, les sottises, les courages de ceux qui l'environnaient, monument bien précieux pour l'histoire, ils l'auraient détruit s'ils l'avaient pu. Quant au *Diary* de lord Normanby, il ne fera peur à personne.

Cependant il y a bien quelques reproches de détail à lui adresser. Homme de salon, cela est convenu ; il choisit le salon qui lui plaît davantage, et c'est le plus élégant, celui des bonnes manières, salon intermédiaire qui relie le monde ancien et les mœurs nouvelles. Là, il acquiert les idées particulières à ce salon ; il s'imbibe de préjugés contre celui-ci, s'imprègne de colères contre celui-là ; il répète les épigrammes qui circulent dans ce monde spécial. La petite église qu'il dessert lui suffit. Ne lui supposez pas l'intention de juger ceux qui l'entourent, de peser leurs assertions, de débrouiller leurs grimoires, de rectifier leurs sentences, de vérifier leurs dires, de critiquer leurs actes ; témérité de mauvais goût ! « Ce ministre est un monstre vénal ! » — *Vénal !* répète lord Normanby. — « Le plus affreux, le plus vil et le plus criminel des hommes ! — *Vil* et criminel ! » répète-t-il. Au bûcher ! et que tout soit dit ! — Ce roi manque d'habileté, de dignité, de probité, de bon sens ! Voilà des mots de haine qui n'ont aucun poids dans les révolutions. Ces mots traversent l'atmosphère où lord Normanby respire ; il ne devrait pas même les entendre ; il les recueille et les répète, accoutumé qu'il est à cette complaisance aimable, sans laquelle la vie sociale n'existerait pas.

Ce qui caractérise surtout l'homme de salon, l'homme du monde, et ce qui peut servir d'enseignement et de modèle à qui voudra désormais rester complétement dans ce rôle et cependant écrire l'histoire ou quelque chose qui y ressemble, c'est le peu de goût du marquis pour ceux qui tombent ou qui sont tombés.

Il a le flair de la chute.

Par exemple, l'étoile de M. de Lamartine va monter dans le ciel, il la salue ; il l'adore, comme font ceux dont il prend le mot d'ordre, et chez lesquels il va.

C'est la gloire, c'est l'héroïsme, c'est l'espoir du pays, c'est la grandeur et la splendeur même. Tournez vingt pages ; l'étoile va baisser, la clarté va pâlir ; — un « feu-follet » sur des marécages, rien de plus ; —tel est M. de Lamartine. De même pour le général Cavaignac. Celui-ci manque de fermeté, il n'a pas de décision ; ce sont les paroles du causeur ; mais seulement lorsque le succès abandonne le dieu prêt à déchoir. Auparavant quelle admiration ! Toujours dans les salons et leur écho, le marquis ne fait que suivre le torrent des opinions, des terreurs, des admirations et des haines. Peuple malgré lui, — les salons ont leur peuple, — il ne comprend que l'accidentel et le contingent ; l'heure qui fuit, la minute qui vole, la fusillade qui pétille, l'aspect et le bruit des choses. Il pense, il parle, il écrit exactement comme le salon qu'il fréquente parle, écrit ou imprime ; il suit les variations de ses amis, s'affilie aux engouements et s'associe aux défaillances. Ses opinions flottent avec les circonstances, et il flotte comme elles. Sans cette complaisance, où en serait la sociabilité ? Mais avec cette complaisance, où en est l'histoire ?

Pour donner une idée du livre de lord Normanby et des discussions qu'il soulève, pour essayer de résoudre les problèmes qu'il attaque, il faudrait passer en revue tout ce qui a remué le monde et la politique pendant l'année 1848. A Dieu ne plaise que je réveille tant de fantômes et que je rouvre tant de plaies ! Je ne combattrai même pas les folles invectives et les virulentes accusations semées dans ses pages contre nos contemporains les plus illustres ; pages sèches comme un rapport officiel, ennuyeuses comme un vieil almanach et frivoles comme un roman. On y trouve à peine la surface des choses, un pittoresque à fleur de peau, l'apparence et le costume. Ce qui dans notre caractère contraste avec le caractère et l'humeur britannique étonne lord Normanby. Il se donne la peine de nous apprendre que les Français naissent soldats; qu'ils aiment la guerre, que leurs impressions sont rapides, que l'on peut abuser de leurs émotions, qu'ils font et défont les renommées avec facilité, et autres belles découvertes. Est-ce là ce que l'ami de la maison apprenait dans le salon du comte Molé? Est-ce à cela que mène la pratique des affaires?

Pour le style, faut-il le demander? il n'y en a pas trace. Se donner la peine d'avoir du style! à quoi bon? c'est vulgaire. Chez lord Normanby, homme aimable avant tout, la vigueur de la pensée languit (comme dit Michel Montaigne) « *hébétée* » par les compliments et les ambages, par les précautions et les ménagements, par le boudoir et le *lobby*, la diplomatie et la politique. A travers ces enveloppes de coton, rien n'apparaît; ni les caractères et leurs mobiles, ni les passions et leurs ressorts, ni les faits et leurs enchaînements. Point de saillie, point d'éclat, de profondeur encore moins; un équilibre qui se maintient comme il peut entre les devoirs de l'ambassadeur, les malices de l'homme de salon, les crédulités du voyageur, la curiosité de l'Anglais et le bon ton du gentilhomme. Lord Normanby vient de maltraiter M. Marrast; il l'a représenté à l'Hôtel de Ville, pendant l'insurrection, « ayant tout le courage qu'on peut attendre de ceux qui n'ont jamais manié que la plume! » Il vient de le montrer — *plus pâle que la feuille de*

papier qu'il est accoutumé à salir. Cela est dur. Lord Normanby sent bien qu'il a été trop loin, que cette vivacité manque de mesure, qu'elle manque de convenance, qu'il faut garder plus de ménagement envers les écrivains, alors même qu'on les méprise, surtout quand on fait gémir la presse; — vite un palliatif. Une note de protocole corrige, tempère, nuance ou nuage cette inadvertance : « J'ai voulu dire *sans doute*, » ajoute lord Normanby dans sa note (remarquez bien ce *sans doute*, et ne vous faites pas faute d'en user, ô politiques!), — « j'ai voulu dire
« *sans doute* que M. Marrast imposait à son papier
« blanc des transformations malheureuses, puisqu'il
« calomniait l'état social de son pays ainsi que
« du nôtre; car j'ai toujours eu *la plus vive admira-*
« *tion* pour M. Marrast et son talent spécial d'é-
« crivain périodique! » Ma foi, voilà des affaires bien accommodées, dirait la servante de M. Jourdain ; on ne pouvait s'en tirer mieux ; et c'est une belle chose que la diplomatie.

De sottes anecdotes sur un roi déchu, sur un vieillard en cheveux blancs, tombant du trône, et dans des circonstances si terribles et si amères, sont-elles suffisamment compensées par l'aveu naïf et volontaire de lord Normanby, qui (dit-il avec une complaisance tout aimable) fut l'objet des *bontés particulières du roi?* Cela peut sembler suffisant dans un salon, où la grâce du regard, l'œil à demi fermé, la voix compatissante, les réticences heureuses, l'attendrissement de la pose, la mise en scène négligente et ingénue atténuent ou colorent le fond des choses. L'histoire ne vous tient pas quitte à si bon compte. Les œuvres de l'esprit n'ont rien de commun avec ces prestiges; c'est ce qui fait leur honneur éternel. Quiconque s'avise de les confondre avec la vie pratique et même avec ses plus grands résultats, avec l'industrie, par exemple, le commerce ou la politique, commet une profanation toujours châtiée. Le malheur et la faute de lord Normanby sont ceux-ci : il a fait de l'histoire un salon, je ne veux pas dire une antichambre.

Ce raffinement de mondanité me choque d'autant plus que l'auteur est étranger et Anglais; vous diriez la glace et l'indifférence du gentleman qui s'ennuie, qui parie à Epsom, et qui regarde courir ses bêtes.

C'est bien contre son gré, bien à son insu que lord Normanby a ce tort; personne mieux que lui n'a compris et signalé le travers britannique dont je parle. « On dirait (observe-t-il quelque part) que mes compa« triotes considèrent le monde comme créé pour eux « seuls et destiné à satisfaire leur curiosité; ils s'en « vont faire gaiement l'école buissonnière *(for a lark)* « chez des peuples que la guerre civile décime et « ruine; j'en ai vu qui se promenaient au milieu des « rues démolies et des bourgeois affligés, s'informant « dans le plus grand détail des journées de juin, « comme un voyageur questionne le cicerone en visi« tant les ruines antiques de Pompeïa. » Rien de mieux dit. Malheureusement lord Normanby, trop bien élevé pour se donner de tels ridicules dans nos rues, n'y échappe pas dans son livre. *Mentem non mortalia tangunt.* A nous qui avons vu ces choses, le souvenir seul du Carrousel inondé de sang et de la ville tonnante dans la fièvre, ce souvenir vibre comme une douleur poignante dans la dernière moelle de nos os. Il est provoquant de voir un Anglais, calme, à son balcon, et qui nous contemple, lorgnette en main. La prise d'assaut de l'Assemblée a eu le marquis pour témoin. Là les blouses l'ont protégé noblement, et les trois pages qu'il consacre à ce récit, plus naïves qu'il ne les écrit en général, sont peut-être les seules de son livre que conservera l'avenir. Mais, de même qu'il rappelle en passant seulement les *bontés* du roi, — ces pauvres gens, égarés sans doute, quelques-uns bien coupables, et qui ont sauvé sans faste et sans phrases l'ambassadeur d'Angleterre, n'obtiennent pas de lui un mot de reconnaissance émue.

Si nos désastres et nos misères ne le trouvent pas fort sympathique, et s'il contemple d'un œil trop calme ce qui nous a fait souffrir et saigner, en revanche il voit tous les défauts du caractère national. Chez nous on va trop vite. On ne s'entend pas. On préjuge trop aisément. On est trop sociable. La *force morale* manque à la France, dit lord Normanby, et c'est bien la vérité.

« Tel homme, ajoute-t il, que la bouche d'un pistolet,
« à six pas distance, n'effraye nullement, va trembler
« devant son voisin ; il est prêt à plier devant l'opinion,
« à s'asservir à des idées qu'il ne partage pas, à se
« faire l'écho de ce qu'il déteste et à repousser furieu-
« sement ce qu'il préfère. »

Oui ; mais vous, milord, que faites-vous donc en rédigeant ce journal? La même souplesse que vous blâmez est la vôtre. Cette complaisance que vous poursuivez et flétrissez, autant du moins que vous pouvez flétrir quelque chose, vous domine et vous obsède. C'est elle qui vous dicte tout ce que vous devez penser. « *Molé* said... *Molé* advised... *Molé* thought..; » on ne trouve que ces mots à travers vos pages. Où est cette indépendance d'opinion, cette réaction contre le fait? où est cette liberté de l'esprit? où est cette résistance de la pensée personnelle? où est cette conscience d'un jugement maître de lui, sans lesquel en vérité la plume serait un instrument dénué de valeur et l'histoire une fantasmagorie dénuée d'intérêt? Reflet d'un salon, écho d'un groupe, élève d'une coterie! C'est peu de chose; mais on est alors fort à son aise; on va comme les autres; on s'élève et s'abaisse comme une *bouée* sur les eaux; dispensé de penser par soi-même, de tirer les conséquences des faits, et de généraliser les résultats. Les épines du métier de penseur et d'historien disparaissent.

Le marquis de Normanby se raille quelque part bien agréablement de certain *penseur* dont le peuple a pillé la maison; cette moquerie ne me surprend pas. Converser, voltiger dans l'atmosphère sociale, cultiver le savoir-vivre, peu réfléchir, ne s'arrêter sur rien; écrire avec facilité; faire courir sa plume sur les faits, sur les hommes, sur les anecdotes; perdre dans la toile d'araignée d'une phrase que surchargent les incidentes la clarté de la narration et la netteté des portraits; échapper aux cruels problèmes sociaux par l'amphibologie et les ménagements, c'est bien plus facile. Sur qui tombera l'ironie, sinon sur l'idiot qui écrit au lieu de causer, qui pense au lieu de trafiquer, qui observe au lieu de jouir, qui médite au lieu d'exploiter; imbécile qui s'appelait jadis Montaigne, Tacite, Thucydide, et que nos aïeux avaient la bonhomie d'estimer? Mais nous avons changé tout cela.

Aussi l'auteur se récuse-t-il modestement, toutes les fois qu'un problème grave se présente. La France a supprimé sa pairie héréditaire; elle a supprimé son aristocratie; a-t-elle eu raison, a-t-elle eu tort? « Je « ne décide rien, dit lord Normanby, la question est « nationale. » Mais tout dépend de cette question, My Lord. C'est elle qu'il faut résoudre. « La question (ajoute le noble auteur), tient seulement aux « *manières* » françaises (*french manners*) *Manners* dans cette occasion signifie « mœurs, » je le sais bien ; la partie extérieure des mœurs, les coutumes, les usages, tout ce qui est mobile dans les mœurs.

Lord Normanby me permettra-t-il de lui dire qu'il se trompe? Ce n'est pas là une question de surface, mais de profondeur. Il nes'agit pas de nos mœurs, mais de notre race, de tout notre passé, de tout notre présent, et de l'indomptable avenir. Nos annales, nos guerres, la direction imprimée à notre génie, la vieille centralisation, la subordination des races nobles, l'œuvre lente de la monarchie, le long travail des Richelieu et des Louis XIV, tout a enraciné profondément chez nous ce vieil arbre de l'égalité sociale. Le noble auteur nous raconte que deux ouvriers des ateliers nationaux marchaient devant lui parlant assez haut pour être entendus; ils allaient envahir l'Assemblée nationale. L'un disait à l'autre : «Nos législateurs se... donnent *vingt-cinq francs* par » jour; ils nous... donnent *trente sous*, et ils appellent « cela de l'égalité ! » — Voilà l'énigme de la société française. Certes les *french manners* n'y sont pour rien. Lord Normanby, qui cite ce dialogue, n'en a tiré aucune conséquence, bien entendu.

Voilà donc un homme spirituel, expérimenté, rompu aux transactions, d'un esprit cultivé, bienveillant et charmant, que l'expérience des cours a formé; nourri dans le sérail, plein de grâce et de bon ton, sachant écrire, et qui a même produit (je crois) une douzaine de volumes; son nom est plus que féodal; il a passé sa vie dans les affaires, il connaît les rois d'Europe. D'ambassades en ambassades, à travers toutes les révolutions, il s'est soutenu avec la persistance légère de la feuille qui flotte élégamment sur le cours des eaux; il possède la fortune, il a le pouvoir; il a même ces dons physiques, qui sont beaucoup, accompagnés d'une certaine facilité de conception superficielle et d'une aptitude heureuse à comprendre l'esprit des autres et à lui répondre. Enfin c'est un personnage pratique (comme on dit aujourd'hui), un homme de la meilleure éducation et du meilleur monde. Et tant de qualités rares n'empêchent pas que son livre ne soit faux et vague, obscur et ennuyeux, diffus et insupportable. Il a tout vu et ne nous apprend rien, si ce n'est la distance énorme seule qu'il y a entre titre officiel et les suprêmes dons que Dieu confère. Un style si lourd chez un auteur si léger! Chez un diplomate accrédité, une telle ignorance des choses humaines et des caractères humains! Ah! ces pauvres philosophes que lord Normanby traite mal toutes les fois qu'il les rencontre, — comme ils se réjouiraient du livre — s'ils ne devaient pratiquer aussi la charité chrétienne!

DE LA CONDITION

DES

GENS DE LETTRES

DE LA CONDITION
DES GENS DE LETTRES

§ 1

Qu'il ne faut, en littérature et dans les arts, procéder ni par destruction et dénigrement, ni par élimination et critique, mais par adoption du passé, en continuant ses conquêtes et poussant plus loin son progrès.

Les portes d'un demi-siècle écoulé se sont fermées sur nous avec plus de lourdeur que d'éclat. Un nouveau demi-siècle a commencé.

Briserons-nous follement le joug du passé, ou le subirons-nous en aveugles? L'avenir doit-il être préparé, ou faut-il nous endormir, bercés dans les bras du présent tel qu'il est?

Les cinquante premières années sont magnifiques et étranges. Napoléon, seul, a lutté contre le Nord; les dernières lueurs du moyen-âge se sont éteintes; l'homme s'est emparé des puissances invisibles et les a soumises. Le globe s'est aplani. Les cinq mondes reliés par une chaîne de gaz et d'électricité n'ont plus constitué qu'un grand domaine soumis à l'homme, c'est-à-dire à l'esprit.

Dans la sphère active des faits rien de plus grand

ne s'est présenté jamais. Dans celle de l'art n'y a-t-il plus rien à tenter? Une grande torpeur a saisi celles des intelligences, toujours rares d'ailleurs, que l'art séduit et captive; en face de si redoutables mouvements matériels, elles se sont découragées et affaissées. Elles avaient trop espéré; elles désespèrent. Heureusement il y a encore des esprits rebelles qui, lorsque tout le monde s'élance aveuglément, crient aux autres : *Prenez garde!* et lorsque le découragement glace les cœurs : *Rassurez-vous!*

Je ne sais si je n'ai pas été accusé d'une amère tristesse : aujourd'hui, selon toute apparence, on m'accusera d'une confiance insensée. Après avoir conçu les plus beaux desseins et plané dans le ciel le plus *bleu*, il semble que l'horizon se ferme. Le génie de notre race, qui est excessif, va de l'engouement à la prostration; il comptait détrôner Sophocle; il n'espère plus atteindre Pradon. C'est cet abattement qu'il faut combattre; c'est le courage moral du talent littéraire qu'il faut relever aujourd'hui.

Le procédé de renouvellement que l'on emploie toujours en France consiste à renverser le passé et à l'anéantir. Mais si le genre humain fait des progrès, c'est grâce aux trésors accumulés des siècles; l'homme, inférieur aux races brutes par l'instinct, conserve seul son passé, l'accroît et l'exploite. C'est que l'intelligence est fille du passé, mère de l'avenir. Les cervelles humaines valent que par cette loi divine, selon laquelle du passé rien ne se perd.

Nous ne doutons pas qu'un renouvellement intellectuel et littéraire, seule voie pour échapper à la décadence, ne doive s'opérer au commencement de ce nouveau demi-siècle. S'agit-il cependant de briser ce que l'on adorait, de procéder par éruption et par effraction ? Méthode détestable et contraire aux lois de la vie. Dieu ne fait point marcher le monde par mouvements violents et négations furieuses; il introduit dans les évolutions les plus contradictoires l'élément indispensable, — le Temps. Le printemps ne nie pas l'hiver; il le continue; l'évolution de la chaleur et son absorption s'opèrent par une transition graduée ; sans quoi il n'y aurait ni printemps ni hiver; des boutades destructives et des caprices furieux anéantiraient tout. « Nos marmites (dit sir Humprey Davy) « nous tueraient en éclatant, et nos rivières gèle- « raient tout à coup à 32 degrés Fahrenheit. »

Le progrès le plus actif se réalise par la conservation vitale et par la vie conservatrice.

§ II

Des erreurs littéraires de la période précédente. — De la mercantilité appliquée aux arts et à la vie littéraires. — Un type et ses dangers.

Quelles causes ont retardé ou altéré la marche du progrès pendant le demi-siècle précédent? Examinons avec un soin attentif, les maladies qui pendant les cinquante années précédentes ont pu s'attacher à la littérature et lui nuire.

La première et la plus fatale maladie anti-littéraire, la spéculation commerciale, a envahi depuis cette époque un domaine qui jamais ne lui avait appartenu, qui ne doit et ne peut pas lui appartenir. C'était le résultat nécessaires de certaines doctrines ; leur fond même et leur essence ne pouvaient manquer d'introduire dans le royaume des intelligences l'élément mercantile. Si le cerveau élabore la pensée, il est clair que le fruit de cette élaboration, qui est l'idée, le style, enfin l'œuvre littéraire, peut aussi très-bien, ou plutôt doit se vendre et se mettre en commandite, exactement comme le sucre et le café, le poivre et le tabac.

De là est née cette théorie bizarre et qui ne pouvait se produire que dans ce temps-ci, à savoir que la rémunératiou pécuniaire est toujours égale à la somme de mérite ou de talent ; — que l'homme de lettres est esclave du marchand, — et qu'il mérite après tout très-peu d'estime. De là encore ce singulier personnage qu'un humoriste allemand appelle le « Philistin « littéraire » ou le « maître droguiste » de la littérature. « — Son premier caractère est de n'avoir rien
« de littéraire, et de n'avoir jamais rien écrit, ni lu,
« ni rêvé, ni pensé. S'il faisait des vers, il pourrait
« avoir de l'imagination, ou du moins l'oreille assouplie au rhythme ; ce serait une séduction et un
« danger. S'il était philosophe, rêveur, spirituel, quel
« péril ! S'il était homme du monde, tout serait compromis. Qu'il soit donc stupide, malvenu et avide,
« tout sera dit. Je ne connais pas de plus bizarre
« preuve de la matérialisation grossière de nos
« mœurs. L'instinct brutal et l'intérêt égoïste se sont
« emparés de l'esprit et l'ont traîné en servitude. »

Mais, nous dit-on, l'intelligence est incapable de gérer les intérêts ; elle est nécessairement et inévitablement capricieuse, fantasque, étourdie et impuissante !

Cela est faux et prouve seulement qu'elle est devenue, malgré mille belles phrases, l'objet d'un profond mépris. Que l'on veuille seulement regarder autour de soi. Deux ou trois des hommes de ce temps qui ont le plus d'esprit savent admirablement conduire un journal, calculer et mener à bien de grandes entreprises. L'homme d'esprit qui a de la verve et du style se fait spéculateur s'il le veut. Il descend, voilà tout. J'ai eu entre les mains les livres de compte de Voltaire, et je vous assure que pas un fermier n'enregistre plus curieusement sa paille et son blé. Shakspeare et Beaumarchais, Molière et Caldéron dirigeaient très-bien leurs affaires et l'ont prouvé cent fois.

Contre quel abus faut-il donc s'armer ? Contre le principe même de la mercantilité littéraire ; contre la substitution d'une maison de commerce ou d'une agence de chemins de fer aux libres opérations de l'esprit; contre l'usurpation de la stupidité avide et aveugle qui au nom de l'intérêt personnel essaye d'anéantir les gens de lettres ; contre le travestissement des choses de l'esprit en une balle de laine ou de coton ; contre cet appel général des intérêts grossiers à la curée des produits de l'esprit ; contre cette énorme invitation faite aux corbeaux de dévaster nos jardins et de dévorer nos fleurs.

L'intelligence, au lieu d'être la maîtresse suprême, est devenue l'instrument infime et vénal ; tantôt une échelle pour arriver, tantôt une dague pour tuer l'ennemi ; quelquefois une marotte. Il s'est établi une sorte de religion à rebours, un culte pour le fait brutal et un profond et très-illégitime dédain pour l'esprit, les arts et ceux qui les cultivent.

— « Si cette place vous est donnée, disait un des derniers gouvernants de la France à l'un des plus bassement influents parmi les hommes sans esprit que j'indique, me répondez-vous des gens de lettres?

— « Je les mènerai comme un troupeau, » répondit l'homme.

Ce fut une des causes les plus réelles et les plus profondes de la chute d'un trône que cette mauvaise et perverse réponse, qui n'était pas un mot, mais un fait, et qui révélait une situation tout entière. Au moins du temps de Louis XIV, c'était Colbert qui les menait : alors aussi, dans sa tranquille solitude, Pascal, en bas de laine grise, était plus vénéré que Colbert; et Molière, honnête poëte, fils de tapissier, celui que Loret appelait dans ses pauvres vers

Molière assez joli danseur,

dînait à la table de Louis XIV pendant qu'on le foudroyait du haut de la chaire chrétienne. Nul n'avait imaginé de demander si le vers de Racine valait, en livres et deniers tournois, un plat de Vatel, ou une bouteille de Bousingault. Le génie mercantile ne régnait pas sans contrôle.

« Aujourd'hui, quand un maître droguiste en littérature, » dit le même Allemand, auquel il faut pardonner ses humeurs en faveur du sérieux de ses vues, « a réussi
« à se passer des gens de lettres, il s'estime heureux.
« C'est tout simple. Tout écrivain gêne le commerce.
« Tout penseur gêne le spéculateur. Un poëte lui déplaît
« davantage. Je ne connais rien de plus digne de la
« comédie que cette situation du marchand droguiste
« littéraire, exécrant du fond de son âme le tonneau
« même dans lequel il puise ses ressources, voulant le

« brûler et ne l'osant pas de peur de détruire sa propre
« fortune, et tendant tous les ressorts de son intelli-
« gence pour se passer de ce malheureux être néces-
« saire à sa vie, mais odieux à son cœur. Lord Byron
« dit quelque part : « Nos vendeurs sont envieux de
« nous comme un eunuque d'une belle esclave. » Et
Hazlitt, cet autre homme de talent, s'écrie : — « Ah !
« ciel, si ce marchand de Revues savait épeler ! Il me
« pardonnerait peut-être de savoir écrire ! »

§ III

Destruction de l'originalité par l'esprit mercantile. — Mouvements littéraires des derniers temps. — Styles et manières diverses. — Style rectiligne, gothique, matérialiste. — Style-*Moniteur*.

Je mets de côté et en réserve pour les jours de ma vieillesse la charmante histoire des mouvements littéraires modernes depuis cinquante ans; petite pièce amusante et pleine d'intérêt, — saynète de la tragédie confuse qu'on appelle notre époque.

Il faut être parfaitement sûr de soi-même et sympathique au talent et au génie pour essayer cette curieuse peinture que gâterait la haine amère de Laharpe et que les jalousies naines de Ragotin rendraient insupportable. Mais dire par quels excès et quelles fautes, dans quelles subtiles exagérations s'est égarée l'intelligence française de ces derniers temps, serait assurément un curieux travail; — comment est né le style ultraromain et ultra-grec de la révolution française, ce style creux, plein de déclamations d'après le *Selectœ è profanis*? — comment s'est formé ensuite le style rectiligne et d'une sobre affectation, qui a dominé longtemps sous l'Empire; style dont M. Auger, avec M. Aignan étaient le type suprême; — dans quel berceau a été nourri le style gothique, hérissé de pointes et d'ogives, d'ornements imaginaires et de volutes exorbitantes; — d'où en suite est venu le style matérialiste pur, celui qui parle des « langues » des flots, des « perruques » des montagnes; style machiné, exactement comme Dubartas, style qui fausserait les plus beaux dons naturels; car les manières gâtent toujours les talents.

Nous n'avons plus à craindre aujourd'hui que le style pédantesque, gourmé, strapassé du xvie siècle nous envahisse; personne n'écrira comme Janotus à Bragmardo ni comme cet Anglais, homme d'esprit cependant : « La périphérie de ma vanité est d'une « si considérable étroitesse, qu'elle ne touche pas à « la particule ombilicale de mon être. » D'autres pédantismes et d'autres manières nous menacent; la manière est de tous les temps, parce que les sots sont immortels. Savoir comment ces ridicules sont éclos, ce n'est pas chose frivole ou peu importante pour les mœurs; toujours un personnage intéressant, un portrait agréable et comique se rattachent à ces excès littéraires; le Janotus à Bragmardo est immortel, Dubartas ne l'est pas moins.

La manière détruisait l'originalité. C'est notre second malheur.

Se consulter, s'écouter, rêver, suivre le penchant de

ses goûts naturels, y conformer son style ; vivre ou de la vie sobre et aimante de Racine, ou de la vie belliqueuse et ardente de Voltaire ; — s'attrister comme l'un avec une religieuse et excessive tendresse ; — combattre comme le second avec une infatigable véhémence ; — c'est une destinée difficile et âpre, qui répugne au génie mercantile, laborieux sans doute, mais pour le gain. Que d'angoisses afin de trouver son originalité propre et d'achever noblement son œuvre! Quel difficile travail! quelle folie! Quel emploi perdu de ses forces! En littérature, le sage fabricant satisfait l'entrepreneur. Le style d'autrui lui suffit ; il emploie peu de capital à de bons produits ; les « Recettes » de style et d'érudition font son affaire.

Delà le style-Moniteur. Le caractère propre du style-Moniteur est la diffusion, jointe à la pâleur, à la lourdeur, à l'empâtement et à la confusion des teintes. Ce n'est plus une âme qui écrit, c'est une machine qui fonctionne. Il suffit que la phrase possède ses membres nécessaires ; l'idée se dévide lentement et pesamment ; l'image se présente comme elle veut, sans relief, sans grâce et sans pureté. Tout le monde peut fabriquer un tel style, qui « à cet égard, « dit Gutzkow, contente le marchand d'épiceries lit-
« téraires, heureux de trouver sa fourniture. Avec une
« éducation un peu soignée, chaque singe de la grande
« espèce écrirait ainsi. Le chaland n'aurait rien à dire.
« Ce serait bien pesé ; les pages seraient remplies jus-
« qu'au bord ; quant à la qualité intellectuelle, per-
« sonne n'y connaît rien.

« Non, certes, grossier spéculateur (continue le rail-
« leur inexorable), vous n'y connaissez rien ; et pou:

« vous tout le monde écrit de même. M. Sainte-Beuve
« ou Wordsworth écrivent comme M. Cousin ou
« Burke, qui écrivent comme M. Villemain ou Mon-
« tesquieu ; M. Poquelin de Molière écrivait exacte-
« ment comme M. Pascal. Marchand ! Il n'y a pas la
« plus légère différence pour vous. Vous jugez la mar-
« chandise par l'intérêt et d'après M. Barême, à tant
« la ligne.

« Nous jugeons d'après l'esprit, qui est le plus im-
« palpable de tous les gaz, et qui est votre ennemi
« mortel. »

§ IV

De l'engouement français pour les recettes et les mots d'ordre successifs. — Engouements de nature contraire. — Changements de
mœurs. — L'Académie française considérée comme centre intellectuel.

Il faudrait laisser à leur place et honorer diversement les ordres divers d'intelligence.

L'homme qui a élevé sur l'Océan et suspendu dans
l'air le *Tubular-bridge* ; le calculateur tel que Le Ver-
rier ; l'observateur tel que Réaumur sont des esprits
merveilleux ; — je conviens même que pour être au
courant des chances et s'y tenir, pour jouer finement
le jeu de la Bourse, il faut une capacité spéciale. Je
n'ignore pas, et je le dis sans ironie, que pour bien
vendre, choisir ses acquisitions, les payer peu, les vendre cher, les mettre savamment en réserve, on ne doit
pas être un sot. Reconnaissez les capacités et classez-

les. Ne confondez ni l'art avec l'industrie ni la littérature avec le commerce. Ce sont des sphères distinctes. Séparez-les.

Dès que la France entend un mot qui la séduit, elle se hâte de prendre ce mot pour le monde; séduite une fois, elle se précipite dans la chimère; puis, la chimère acceptée, l'engouement né, la fureur éclose, il n'y a plus de bornes. J'ai connu à Paris dans ma jeunesse, une femme assez célèbre par sa beauté, qui avait épousé un grand éditeur, et à laquelle il arriva d'admirer tour à tour un théologien, un officier de cavalerie et un helléniste de premier ordre. Elle donna à la ville et à la société françaises le spectacle successif et varié des plus beaux raouts, dont pas un ne ressemblait à ceux de l'année précédente. Sous le règne du théologien le mari ne publiait que les livres des Evêques et la femme ne faisait danser que leurs sœurs ou leurs nièces. Sous celui du colonel, on voyait le même salon rempli d'officiers, et le mari n'éditait que des ouvrages militaires. Quand le savant eut son tour, on publia une encyclopédie scientifique; et les tapis ne furent foulés que par des bas-bleus et des filles de géomètres. La France se conduit de même; sous l'Empire un soldat pouvait tout; sous le Directoire, un fournisseur; sous Robespierre, un prolétaire; sous Louis XVIII, un avocat; sous Louis-Philippe, un banquier; nous sommes très embarrassés aujourd'hui; nous avons tout usé, excepté l'ingénieur.

Ce qu'il y a de plus triste, c'est que la France a le privilége d'imposer sa formule aux autres nations. Le xviie siècle couvrit l'Allemagne de petits Louis XIV, et il n'y eut pas alors d'évêque-primat ou de prince qui ne bâtit son petit Versailles, orné d'un Benserade et d'une Sultane.

Le XVIII° siècle à son tour fit pulluler en Europe la *Crébillonade* et le *Doratisme*. Les Hollandais de Java et de Sumatra s'en mêlèrent ; je connais des livres imprimés à Ternate en français (et quel français !), qui attestent l'influence ou la contagion de nos formules. Le *Galant Clapperman*, ou le *Sopha hollandais*, par exemple, livre presque introuvable, est une imitation à faire trembler des petits livres que composaient après souper le comte de Caylus et l'abbé de Voisenon. Nous avons si bien la réputation de faire agréablement tout ce que nous faisons, que personne ne révoque en doute la convenance et le bon goût de nos recettes. Donnons de bons exemples.

A ce penchant éternel de notre race pour les engouements faciles et mobiles se rapporte l'utilité éminente des corps savants, centres solides, régulateurs indispensables ; sans l'Académie française, si bien instituée par Richelieu, tout flottait au hasard ; les styles espagnol, italien, grec, anglais, allemand, tour à tour à la mode, nous envahissaient et nous submergeaient. Il est étonnant combien nous autres Français, nous aimons l'admiration passagère, subissons l'entraînement, et cherchons l'esclavage. Dès qu'une formule se présente, elle nous satisfait, pourvu qu'elle nous prive de liberté ; nous saluons gaiement nos lisières et nos béquilles adorées. De là l'importance des mots d'ordre en toutes choses et même des mots. Dès qu'il s'opère quelque changement, un *mot* se trouve ; et quand il ne se trouve pas, on le fait. Tel est l'adage que M. de Talleyrand inventa pour Charles X : « Il n'y a qu'un

Français de plus ; » et la phrase de Louis-Philippe :
« Un trône entouré d'institutions républicaines. » Mots
de ralliement, mots « disciplinaires » autour desquels
chacun se groupe avec extrême joie, certain de n'être
pas ridicule. Un beau jour on reconnaît que l'on a eu
tort d'écouter ce mot et d'y croire, on voit le vide et
l'on se révolte. Les mots *classicime*, *romantisme*, qui
n'ont jamais eu de sens, déplaisent ; on comprend que
gouvernement représentatif ne signifie rien que lorsqu'il y a quelque chose à représenter ; on s'aperçoit
qu'il n'y a d'aristocratie qu'avec une indépendance
territoriale ; — cette nation intelligente ne veut plus
être dupe des formules ; elle les met violemment en
pièces.

Alors une explosion a lieu ; tout est brisé ; et l'on se
jette dans une fureur nouvelle, ornée d'un vocable
nouveau.

§ V.

Danger des Formules, contraire à l'intelligence. — Fausse production de gens de lettres et d'artistes. — Nouvelle et déplorable situation des gens de lettres. — Places à créer et à réserver pour eux. — Leur armée est dépossédée et privée de ses ressources naturelles.

De formule en formule, de mot en mot, de forme
creuse en forme creuse et d'explosion en explosion,
suivez la marche du pays jusqu'à la ruine des esprits,
jusqu'à la décadence. Qu'est-ce qu'une constitution,
écrite en dehors des mœurs, sinon une formule vaine ?
Qu'est-ce qu'un poëme épique hexamétral sans génie,

sinon le néant organisé? Qu'est-ce qu'un roman sans passions, sans idées, sans caractères, pétri d'incidents sauvages et d'aventures stériles, sinon une œuvre misérable et mécanique? Qu'est-ce qu'un drame à l'emporte-pièce, composé de trente scènes ou situations empruntées partout et rapprochées ou recousues au moyen de sutures grossières, comme les lèvres d'une plaie béante, — sinon le travail d'un manœuvre?

La « formule » et la « recette, » le « pastiche » et l'imitation sont donc contraires à l'intelligence dont ils ravalent le produit immatériel.

Comment échapper à ce danger, lorsque la littérature devient une marchandise que chacun fabrique et débite; — lorsque la foule se précipite vers une profession en elle-même exceptionnelle et qui dans le lieu-commun trouverait la mort; lorsque toutes nos institutions et notre passé tendent à favoriser la production factice et la ridicule superfétation des gens de lettres et des artistes?

Créer des artistes!

Fabriquer des musiciens ! Folie cruelle ! Comment vivent-ils? demandez au plus habile instrumentiste de l'Opéra et des Italiens ce qu'il en pense!

Tout le monde ne peut pas être homme politique, ministre, conseiller d'État! ni dans un autre sens, poëte ou avocat, orateur ou peintre, musicien ou savant!

Les Conservatoires et autres séminaires artistiques développent trop notre aptitude à copier les formules, nos facultés naturelles, notre imitation facile. Depuis cent ans en fomentant des désirs qu'on ne pouvait pas satisfaire, on a été barbare. O France ! enfant gâté ! enfant que Dieu doua trop bien !

La surabondance des produits de la presse vient achever cette éducation universelle, à la fois frivole, littéraire, superficielle et ambitieuse. Cependant les écoles industrielles manquent, elles, dont dépend après tout l'avenir financier du pays; elles, qui formeraient des agriculteurs sages et solides d'esprit, des ouvriers capables d'exécuter tout ce dont les hommes qui ont des bras et des yeux sont capables, — d'aimer le pays et de le défendre.

On a préféré accroître le nombre déjà presque infini des gens de lettres et des artistes. Nul n'a refléchi que le constant accroissement de cette double armée de « scholars » de savants, de mathématiciens; et de poëtes, de conteurs, d'historiens; enfin d'hommes intellectuels jetés sur le pavé successivement depuis dix siècles par les évolutions de l'Europe moderne constitue un danger effroyable.

Entre 600 et 900 la religion était tout, intelligence, art, savoir, puissance. Sous Charlemagne c'était la société même, y compris le trône et le glaive. Vers l'an 1000 on vit la noblesse guerrière s'en détacher; les Meinwerk, sachant à peine le latin, ne furent plus évêques ou abbés, et ne dirigèrent plus les habitants de leur monastère comme des hommes d'armes.

Vers 1200 les gens de loi firent bande à part et se placèrent à côté du trône, en dehors du clergé; enfin au XVIIe siècle les savants se détachèrent les derniers et le clergé resta isolé;

C'était le dernier représentant de l'idée divine.

Trois grandes révolutions politiques correspondent à ces trois mouvements.

Au XII° siècle, les chartes des communes déterminent l'abolition du servage.

Au XV°, la révolte des nations germaniques protestantes fait naître la liberté de conscience.

Au XVIII°, la réforme politique, annoncée dès 1688 par Guillaume III, émancipe l'intelligence et détruit le monopole de l'enseignement clérical.

L'édifice du moyen âge, qui était entièrement catholique, se détruisait et se défaisait ainsi pièce à pièce.

Il laissait tour-à-tour en dehors du cercle les jurisconsultes, les médecins, les avocats ; — puis les poëtes, les peintres, les musiciens ; — enfin les philosophes, les romanciers et les rêveurs ; — ajoutez-y les géomètres, les physiciens, les chimistes. Ces emplois supérieurs de l'esprit, avaient appartenu jadis au clergé A la fin du XVIII° siècle, ces déclassés constituèrent une immense armée ; pauvre, instruite, véhémente, hors de son cadre, sans emploi, non sans force.

Au commencement de la révolution française, et même dès 1750, Franklin, Jefferson, Thomas Payne, Gouverneur Morris, Mallet du Pan, Galiani, Hume, tous les voyageurs intelligents s'épouvantent de cette foule animée et affamée ; préparatrice des mouvements révolutionnaires. Marat et Robespierre, Saint-Just et Hérault de Séchelles, sont des littérateurs sans emploi.

« Il y a (dit Hume) plus d'écrivains que d'ouvriers
« dans les rues de Paris. » — « Ils veulent tous des
« pensions, dit Morris ; deux milliards ne leur suffi-
« raient pas. » — Le résultat naturel de cette superfétation a été l'abaissement des produits littéraires, peu d'estime pour les vendeurs d'esprit et de pensée, leur injuste dégradation et leur révolte amère.

Je touche ici à une grave question, celle de la situation des gens de lettres. Depuis saint Bernard et Gerson, depuis Alcuin et Boniface elle n'a pas cessé de descendre.

En 1750 et 1780 elle était meilleure qu'aujourd'hui.

Sous Louis XIV, la littérature proprement dite et toutes les professions libérales ou savantes, tenant encore au clergé, recevaient un reflet de la royauté. Alors l'homme de lettres ne comptait pas tirer grand parti de son travail littéraire. Abbé ou chanoine, bénédictin ou secrétaire d'Etat; — homme du monde et de cour comme le duc de Saint-Simon, — propriétaire comme Voltaire, — copiste comme Jean-Jacques, bibliothécaire comme l'abbé Barthélemy, pensionné comme Racine, rentier modeste comme Pascal; — il vivait d'autre chose que de sa plume. Il avait même recours à d'assez tristes moyens de recette; les *Dédicaces* de Corneille le prouvent. Souvent pauvre, souven dépendant, il était toujours honoré.

Dans les autres pays organisés, ou qui l'ont été, la position des représentants de l'intelligence est spéciale et régulière. Aux États-Unis, l'orgueil national s'empare de toute intelligence distinguée, va la chercher dans sa solitude, l'en tire de force, et fait de Prescott ou d'Irving un envoyé et un ambassadeur. En Angleterre, l'éducation publique et privée, l'Église, le Parlement, les journaux, les revues, les colonies offrent des emplois aux divers talents.

Mais changer la vie littéraire en métier lucratif et en commerce régulier! Une boutique de génie! Mettre le talent en coupe-réglée! Réduire si bas l'Inspiration, l'Idée, l'Imagination, le Style, toutes ces flammes d'en haut; qui passent et viennent quand elles veulent, comme l'amour ! Les plus nobles dons de la vie et de Dieu; involontaires et spontanés; « l'esprit qui souffle en nous, » *spiritus intus agit*, disait l'ancien, « Dieu en nous — l'enthousiasme; » — les réduire à l'état de cette vapeur dilatée, qui alimente la machine !

C'est une honte; et cela dégrade les fruits littéraires; en voulant tirer tout le suc, toute l'essence, c'est-à-dire tous les écus et le produit de son talent, on en fait chose matérielle et physique. L'écrivain devient athlète. Il lui faut comme dit Sainte-Beuve, plus *de muscles que de pensée*. On écrit à tour de bras.

Le style fut alors une affaire de force et de tempérament. De là, nos vingt volumes pour un roman, nos quarante volumes pour une histoire; et une armée de plumes laborieuses qui refont les mêmes volumes pour les mêmes lecteurs.

N'élargissez donc pas les cadres de l'armée littéraire; trop d'ouvriers se font concurrence; et cette concurrence abaisse l'art.

Il faut aux hommes de talent une autre source de revenu que le débit de la librairie; débit souvent en sens inverse de leur mérite.

Ce qui s'est le plus vendu depuis le commencement de ce siècle, c'est *Mathieu Lœnsberg*; puis le *Catéchisme de l'Empire, la Constitution de* 1793, et ce bouquin innocemment obscène d'un chirurgien de village, qui a empoisonné nos quais pendant vingt années; l'*Amour conjugal* du médecin Venette. André Chénier, le grand poëte, s'est très-peu vendu; mais vous donneriez aujourd'hui *cent francs* pour une *Constitution de* 1793, tirée à cinq cent mille par le libraire Pierre

Causse de Dijon, et vous ne la trouveriez pas ; le *Catéchisme de l'Empire*, ce fameux catéchisme tiré à un million n'existe plus. On a dévoré des milliers d'exemplaires de Ducray-Dumenil. Peu de bibliothèques publiques possèdent complets la Clélie, le Cyrus, le Pharamond, même l'Astrée ; tous ces livres médiocres, entrés dans le circulation vulgaire et universelle par la voie de l'engouement, s'y sont usés et perdus, feuilletés par des doigts nobles et ignobles ; — cette notoriété infinie et cette vaste publicité ne prouvent leur mérite ; mais la docilité moutonne du public.

Les œuvres rares et exquises sont lues par le petit nombre. Le *Traité de Descartes sur la Méthode*, le *Hamlet* de Shakspeare touchent peu le vulgaire.

« Mais, nous dit-on, il n'y a pas de vulgaire parmi les esprits ? » — Cela est faux.

Consultez les physiologistes ; ils vous diront quelle différence se trouve entre un cerveau et un autre cerveau. Tel homme, depuis sa naissance, est voisin de la brute ; il reste là sans pouvoir franchir jamais la limite qui sépare les deux royaumes et sans devenir brute tout-à-fait. Tel autre exécute, en se jouant, cent opérations difficiles, subtiles, incroyables.

Quant à la majorité des humains, ils atteignent une certaine moyenne de bon sens, et ne dépassent jamais cette limite.

Qu'il soit possible de la reculer, cela est incontestable, comme le prouvent les paysans d'Islande, les fermiers de Norwège, surtout les admirables fermiers d'Écosse. Toute la portion intellectuelle de leur être se développe dans un milieu de labeur honnête, sain, vigoureux ; tout y est réglé par des principes fixes. Sans théâtres, sans émeutes, sans cafés et sans clubs, ils aiment, comprennent, répètent et sentent la poésie ; ils sont poëtes quand l'inspiration souffle, et la délicatesse de leurs sentiments s'accroît de la simplicité de leur vie ; chez eux ni grossièreté des instincts vulgaires, ni subtilité du raffinement : rien qui énerve et fausse l'esprit.

Aussi ne sont-ils pas littérateurs ; ils n'y pensent pas. Profondément pieux et profondément poëtes, ils ont plus que personne ce que les Allemands nomment le *selbstœndigkeit*, « substantiveness » — *la consistance*.

Ces fermiers valent mieux que nous. Ils ont la sincérité dans la poésie.

Ils prouvent que l'homme peut être réellement idéal et fortement humain.

Moins de civilisation factice et moins de formules ne nuirait pas. Si je le pouvais, je désemplirais les capitales, peuplerais les campagnes, viderais dans les chaumières devenues de tranquilles et douces habitations, le contenu des manufactures, donnerais à chaque agriculteur quelque bonne machine, à chaque ouvrier sa charrue, et ramènerais les vieux peuples énervés non pas à la fausse nature du xviii° siècle ; — nature du paravent chinois, — mais à la nature du bon Dieu.

Moins de gens de lettres, pour que les hommes de talent puissent vivre et ne deviennent pas les ennemis naturels de l'état social ; moins de subtilité, moins, d'imitation ; penser soi-même, creuser les sujets, approfondir les études, chercher les formes correspondant à la pensée et au sentiment intime ; surtout ne laisser en friche aucune liberté ; savoir que la mère de toutes les libertés est celle de l'esprit! et que celle-ci, alliée au sentiment de la vérité et à l'aspiration vers l'idéal, c'est le génie!

Là est le renouvellement.

Une situation nouvelle doit être assurée aux hommes d'intelligence et d'art.

A ceux qui livrent leurs vies à ces labeurs assurez des moyens honorables, nombreux, inattaquables de vie studieuse, — logements de l'État dans des palais vides; — théâtres à diriger, — missions à l'étranger que des commis ne doivent pas absorber, — bibliothèques publiques de Paris et de la province, toujours privés de l'argent suffisant et du personnel nécessaire. M. Guizot avait senti le mal et le remède, quand il créa cette belle institution de l'École des Chartes.

Découragez non de l'étude, mais du métier littéraire, qui ne peut faire vivre personne, les générations qui vont naître; et réservez aux élus de l'esprit, — souvent victimes, toujours martyrs, — les ressources d'honneur et de labeur que leur assurait le moyen âge et qu'ils trouvaient sous la monarchie. Enfin, que l'esprit mercantile cesse d'écraser une armée qui s'accroît tous les jours et qu'il exploite.

Aucun de nos gens de lettres n'exerce sur notre société autant d'action que Diderot et Marmontel sur celle de leur temps. Délaissés et déclassés, les gens de lettres, livrés au commerce qui tue leur talent, s'adressent à la politique; le pouvoir qu'ils obtiennent par elle, pouvoir de fait, influence matérielle, non influence d'idées, achève de les tuer. Pour reconquérir l'influence de l'esprit, il faudrait précisément s'abstenir de vouloir les forces qui ne dépendent pas de l'esprit. M. Lacordaire, à l'Assemblée, disparaissait. Béranger l'a bien senti; il ne s'y est montré que pour s'en aller vite, fin et spirituel qu'il était, le solitaire de Passy, l'homme qui du haut de sa cellule voyait si juste et si loin; celui qui s'esquivait sans cesse avec un tact si exquis!

Aussi les gens de lettres qui ont le plus d'autorité aujourd'hui sont-ils ceux qui sont restés gens de lettres.

Les transpositions d'ambition abaissent le génie au lieu de l'élever.

§ VI.

Exemples. — Lettres posthumes du marquis de Mirabeau et d comte de Maistre. — Conclusion. — Appel aux hommes politiques.

Deux beaux livres ont paru récemment; familiers, simples, naïfs, fertiles, vigoureux enseignements; deux ouvrages posthumes, écrits sans soin, sans artifice, forts de raison, étincelants de vérité; — qui traverseront le temps, les années, les siècles, les peuples, et diront, réunis et comparés, le dernier mot de la Révolution française.

Ni M. de Châteaubriand, ni M. de Fontanes n'ont rien écrit de comparable à ces ardentes et fortes pages dans lesquelles Mirabeau, sans prétention de rhéteur, dépeint d'une trait à la Riquetti les choses et les hommes de la cour. Style libre, style vigoureux, style de gentilhomme du moyen âge et de démocrate Florentin. Beau style, quoique impur, — celui que toute cette énergique famille possédait, dont il ne faut pas imiter l'incorrection, mais conquérir l'énergie à force de simplicité, et en sachant bien ce que l'on veut dire.

Plus de recette. Il la dédaigne comme tous les esprits de forte trempe. Le style vient tout seul, émanant du fond de l'idée et de l'intensité du sentiment.

La familiarité, la naïveté, l'abandon et cette superbe facilité de la pensée supérieure, diamétralement contraire aux serviles et mercantiles recettes dont j'ai parlé, ne respirent pas moins dans les « Lettres posthumes » du comte de Maistre. Quelle grâce! Quelle austère douceur! que la vie de famille lui va bien! et que l'on est ravi de reconnaître l'identité du beau dans le style, du vrai dans l'idée, et de la grandeur dans l'âme. Ce ne sont ni la moralité ascétique de saint Jérôme ni la moralité bourgeoise de Franklin. Le génie peut s'en passer; jamais il ne respire dans l'ignoble et dans le faux.

Les œuvres controversables du comte de Maistre ont dû effaroucher les esprits timides; les livres officiels de Mirabeau, ou ceux que lui ont commandés les libraires, les circonstances, le besoin de vivre et de se défendre manquent de netteté, de finesse, de coloris, souvent d'élévation, toujours de pureté; œuvres hâtives et incomplètes; œuvres factices surtout, elles n'élèvent pas Mirabeau homme de lettres au-dessus de cette armée des sophistes du XVIIIe siècle, dont nous parlions plus haut, qui débordaient sur la Hollande, les Pays-Bas et l'Allemagne, et que Mallet du Pan a décrits avec une cruelle vérité et une transparence de pinceau terrible; « ils veulent tous des pensions, tendent tous « la main, sont prêts à tout faire, ont les uns du « talent, les autres de l'audace, et ne savent comment « employer leur vie. » Les *Lettres à Sophie*, grâce au sentiment qui les a dictées, sentiment altéré par le faux argon de amour convenu, ont des touches de passion et des accents de réalité qui séduisent ; mais quel fatras ! que de nuances théâtrales ! quelle véhémence fausse, que de teintes qui crient à l'œil !

La révolution commence ; Mirabeau, engagé dans le combat, ayant sur les bras le rocher de Sisyphe qui va retomber, devient sérieux, familier et sincère. Familiarité charmante, ironie vigoureuse, énergie simple. Quels puissants et sublimes tableaux de la corruption du temps ! et comme le lion, secouant sa crinière qui flotte, s'est débarrassé de sa poussière, de l'affectation, de la manière, de la fausse éloquence qui pesaient sur lui ! La postérité ne lira que ces deux seuls volumes de Mirabeau, ceux qu'il a faits pour ne pas être imprimés.

La première condition est de rompre avec l'artifice. Le mensonge tue le vrai ; le factice tue le réel ; le mort tue le vif.

Le renouvellement littéraire du demi-siècle qui est entamé ne peut donc avoir lieu que dans ces conditions d'ordre, d'énergique et de vive simplicité dont j'ai cité deux puissants exemples. Aucune place n'existe plus pour la littérature vague, boursouflée ou d'imitation. Le pastiche immobile n'intéresserait personne. La première loi sera de répudier le calque stérile soit de Goëthe, soit de Calderon, soit de Shakspeare.

L'époque présente doit donner son propre fruit. La vie intime, la vie spontanée, la création ; puis l'association complète, sympathique, profonde aux intérêts de l'humanité et aux choses actuelles, doivent se développer librement. Il faut que le mouvement littéraire ne soit plus un tourbillon commercial dont le premier courtier marron peut s'emparer. Il faut créer pour les gens de lettres l'indépendance des positions ; arracher à l'esprit mercantile le sceptre littéraire ; réunir autour du centre social toutes les forces intellectuelles de la nation ; faire que les récompenses de l'intelligence soient grandes et larges ; enfin que l'armée innombrable des esprits déclassés ne trouve plus un asile dans l'opposition, c'est-à-dire dans l'analyse ironique de la société qui les frappe et dont ils se vengent.

L'analyse, depuis le commencement du xvie siècle, arme terrible de cette armée qui grossit toujours, a présidé aux destinées littéraires, sociales, philosophiques de l'Europe. Que n'a-t-elle pas fait, ou plutôt que n'a-t-elle pas défait ? L'analyse, il faut le dire, appartient aux sciences plutôt qu'à la littérature et à l'art. Son œuvre est de composition. L'artiste au contraire, compose. Il agit par affinités, par amour, par enthousiasme. Il n'a que faire de la négation. Les esprits critiques eux-mêmes, s'ils possèdent la négation sans la synthèse, ne sont capables de rien. La critique n'a de valeur que par l'amour ; elle a beau poser des lois, régler des limites, marquer des bornes ; rien n'est valable sans la flamme sainte. Tant que les intelligences vives ou supérieures seront systématiquement critiques, c'est-à-dire hostiles ; tant qu'elles ne trouveront pas leur place et leur vrai niveau ; tant que chez elles l'amour de la société ne remplacera pas la haine, la société elle-même ne cessera pas de dépérir, et elle ne se relèvera un moment que pour retomber plus bas.

Cinq, sur les six révolutions que la France a subies depuis 1788, ce ne sont ni les bourgeois, ni les commerçants, ni les ouvriers, ni les soldats qui les ont faites.

— Ce sont les gens de lettres mécontents.

DU PROGRÈS DE L'ARGOT.

DU PROGRÈS DE L'ARGOT.

Un mien ami me trouva l'autre jour au milieu des lilas naissants, parcourant un petit volume, — et tellement enfoui, enseveli, perdu dans cette lecture, qu'il me dit :

« Quel est le romancier qui vous enivre l'esprit et vous charme la pensée, au point de vous faire oublier le mouvement du globe, l'Amérique qui se disjoint, l'Italie qui se rejoint et se rallie, l'Espagne qui reprend ses colonies ou leur permet de se replier vers leur ancienne souveraine? Dans quel monde de féerie êtes-vous plongé?

« — Dans la philologie tout simplement.

« — Me permettrez-vous de vous demander ce que peuvent signifier ou vous rapporter vos courses extravagantes à travers les forêts de la linguistique et le jardin des racines allemandes, grecques, latines, anglaises, françaises, même otahitiennes?

« — Je vous répondrai : *Rien*. Tout au contraire. Si en comparant les idiomes comme M. de Jussieu a comparé les plantes entre elles, je me promettais de recueillir beaucoup d'argent, de gloire et d'honneur, vous pourriez me porter envie; dans ce cas-là j'aurais beaucoup de rivaux; mais mon modeste travail doit tenter ou inquiéter peu de monde, et je me trouve fort tranquille et solitaire dans mes déserts philologiques.

Tout ce que je peux espérer, c'est de me rendre maître de quelques principes, de m'assurer de quelques lois qui, présidant à la formation et à la déformation des langages, tiennent évidemment et se rapportent aux grandes lois générales qui font vivre et mourir les sociétés.

« — Mais à quoi bon?

« — Michel Montaigne ne m'adresserait pas cette question, lui qui regardait l'exercice de l'esprit comme se suffisant à lui-même, et la recherche du vrai comme bonne, même sans profit. N'en parlons plus. C'est un vieux, une ombre, un ancien que Montaigne!

« — Un ancien; eh bien, qu'il se résigne et disparaisse! Nous n'avons plus que faire de lui. La vie est passagère; les choses humaines sont fugitives, et rien ne vaut la peine de durer.

» — Si vous dites vrai, rien ne vaut la peine d'être ; et rien ne vaut la peine d'être étudié. C'est-à-dire que la vie est une énorme ironie, et le monde une énorme... — mais je ne prononcerai pas le mot. Le voici ; lisez-le ! »

Je lui passai le volume de M. Lorédan Larchey (1), à la page 33 ; là se trouve une dissertation sur le mot *blague*.

Odieux vocable! il vient, je crois, de l'allemand *balg* (soufflet, vessie, chose creuse), et non de la *blague à tabac;* à moins cependant que l'on ne veuille le faire dériver de l'anglais *black-guard*. Quant aux *Vlèches, Blèches,* ou *Valaques,* je ne vois pas la moindre raison de leur imputer cette paternité.

« Vous êtes (continua mon ami), à ce qu'il me sem-

---

(1) Dictionnaire de l'Argot.

ble, occupé à lire gravement un dictionnaire d'argot!

« — Très-curieux livre, où les mouvements et les désirs, les passions et les idées des couches inférieures et excentriques d'une société déclassée, ironique, dégoûtée et fatiguée se lisent clairement. Voyez quel chemin ce mot affreux, *blague*, a fait depuis cinquante ans! Il se cachait dans les recoins de la salle de police et de la caserne; on commence à le prononcer fort nettement et sans se gêner. Avec la *blague*, la *pose* et le *chic* vous ferez votre affaire, et vous irez tout aussi loin que vous voudrez.

« — Puisque vous étudiez l'argot, apprenez-moi ce que veut dire ce mot grossier. Est-il synonyme de *mensonge*, d'*escroquerie*, de *savoir-faire*, d'*artifice*, de *causerie vaine*, de *frivolité*, d'*emphase*, de *plaisanterie*, de *sornette*, de *verbiage*, de *jactance*, de *facétie*, de *gaieté*, de *moquerie*, de *charlatanisme*, de *rouerie*, de *vol*, d'*amusement*?

« — C'est tout cela; ce n'est rien de tout cela. C'est situé entre l'honnête et le malhonnête, entre la dernière limite de l'amusement et la première frontière de l'improbité. C'est la totale absence de principes. C'est l'ironique indifférence. C'est le creux, c'est le faux, c'est le vide, c'est la vessie pleine de pois secs que vos aïeux faisaient sonner dans leurs mascarades. Cet homme dont la faconde produit un certain bruit agréable et vif a de la *blague*. Tout homme qui rit du prochain et compte pour peu sa conscience est un *blagueur*. Les acceptions de ce vocable populaire sont nombreuses, variées et singulièrement flottantes; mais toutes sonnent le creux. C'est l'apparence au lieu de la réalité, le simulacre au lieu de la vie. Rapprochez de cette métaphore si expressive et si nette deux ou trois mots du même calibre et du même vocabulaire; — *ficelle* (l'art de substituer à l'idée la ruse); — *chic* (la facilité qui escamote le vrai); — *truc* (l'habileté dans la manœuvre); — vous aurez sous les yeux, vivante et terrible, la nosologie morale de ce temps-ci. Tous ces symboles de mensonge théâtral et de vie illusoire, d'accord avec tant d'efforts éreintés, tant d'espérances déçues, tant d'ennuis furieux, expriment la foi au faux, l'abolition de la certitude. Quoi de plus caractéristique, je vous prie, que la *ficelle* et surtout la *pose?* On en est venu, comme le dit très-bien notre auteur, à *poser* même sans le savoir. Je connais des gens aimables qui « posent » en dormant. On n'est plus ce qu'on est. On n'est rien. On pose. Le personnage de théâtre remplace le personnage de la vie. L'élégance, le vice, la vertu, la laideur, la religion, la poésie, la fureur romantique, le goût classique, le catholicisme, le philosophisme, le crime même, deviennent choses d'attitude, de combinaisons extérieures, de formules mortes et d'arrangement scénique. Vouloir être soi, daigner se comprendre; s'estimer assez pour « vivre » par soi-même; ah! combien cela est rare! L'éclair d'ironie foudroyante, qui appartient aux sauvages de Paris, a découvert et illuminé la chose par le seul mot qui lui convienne; mot emprunté aux coulisses et aux ateliers, *la pose*.

« — Que de morale à propos d'une expression! Laissez aux carrefours ces trivialités; ne leur consacrez pas une attention sérieuse. Elles n'en valent pas la peine. Boileau ne voulait pas même entendre parler du patois rustique que Molière introduisait dans ses pièces. Ce judicieux esprit repoussait de toutes ses forces une invasion populaire dont il pressentait les dangers.

« — C'était un esprit vigoureux, juste et ferme, mais non profond, subtil ou étendu. Bossuet, La Bruyère, Molière, Mme de Sévigné comprenaient mieux que lui la vitalité des idiomes, leurs ressources, leurs vraies origines, leurs destructions partielles et leurs renouvellements nécessaires. La Fontaine et Fénelon avaient du goût pour la familiarité et la simplicité des expressions. Les mots bourgeois, populaires, vulgaires même ne les effrayaient pas. Ils sentaient que de leur temps l'idiome, comme la société, avaient plutôt besoin de liberté que d'ordre, et d'éperon que de frein. Telle était l'opinion et la pratique des plus grands esprits du même temps. Ainsi écrivaient et parlaient : Molière au commencement du siècle, Estienne Pasquier auparavant, Bossuet, qui en est comme le centre et la splendeur, sur la limite du siècle suivant; La Bruyère, dont la vive sagacité comprenait les dangers de fausse élégance et de pruderie maniérée que la langue française allait courir. Je ne parle pas d'Hamilton, de Mme de Sévigné, de Saint-Simon, de ceux qui, de peur de sembler pédants ou de l'être, — justifiés ou encouragés par la forme épistolaire ou la naïveté des Mémoires, — « laissaient à leur plume la bride sur le cou, » comme le dit Mme de Sévigné!

« — Vous excusez donc l'*argot*?

« — Non, mais je crois que surtout en France il est utile et nécessaire de le comprendre et même de l'étudier. L'*argot* exprime la colère de toutes les *bohémes* contre une trop sévère unité. Plus le bataillon social est compacte et marche en lignes serrées sous une discipline absolue et unique, plus les troupes légères des indisciplinés se multiplient; voltigeant sur les flancs de l'armée et sur le front de bandière, courant çà et là, faisant la picorée et se livrant à mille fantaisies; un peu plus de liberté produirait moins de licence. En France, grâce à notre centralisation, nous avons cent Bohèmes : celle des casernes, celle des tavernes, celles des ateliers, celle des coulisses. L'Université elle-même y a sa part.

« — L'assertion est au moins bizarre!

« — Ne criez pas, avant de vérifier ce que l'on affirme, au paradoxe, au scandale, à l'audace, à l'outrecuidance. Nous sommes une nation imitatrice, sociable, sociale, composée d'artistes belliqueux et railleurs. Peu de liberté a toujours suffi à la France dans ses études comme dans tout le reste. La très-mauvaise éducation latine des jésuites nous a fatigués de Virgile et écrasés de Cicéron; au lieu de nous élargir l'âme et de nous élever l'intelligence, de manière à nous donner l'énergique indépendance et la puissance originale nécessaires pour les comprendre, on nous a rendu le collége odieux. Nous nous sommes vengés en nous moquant. Du mariage nous avons fait le *conjungo*. *Ab hoc et ab hac* a signifié « de droite et de gauche. » L'homme qui meurt s'en va *ad patres*. L'homme riche a du *quibus*. Un visage est un *facies*. Tous ces vocables sont ironiques. Le Gaulois, dont les vieux Romains avaient soigné l'éducation, se gausse de ses maîtres. Mais tout ce domaine particulier de l'argot latin n'est plus de notre époque; nos gausseurs populaires ne latinisent plus comme l'écolier de Rabelais. Ils matérialisent, et si l'on pouvait employer un néologisme dont Brillat-Savarin s'est servi, « ils animalisent » à outrance. Les gens fatigués de l'idéal n'ont qu'à se plonger dans le lexique que M. Larchey a compilé et commenté avec beaucoup de goût.

Dans ce patois sarcastique tout est devenu matériel ; ce dialecte a des instincts et n'a pas d'âme. Il est souverainement, essentiellement « réaliste. » *L'œil, le bec, le mufle, les griffes, les pattes* lui servent toujours. C'est par là qu'il revient à la sauvage barbarie primitive. Le pied humain, la main humaine n'existent plus, la patte du canard ou de l'oie les remplace ; l'homme a des *abattis*. Son bras devient un *aileron* ou une *aile*. Personne ne peut plus dire une « bouche, » mais un *bec*. Un homme qui fuit *se cavale*. L'animal le plus sobre et le plus laborieux du monde, le *chameau*, entre de mauvaise allure, en se dandinant gauchement dans la création humaine et même dans le domaine réservé au beau sexe. Quand on a la piaffe, le bruit, le faire-valoir, on est bon *cheval de trompette*. Cet infortuné jeune homme, chargé dans nos geôles enfantines de surveiller les captifs, s'appelle *chien de cour*. Cet autre malheureux, le frère ignorantin dont la longue robe noire guide un bataillon de pauvres petits diables, c'est un *corbeau*. Un homme indolent, sans courage et sans force réactive, est *couenne*. L'animalité, les instincts dominent. La brute l'emporte. C'est à dégoûter de son corps et de nos analogies de structure avec les autres mammifères. Quelquefois le mépris pour la brute, la pitié pour elle, l'affection qu'elle inspire et le mépris de cette affection venant à se confondre dans le même terme, il résulte de cet affreux mélange des expressions hideuses qui font du *singe* et du *crapaud*, comme du chien et du chat (qui le méritent mieux), des termes caressants. Ce *monstre d'enfant* signifie qu'il est charmant; et ce *crapaud* d'acteur, qui a fait rire le peuple, est un homme de talent. Toute la ménagerie est mise à contribution comme dans les fables d'Esope ou le *Roman du Renard*. Tantôt un personnage que l'on attrape est *dindonné*, tantôt il est *pigeonné*, toujours il est *plumé*. La *gueule* signifie une bouche un peu moins élégante que le *bec;* et la *grue* est une femme de théâtre qui ne réussit pas. On est effrayé de cette compagnie bestiale. Le *lapin*, comme le *singe* et le *crapaud*, y jouissent d'une certaine considération, apparemment parce que le premier se multiplie aisément, que le second se moque de tout le monde, et que le dernier ne gêne personne. Quant au *lion*, qui possède la gueule forte, la griffe vigoureuse, grand appétit et grande puissance, tout le monde le respecte et l'aime. Les petits animaux humains n'ont qu'un *mufle* au lieu de visage, des *pattes* au lieu de mains; et si une pauvre enfant, condamnée par nos plaisirs à faire de l'art, c'est-à-dire à porter des châles déteints, des chapeaux fumeux, et à livrer ses pieds et ses articulations aux supplices journaliers les plus horribles, est admise à figurer sur les planches de l'Opéra pour y gagner une trentaine de francs mensuels, écornés par ses amendes, — c'est un *rat*.

« — Triste.

« — Et instructif. Les masses inférieures ou déclassées jettent, sur la société qui trop longtemps négligée ou méprisée la grande loi évangélique de la fraternité humaine, un long regard et un cruel sourire. L'argot, c'est le venin terrible, l'acide corrosif et dévorant de sarcasme et de vengeance.

Me reprocherez-vous de pénétrer dans ce vilain royaume? d'écouter la langue qu'on y parle, langue qui n'est ni emphatique ni idéale, mais qui, pour employer un autre mot du pays, exprime amèrement la *gouaille* universelle? En voici un témoignage bien singulier. M. Larchey vous apprendra que sous l'influence de cette ironie redoutable, *avoir du vice* signifie avoir de « l'esprit »; que *bonhomme* veut dire *imbécile*; et que par les mots *il n'est pas méchant*, on indique celui que l'on peut *jouer et écraser!*

Cette vaste satire de l'argot passe à l'étranger; elle y forme une langue française à contre-pied, qui nous revient chargée de cynismes et de métaphores de carrefour, armée d'une sorte d'autorité. Un M. Bigot qui a professé longtemps dans le Nord, et qui publie chez M. Didot de curieux livres sur l'enseignement de la langue française à l'étranger, raconte que, dans un salon russe, une jeune personne qui savait le français ou croyait le savoir, et qui appartenait à une bonne famille, s'écria, parlant à une de ses jeunes amies : *Tu blagues, ma chère, tu blagues!* Gœthe lui-même, dans son *Kunst und Altherthum*, emploie un mot effrayant emprunté à un vilain, très-vilain français, mot que M. Larchey a exilé; mot plus hétérodoxe encore que le mot *blaguiren;* mot qu'il est impossible de reproduire, ou même de répéter, et dont assurément Gœthe ignorait la valeur et la portée. Il y a des Allemands bien élevés qui, cédant au génie propre de leur idiome, enrichissent le nôtre de mots analogues à *poussade* (du mot *pousser*); *mangeade* (du mot *manger*); *pistolade* (du mot *pistolet*); ces créations leur semblent tout aussi légitimes que les mots *arquebusade*, *algarade*, ou *brigade*. L'argot, qui se moque de tout, se moque aussi des règles et compose des mots à sa guise, comme les Allemands. Il lui plaît aujourd'hui de détruire la langue française en l'écornant, en la mutilant, en l'abrégeant; et le phénomène qui des débris du latin a fait naître le français se reproduit tous les jours à Paris. Cette loi qui concentre et résume, qui raccourcit et mutile, qui ossifie et immobilise tout ce qui vieillit, agit dans le moment présent sur l'argot populaire, même dans les classes supérieures, ou du moins chez ceux qui imaginent les représenter. Je les entends quelquefois dire au lieu du « Théâtre-Français » *le Français*, et la « Chambre » pour la *Chambre des députés*. Quant aux nomades de nos rues et aux écoliers qui les imitent, ils passent leur vie à raccourcir les mots, c'est-à-dire à détruire l'idiome. Ils ne connaissent plus de *fromage*, et disent *from*. Il n'y a plus de vin de Champagne pour eux, mais du *champ*. J'avoue que, sans affecter une pruderie excessive, je frémis quand j'entends les coups de pioche et de hache qui vont démembrant, pièce à pièce, membre à membre, notre vénérable mère.

« — Eh quoi! les idiomes teutoniques ne sont-ils pas soumis aux mêmes influences et aux mêmes malheurs?

« — Ce n'est point du tout la même chose, ne vous en déplaise. Ces idiomes teutoniques n'ont pas atteint leur croissance tout entière. La langue française, vieille et glorieuse, demande seulement être conservée. Les plus jeunes idiomes, ceux des sauvages; restent encore à l'état fluide et pour ainsi dire gazeux. Il y en a d'autres, plus avancés, qui sont encore flexibles et jeunes; on reconnaît cette situation adolescente à la faculté de composition que les Allemands, les Anglais et tous les Teutons possèdent. Leurs langues sont infinies. On y voit naître sans cesse des mots imprévus. Ouvrez le premier numéro venu de la *Revue d'Edimbourg*, vous y rencontrerez quelque vocable, création inattendue, très-nécessaire et très-bien forgée. La mutilation, qui agit maintenant d'une façon si cruellement violente sur le français populaire, est à peine connue en anglais et en allemand, et, si elle avait lieu, elle ferait peu de mal; la végétation est forte, la sève abondante et riche à l'excès, jusqu'au désordre. C'est par l'agglutination, la composition et comme par la végétation naturelle des vocables que ces idiomes procèdent. Le français ne peut plus composer de mots. Avec *dégaîner* on ne fera pas *dégaînade;* avec *érudit* on ne fera pas *éruditement*. Les cases sont remplies, les familles sont complètes; il n'y a plus de place. A peine l'habileté des plus grands maîtres parvient-elle à insinuer quelques boutures ou à greffer quelques petites branches inaperçues sur les rameaux les plus lointains.

« — Voilà un bien long commentaire pour un petit livre.

« — Ne le dédaignez pas, ce vocabulaire impertinent de l'ironie moderne et de la gausserie amère des déclassés. Lisez-le. Si vous êtes ou philosophe, ou historien des mœurs, ou observateur historique, il vous amusera et vous intéressera. Je crois que le spirituel écrivain pourra le compléter encore. Je n'y trouve pas quelques expressions baroques qui de temps à autre retentissent à nos oreilles : *grec*, pour « escroc ; » *ma vieille* pour « mon ami. »

Sans être avancé dans cette étude, il me semble que certains mots tout à fait modernes et déjà usités, même parmi les gens qui ne se piquent pas de mauvais ton, manquent au lexique.

Tel est le mot *carrément*, qui règne aujourd'hui, introduit par la porte de la géométrie et de l'Ecole polytechnique ; on avait commencé par dire avec justesse la *racine carrée* d'un nombre ; ensuite La Fontaine avait montré son baudet se *carrant*, c'est-à-dire se donnant l'aplomb d'un « cube » au milieu des génuflexions de la foule flottante, émue et stupide ; Napoléon Bonaparte, qui connaissait l'excellence du carré, inventa l'homme *carré par sa base*, l'homme qui oppose aux événements de la vie ses quatre pans égaux et la multiplication de son audace par son sang-froid. Mme de Girardin créa le *sourire carré* (!), qui est affreux. La place était nette, la porte était ouverte, l'*adjectif* admis ; — l'*adverbe* « carrément » fit son entrée ; il était attendu ; et personne ne se scandalisa. Aujourd'hui l'on vous dit qu'un homme a « parlé, joué, agi, marché *carrément*. »

Autrefois on allait *rondement*. La forme carrée est plus gênante, et la sphère, sans angles, me plaît mieux. Mais peu importe. Mme de Girardin a osé imprimer qu'une de ses amies mettait des *sourires carrés sur des phrases rondes ;* ce n'est pas la meilleure phrase tombée de la plume de cette femme d'esprit et de talent.

« — Et vous concluez?...

« — Je ne conclus pas, j'observe. Je vous prouve que l'étude des locutions les plus bassement populaires a son avantage et sa valeur. Un petit corollaire sérieux sur la naissance et le progrès de l'argot, langage des vindictes et de la servitude, pourrait .... — mais je vous en fais grâce. »

UNE CROISADE
CONTRE LE COSTUME FÉMININ.

UNE CROISADE
CONTRE LE COSTUME FÉMININ.

La croisade est universelle. En Australie, en Californie, dans les journaux de Madrid et dans les revues de Londres, théologiens, poëtes, hommes politiques, radicaux, unitaires, trinitaires, whigs, tories, dissenters de toutes les écoles, peintres de toutes les nuances, partisans de Watteau, élèves de David, copistes de Boucher, législateurs, annotateurs, néo-platoniciens, néo-chrétiens, néo-voltairiens, néo-théurgistes, desservants des tables qui parlent et des buffets qui prédisent l'avenir ; philosophes, positivistes, mystiques, supranaturalistes, fusionistes et soldats de la foi *Vintrassienne*, — une belle religion neuve ; — sont d'accord sur un seul point, c'est que les femmes, depuis quelques années, sont affreusement vêtues, désagréables à voir, d'approche dangereuse, de difficile transport, d'une locomotion presque impossible, et très-coûteuses aux maris.

On leur répète cela sur tous les tons ; ce qu'on leur dit n'y fait rien. Elles s'avancent plus vastes, plus monumentales, plus disproportionnées que jamais. « *Leur démarche les déclare* déesses ! » *Incessu patent dex.* Toutes les langues anciennes et modernes, tous les peuples, toutes les classes de la société s'insurgent à la fois contre l'immensité des jupes, les anathématisent et font chorus; on crie à ces dames de se modérer un peu et de se réduire à des proportions plus humaines. J'ai là douze volumes, en cinq idiomes différents, tout remplis de critiques et d'épigrammes là-dessus. Bah! elles ne font pas plus d'attention à la satire qu'elles n'en accordent aux statisticiens des États-Unis, dont les doctes colonnes et les chiffres bien alignés leur prouvent que tant pour la mousseline, tant pour la crinoline, tant pour l'empois, tant pour les baleines, tant pour le fil de fer, tant pour les fleurs artificielles, tant pour la cire qui attache les pilastres du monument et la ficelle qui en maintient les arcs-boutants et en assure les contre-poids; — sans compter le fer, et le laiton, et l'argent, et l'acier, et les perles, et les porcelaines, et les minéraux arrachés à la terre, et les plumes empruntées aux oiseaux; sans compter les toisons filées, la soie dévidée et changée en tissus, le travail des artistes, le labeur des matelots, le frêt des navires; — que tout cela (ainsi parlent les statisticiens) compose un total formidable, dont le passif a entraîné les États-Unis dans la crise dernière, et par suite le reste du monde.

Si les dames que l'on attaque par ce côté prenaient la peine de nous répondre, je sais bien ce qu'elles diraient aux statisticiens et aux satiriques :

« Si vous nous trouvez laides, nous vous trouvons hideux. Voilà de belles colonnades que vos jambes, emprisonnées dans un affreux drap noir ou gris, et terminées par de ridicules boîtes de cuir que vous polissez; bel instrument que ce chapeau qui ne protége rien, qui ne vous sert à rien, qui ressemble à un tuyau de poêle ou à un meuble de cuisine; qui vous blesse la tête, l'échauffe, laisse sur votre front ruiné une trace presque saignante et détruit toute l'élégance des cheveux, la seule parure que Dieu vous ait donnée. La jolie invention que votre habit, qui ne vous couvre qu'à demi, qui ne vous va jamais; habit que votre gilet rendrait inutile si ce même gilet, autre fragment d'étoffe mal taillée, n'était plus inutile encore! Et l'ensemble! regardez-vous un peu; comme c'est absurde, gourmé, étriqué, prétentieux, incommode, coûteux, laid, nu et compliqué! L'œil est blessé, la raison est mécontente; vous avez trouvé moyen de n'être convenablement et à votre aise dans aucune saison; votre habit, froid en hiver, chaud en été, ne vous abrite pas, ne vous orne pas, ne vous enveloppe pas et ne dure guère. Oh! que vous avez belle grâce à vous plaindre de nos costumes! Voici la *Revue de Westminster* (un austère periodical, fils de Jérémie Bentham) qui nous accuse, au nom de la philosophie positive; voici un ardent catholique, M. de Doncourt, qui pousse des lamentations de Jérémie à propos de nos jupes qu'il trouve trop amples, comme si cela le regardait; voici un avocat de Boston, M. Butler, qui nous injurie et qui donne le catalogue de ce que nous portons, nous qui nous plaignons, dit-il, de n'avoir jamais rien « à mettre; « — *nothing to wear;* — tandis que nous avons, dit-« il encore, tout ce que peut porter une femme; bon-« nets, mantilles, chapeaux, collerettes, châles, et le « reste; robes pour les déjeuners, les dîners et les « bals; habits pour s'asseoir, pour marcher, pour

« rester chez soi; habits pour danser, pour coqueter,
« pour causer; habits d'hiver, d'été, d'automne; ha-
« bits pour tout faire et pour ne rien faire ; de toutes
« les couleurs, de toutes les formes, de toutes les ma-
« tières, mais toutes fort chères. » Eh bien ! monsieur, quand nous aurions tout cela! Voici encore une
Allemande qui nous prêche en style métaphysique la
réforme du costume et nous prie d'endosser des habits d'homme, parce que, dit-elle, « le *féminin rentre*
« *dans le masculin*, le subjectif se confondant avec
« l'objectif, et qu'en arrivant à l'identité absolue de
« l'être, on est conduit au *non-moi par le moi*, et qu'à
« moins de détruire la passivité de *l'ewige weibliche*
« par la puissance mâle, on ne fera aucun progrès. » — Ce qui prouve évidemment que nos robes
sont trop larges. Enfin voici à Boston une association
régulière, avec caissier, secrétaire, et le reste, qui n'a
pour but que de détruire nos pauvres robes.

» Défendons-nous de notre mieux, et parlons un peu
philosophie, suivant l'exemple que la dame allemande
vient de me donner. Nous autres femmes, ne sommes-
nous pas les vrais thermomètres de la situation morale
où se trouvent les peuples? Lorsque Mme Roland allait
au club, ce que je n'aime guère, ou marchait à la
mort résolûment, ce que j'admire; lorsque Charlotte
Corday entrait chez le citoyen Marat, elles portaient
l'une et l'autre un costume fort peu chargé, qui permettait la rapidité des actes et la vivacité hardie.
C'est à cette époque qu'une singulière créature,
Mme Olympe de Gouge, femme tout à fait d'accord avec
ce temps orageux, imprimait dans la préface de son
Chérubin, mauvais drame : « *Je suis femme et auteur*

« je porte en moi deux tempêtes. » Cette femme-ouragan a disparu; vous n'en voulez plus, autre chose vous convient mieux. N'aimez-vous pas maintenant la grande dépense? Nous en faisons. L'argent gagné vite et jeté par la fenêtre? Nous vous obéissons. Le gourmé, le majestueux, le faux sérieux, le masque de la gravité, le vide sous l'ampleur, l'incommensurable largeur des systèmes, cachant le creux des idées; l'égoïsme sec sous le luxe des phrases, le développement et le relief extérieurs couvrant la nullité; l'ampleur des autobiographies à propos du néant? Passez-nous donc l'ampleur de nos jupes; car, sachez-le bien, nous ne sommes que ce que vous voulez que nous soyons. Vos mœurs sont-elles plus vraies que nos robes? »

Que répondrons-nous?

Il est certain qu'aujourd'hui à travers le monde les jupes monumentales étendent leur empire, et que les cris et les clameurs des philosophes font un bruit parallèle qui s'accroît en même temps.

S'ils parviennent à rendre plus modestes les paniers de ces dames, ils feront ce que jusqu'ici personne n'a pu accomplir. Du temps de Shakspeare il y en avait déjà. Le savant Ben Jonson (qui par parenthèse servait d'espion aux ministres, et dont on vient de publier les rapports de police) les reprochait vivement à ses contemporaines. « Je ne vois en vous que fil d'archal, et « n'y vois pas de chair humaine! Vous avez tort de vous « armer du rempart de Vulcain, rempart désagréa- « ble, non inexpugnable, » ajoute-il. Quelque temps après, lorsque la conjuration des Espagnols contre Venise ébranla l'Europe, les paniers furent transformés en *garde-infantes*; enflés et arrondis comme aujourd'hui, ils révoltèrent le spirituel et mordant Quevedo.

Dans sa petite satire en prose, intitulée *Fortuna con seso*, ou le « Bon sens du hasard, » il essaya d'arracher les dames espagnoles à cette manie de grandeur ou plutôt d'ampleur ; il mit en scène une femme que le peuple prend pour une cloche et que l'on suspend comme telle au milieu d'une place publique. Tout en riant de sa diatribe, les femmes-cloches ne démordirent pas de leurs habitudes. Les autorités espagnoles (qui font tout par règlements et par arrêts du conseil) foudroyèrent alors les grandes jupes, comme en 1623 elles avaient frappé d'anathème les culottes des hommes, devenues si larges en Espagne qu'on y fourrait tout un arsenal, et que Philippe II, apprenant que son fils don Carlos portait deux pistolets chargés dans ses « immenses canons (*caligæ de usuam plissimæ*) à la mode du temps, » dit de Thou, eut peur d'être assassiné et le fit fouiller avec soin. Ces vastes canons des hommes, abandonnés par le sexe mâle espagnol vers 1630, furent aussitôt usurpés et mis en œuvre par les femmes, qui se les approprièrent. Sully avait porté beaucoup d'étoffe sur la poitrine et peu de plis sur les jambes ; les contemporains de Molière revinrent aux modes castillanes du siècle passé, adoptèrent de nouveau les grands canons et dégagèrent la poitrine. Quant aux femmes françaises, elles se maintinrent en assez bon équilibre jusqu'au temps de la Régence ; vers 1710, comme si cette vie de fièvre spirituelle et de sensation irréfléchie que l'on se mit à mener alors les eût emportées hors d'elles-mêmes et entraînées bien loin des limites de la raison et des formes naturelles, elles commencèrent à entourer leur beauté de ces faux-semblants qui ne cessèrent pas de grandir, de s'accroître et de mûrir, et qui finirent par atteindre des proportions colossales. En 1720, un de ces mécontents qui faisaient gémir les presses hollandaises, et dont le mauvais style préparait néanmoins l'esprit de la masse à recevoir les idées que Montesquieu et Voltaire allaient faire dominer, s'exprime ainsi dans un petit volume fort vulgaire, intitulé *la Bagatelle* : « L'affreuse largeur des jupes à baleines ne fait « qu'augmenter. Les femmes seront bientôt trop am- « ples pour les carrosses, à moins qu'on ne fasse les car- « rosses trop grands pour les rues. Pourquoi les jeunes « gens ne rajeunissent-ils pas l'usage des anciens ca- « nons? L'éloignement entre les deux sexes deviendrait « absolu. »

La prédiction ne se réalisa pas. Les jupes grossirent encore. Seulement les bastions et les contreforts se placèrent tantôt à droite tantôt à gauche, en circonvallation ou de côté. Voltaire, Pope, Swift, Canning et Montesquieu les attaquèrent; ils allèrent se briser contre les paniers immortels. Le premier et terrible adversaire que je viens de nommer, Voltaire, fit souvent marcher contre la fortification féminine sa malice oblique et charmante, mais en vain. C'est lui qui, dans Memnon sage, montre les femmes de son temps « portant d'un air aisé leurs cerceaux de vingt-quatre pieds de circonférence. » Montesquieu, dans ses *Lettres persanes*, ne les épargne pas davantage. La Sorbonne, pour cette fois de l'avis de Voltaire et de Montesquieu, les foudroie aussi. Tonnerres égarés : Philosophie et théologie y perdent leur latin.

J'aime les bouquins et je les achète volontiers quand

ils coûtent peu ; je les lis même, bien que je sois bibliothécaire de mon état. J'en ai trouvé un qui se compose de vingt-trois pages, y compris le titre, et que j'ai acheté pour vingt-cinq centimes devant la Monnaie ; c'est un in-12 imprimé en 1728, intitulé *Cas de conscience*, et qui prouve que dès cette époque les âmes timorées se sentaient mal à l'aise devant ces circonférences excessives. « Est-il permis de porter des paniers ? se demande le pieux auteur du *Cas de conscience*. Est-il même permis de les contempler ? » Il résout les deux questions négativement, et il ajoute de ce ton onctueux et voluptueux que M. Tartufe aurait infailliblement pris en telle circonstance : Certes l'enflure « des paniers « porte d'elle-même et présente à l'esprit l'idée de nu-« dité. L'attention qu'elle attire fait naître des idées et « des réflexions obcènes, et l'idée qui en reste salit na-« turellement l'imagination. » Ah ! docteur, que votre imagination est tendre aux tentations, douillette à certaines approches ! Elle est un peu moins propre qu'il ne le faudrait ! Consultez là-dessus un vivant, un homme aimable, — pieux aussi ; de beaucoup d'esprit, de trop d'esprit, d'une grande verve, d'une verve souvent trop hardie, mais dévot, qui se connaît en ces matières de théologie et de boudoir. Il ne pense pas comme vous. Il a placé dans un de ses romans la description la plus éloquente, la plus florissante, la plus bouffante des draperies mystiques dont nous parlons. Il ne se scandalise pas comme vous de *ces plis sous lesquels*, dit-il, *on devine les formes opulentes qui allanguissent la démarche* ; il va même jusqu'à affirmer que ces formes portent un *poids divin*. Divin ! est un peu fort, et là je n'aurais pas osé le dire.

Du temps de Canning, les paniers, tour à tour aplatis, élargis, évidés, allongés, diminués; en œuf, en cercle, en lune, en demi-lune, n'avaient pas perdu un pouce de terrain. La révolution seule devait les briser définitivement; et Canning bien jeune vit traîner la dernière queue de ces comètes.

Les vers latins contre l'ampleur des jupes, vers que l'on attribue au jeune Canning (je n'en jurerais pas), sont trop joliment tournés pour que je ne les cite point ici; il y a encore des délicats que le pentamètre et l'hexamètre affriandent. Sont-ils de Canning ces vers? Je l'ignore. Mais ils font partie d'une collection latine excellente, intitulée : *Carmina Quadragesimalia*, et il ont pour titre cette singulière question : *Est-il une limite que l'on puisse assigner aux êtres vivans* (1)*?*

« Chloé est bien maigre, dit le poëte, et veut paraître aussi grasse que ses compagnes; pour cela elle invente mille ruses. Elle multiplie et varie ses vêtements, elle les accumule, les arrondit, les fait valoir et les enfle avec une habileté sans pareille. Trois fois la la baleine sphérique fait le tour de son corps; trois fois la corde enroulée maintient l'équilibre de l'étoffe dont elle développe les replis flottants. Quel vêtement tu portes, ô Chloé! quel cercle immense t'environne! Oui tu es vaste, tu es gigantesque! Mais, ô habitante d'une grande robe, tu es bien petite quand tu en sors (2)! »

---

(1) *An viventia certum terminum habeant magnitudinis.*
(2) *Ut simili socias exæquet mole puellas,*
    Mille dolos fingit pectore macra Chloë;
Multiplicem vario tumidam sub tegmine vestem,
    Expansamque habili comparat orbe stolam.
Stant terno celi ossa gradu, terno ordine funes,
    Staminaque undantes explicitura sinus.
Hac sub veste Chloë, et tanto circumdata gyro,

Habitante d'une grande robe; le mot est joli.

Les paniers se sont éclipsés entre 1789 et 1849. Leur réapparition depuis 1849 a été progressive; enfin les voilà installés. Que cette sphère de mousseline et de gaze soit laide et folle, qu'elle ait des dangers, qu'elle appelle l'incendie et fasse des victimes nombreuses, cela est reconnu. Que ce soit un ornement très-incommode et une chose très-disgracieuse de marcher emprisonnée dans des cerceaux, assurément. La femme le sait bien. Croyez-vous qu'elle s'entoure par plaisir de cet édifice ridicule? Elle fait ce sacrifice par héroïsme pur. Il est faux que la femme soit un *« animal qui aime à s'habiller »*, comme le dit un Père de l'Église fort malhonnête ; *Zóon philokosmon.* La grande qualité de la femme, c'est la bravoure. Elle aime à être très mal mise. Elle adore les couleurs ridiculement crues, mélangées, bariolées, contradictoires, et qui la font laide. Dans tous les temps elle s'est enlaidie avec fureur. Quand il lui est arrivé par hasard, comme il y a quelques années, de toucher le point de perfection, ou du moins de respecter l'harmonie naturelle et les proportions du vrai beau, elle n'a pas eu de trêve qu'elle ne se débarrassât de cette mode incommode et de cette passagère erreur. Du costume convenable et simple qu'elle portait au commencement de la révolution, vers 1790, elle a passé bien vite à un costume sans costume, à cet *air tissu* dont parle Pétrone, à ce nuage transparent sous lequel les dames du Directoire effarouchaient et captivaient nos pères. Les affreux casques féminins

*Magna quidem incedis, magnæ virgo incola pallæ.
At spatiosa exis veste pusilla Chloé.*

ont succédé à la nudité grecque ; puis la taille a disparu ; le corps a été transformé en gaîne ; un atroce morceau de carton roulé, posé sur la tête, a prétendu la protéger ; ce morceau de carton s'est tour à tour étendu, élargi, rétréci, chargé de rubans, de fleurs, de buissons, de mousses, d'oiseaux, de plumes, de graines, de poils, de verroteries, et a pris toutes les formes les plus difformes ; tantôt un seau anglais à charbon de terre (*scuttle*), tantôt un poêlon, un éventail, une hotte, un dôme, un auvent, un cabriolet, un parapluie, une pelle, un tuyau ; quelquefois on l'a vu s'élargir des deux côtés et renfermer la tête féminine entre deux œillères, comme la tête du cheval que l'ont veut empêcher de regarder à droite et à gauche. A propos de cela, le pauvre de Musset remarque très-pertinemment que les chapeaux à œillère n'ont rien empêché du tout. Après avoir abaissé et rétréci leur front à la grecque, et l'avoir ombragé, comme celui des impératrices romaines, sous des milliers de petites boucles curieusement arrangées, les femmes se sont mises à tirer odieusement et cruellement leurs propres cheveux par les racines, « à la chinoise », disaient-elles. Ces victimes étaient vraiment hideuses ; jamais on n'a fait à la patrie ou à l'amour de sacrifice aussi féroce que celui qu'elles accomplissaient pour être infiniment laides. Les sourcils remontaient ; ils se plaçaient en ligne diagonale au milieu du front. Les yeux écarquillés et tendus n'avaient plus que des regards ébaubis, hagards et effrayants. La bouche n'avait plus de sourire, la peau n'avait plus de fraîcheur ; les pommettes rougissaient excessivement, et l'air hardi se combinait avec l'air effaré.

Mais à quoi ne se résout et ne se résigne pas la femme qui veut être aimée, dans toutes les classes et dans tous les temps! Les femmes du Brisgaw, pour charmer leurs maris, portent des tuyaux de poêle couleur *orange*; je les ai vus. De quoi n'est pas capable la femme pour se conformer à nos mœurs, pour deviner nos tendances, pour consacrer nos goûts! Nous aimons la richesse, elle se fait riche; nous aimons le luxe; elle immole sa beauté au plus horrible luxe, nous aimons la grandeur, il lui prend un grossier appétit de splendeur monumentale, elle devient édifice. La mode est chose plus grave qu'on n'imagine.

Je ne veux point faire ici, je ne veux ni essayer ni conseiller à personne d'écrire la philosophie de la mode. J'observe et voilà tout; cela est bien permis. Ne vous semble-t-il pas que la coutume permet aux hommes et aux femmes d'aujourd'hui, surtout aux plus jeunes, de très-singulières façons d'être?

Pour les hommes ce sont des habits féminins, larges, flottants, à peine attachés, à peine soutenus; des cravates qui représentent des cordelettes à peine nouées; des manches qui laissent passer l'air froid de nos climats, air si favorable aux fluxions de poitrine; de vastes châles qui ressemblent à ceux des femmes, et le tout couronné par des allures languissantes, « ballantes », béantes, ennuyées, chlorotiques, fatiguées, dégingandées, énervées, lesquelles semblent indiquer deux ou trois siècles de travaux et de souffrances passées dans les mines de la Sibérie.

Les dames, il est vrai, prennent la place des hommes et s'emparent de nos habits. Elles cherchent la majesté, la dignité, la gravité; à leurs jupes monumentales elles joignent des vestes de drap, des boutons énormes, des bottes et des gilets de piqué blanc; le cigare est admis par quelques-unes; le col de chemise empesé et rabattu comme l'aiment les jeunes premiers, ne laisse pas que d'avoir ses adeptes parmi les femmes; peut-être arriveront-elles à la mode de M. Prudhomme, et le feront-elles remonter vers les oreilles comme un double couperet tranchant. La démarche est lourde on démanche le poignet de celui que l'on rencontre. On traverse la rue pour aller lui parler sans façon; la voix devient rude et rauque; on parvient à force de gêne et de travail à détruire la grâce féminine, on s'élève même jusqu'à un dégré très satisfaisant de virilité manquée et de brutalité factice. On n'est plus femme. On n'est pas encore homme; cela viendra peut-être.

Cependant le jeune dégoûté, à demi-femme, sert de pendant à ce demi-homme.

J'avoue que l'un et l'autre, se complétant, me procurent un plaisir infini quand je les rencontre. Le dégoûté est toujours très-jeune. Il est indifférent, — indifférent à tout. Il professe l'ennui, il le répand, il en vit, il vous en sature par sa présence. Il n'a pas de passions, il n'en a jamais eu, il n'en aura jamais. Il méprise, et il ne sait pas ce qu'il méprise. Un petit sillon sarcastique, ride prématurée creuse son visage à droite et à gauche, près de la bouche; une épigramme dédaigneuse s'y tapit en exspectative.

Il ne sait pas de quoi il va se moquer, mais il se moquera de quelque chose; c'est sa prétention et son espoir. Comme pour railler il faut penser à un objet, et que penser coûte un certain effort, il attend, il attend toujours; et le signe de la velléité railleuse, de l'ironie qui n'éclôt pas, de l'épigramme qui avorte, ce signe vieillot reste gravé dans le vilain sillon funeste que les années creusent sans cesse.

Ah! pauvre jeune homme, j'aimerais mieux vous voir des passions que des impuissances!

Et vous, madame, je vous conseille quelques faiblesses.

Madame de Motteville, Mlle de Launay, Mme de Sévigné avaient les leurs, et n'en valaient que mieux.

Renoncez à l'espoir d'une virilité contre nature, qui ne fructifiera jamais!

DU ROLE DE LA FEMME

DANS LA FAMILLE

DU ROLE DE LA FEMME

DANS LA FAMILLE

Qui donc écrira l'histoire de nos mœurs et de leurs changements étranges entre 1845 et 1850 ? La famille attaquée ; toutes les révoltes du sens personnel ; les femmes réunies en club, comme les *Ekklesiasuzœ* d'Aristophane ; la doctrine du libre amour prêchée dans les carrefours de Paris !

Qui nous rendra la douce famille décrite par le poëte :

> ... Nul vide rongeur, mais les soins du foyer.
> L'ordre, pour chaque jour un travail régulier ;
> Une table modeste et pourtant bien remplie,
> Cette gaîté de cœur qui se livre et s'oublie,
> Autour de soi l'aisance, un parfum de santé,
> Et toujours et partout la belle propreté.
> Le soir, le long des blés, cheminer dans la plaine,
> Ou dans la carriole une course lointaine ;
> Enfin la nuit tombée, un lourd et pur sommeil,
> Et les bonjours joyeux à l'heure du réveil.

Ce paradis, comment l'atteindre ? De cet adorable idéal comment ferons-nous la réalité, la vérité et la vie ?

Voilà le difficile. En prenant *la famille* dans « l'abstrait, » comme un être de raison, vous en détruisez, ô philosophe ! la réalité vivante. Ce mot idéal *la famille*, s'il n'est décomposé dans ses éléments e expliqué dans ses nuances, ne se comprend plus qu'à moitié. Un père, une mère, un enfant! Mais quel enfant? mais quelle mère? mais quel mari? Avant de parler de *la famille* abstraite et de statuer sur les principes généraux, il serait bon de s'enquérir des faits.

Où en sont donc aujourd'hui les *familles?* Cette ethnographie des mœurs manque à l'Europe ; elle manque à la France ; elle manque à l'Amérique; elle manque même à l'histoire. Il n'y a là qu'exception, modification et nuances; toutes les classifications imaginables suffiraient à peine aux innombrables transformations de la famille.

D'abord se montre la famille patriarcale, royaume ou temple, où l'autorité du père est toute-puissante et sacrée, et qui ne ressemble ni à la famille des tribus de chasseurs, ni à la famille féodale et guerrière du moyen âge, ni à celle des harems orientaux, ni à la famille germanique. Rome et la Grèce apparaissent ensuite et différentes l'une de l'autre. La polygamie orientale établit des nuances nouvelles. En certains pays on se marie de très-bonne heure; en d'autres, très-tard. Le célibat, ou se prolonge ou existe à peine. Ici la jeunesse s'allie à la jeunesse; là, c'est l'âge mûr qui recherche l'adolescence. Quelle analogie entre le mariage anglais et le nôtre? aucune. Ce jeune couple américain où la femme a dix-huit ans et le mari vingt-cinq; où l'on partage labeur et plaisir, « *better and worse* », comme le dit admirablement le rituel anglais, — ne ressemble pas à ce couple italien où le vieillard noble s'empare de la jeune enfant que le monastère lui cède, et qui de religieuse naïve devient épouse ignorante. Des populations ne lisent aucun livre, de romans encore moins; d'autres s'en nourrissent et finissent par les assimiler, hélas! à leur propre substance. Voilà des différences énormes, et qui constituent des familles absolument distinctes. Les liens sont ici resserrés, là relâchés. Ici la mère a plus d'indépendance légale; là, elle possède plus d'autorité sur les mœurs. Ici elle a droit sur sa fortune; là, elle perd toute fortune en se mariant.

Les dogmes religieux et les traditions des races établissent d'autres dissemblances et d'autres contrastes importants. Ici la loi, fidèle aux doctrines du catholicisme orthodoxe, enchaîne d'un lien indissoluble le mari et la femme. Là, c'est l'idée calviniste de la prédestination, jointe à celle de l'affranchissement humain, qui détermine le divorce et brise un simple lien terrestre. En Angleterre, la séparation *a mensa et thoro* frappe la femme convaincue d'infidélité, mais bien plus difficilement l'homme, quoique la lettre de la loi établisse entre eux une égalité à peu près illusoire. Chacun sait que la loi française ne permet à la femme de réclamer contre son mari que si le sanctuaire même de la famille a été profané. En Ecosse, au contraire, et dans la plupart des États de l'Amérique du Nord, mari et femme ont mêmes droits, et le divorce y est facile. Pour prétendre que le caractère spécial de la famille, dans chacune des situations que je viens d'indiquer, soit identique, il faudrait bien peu connaître l'humanité. La famille est donc modifiée radicalement par les nuances des lois, des mœurs et des souvenirs.

Même en France, quelle différence entre les *familles!*

La famille hébraïque y subsiste ; dans quelques provinces elle demeure assez conforme aux vieilles traditions orientales. La famille catholique, réglementée et disciplinée, quant à la morale, par le concile de Trente, considère le mariage comme un sacrement et par conséquent le considère comme indissoluble ; c'est la doctrine de saint Augustin. La famille protestante, rejetant l'autorité pontificale, adopterait sans doute le divorce, si la loi civile l'admettait chez nous. Différences fondamentales.

Que sera-ce si l'on compare les époques avec les époques, les temps barbares avec les temps de décadence, les siècles où la société ne reconnaît encore que la force brutale avec les siècles où toute virilité énergique semble disparaître, où tout s'affaiblit, se déprave et se corrompt ? Le caractère de la femme change à ces diverses époques ; la famille change avec elle. Qu'est-ce que la femme du sauvage ? Réduite à l'état d'une brute que son mari assomme au coin d'un bois dès qu'elle lui semble gênante, elle ne peut constituer la famille. Et la grande dame chargée de pierreries, trônant sur son char, voilée de draperies immenses, éventée par dix suivantes, entourée d'eunuques à Byzance, de petits abbés ou de sigisbés fades dans d'autres pays, ne la constitue pas davantage. La balance qui, dans les premiers temps, penchait du côté de la barbarie, s'abaisse alors du côté de l'énervement et de la mollesse. Dans les décadences l'homme devient femme ; et la femme homme. Elle grandit, absorbe, usurpe, envahit et transforme l'homme lui-même. Un génie de coquetterie malsaine et de petites grâces minaudières s'empare de tout ; la peinture a ses Coypel et ses

Boucher, la sculpture ses Clodion; la musique elle-même s'effémine; on entend des gavottes dans les églises. Il est évident que la princesse du seizième siècle en Italie et la matrone mère des Gracques impriment à leur maison un caractère différent. La famille d'une précieuse, demeurant place Royale au dix-septième siècle et entourée de « ses alcovistes » a peu de rapport avec la famille américaine de la même époque, celle du « *settler* » calviniste, lisant la Bible tous les soirs aux douze enfants que lui a donnés Rébecca, sa compagne devant le Seigneur.

Le changement, qui est la loi du monde, ne laisse pas les familles à la même place. Toute littérature florissante a transformé les familles en métamorphosant la société. « Le théâtre (dit-on) copie la vie. Le roman (à ce qu'on prétend) offre le tableau exact des mouvements sociaux. » C'est le contraire qui est vrai. Le roman déteint sur la famille; les coulisses qui influent sur le monde bien plus que le monde sur les coulisses vers la fin du dix-huitième siècle, on copiait Lekain; on imitait Préville; on se modelait sur Paméla; on rêvait de Clarisse et d'Héloïse. De gré ou de force, par une invincible contagion, le théâtre pénètre dans la famille. Les œuvres d'imagination imprègnent la jeune fille, la femme et l'enfant de leurs effluves redoutables magies; l'art soumet à sa puissance la société elle-même. Byron a fait plus de byroniens qu'il n'a trouvé de Giaours et de Corsaires. George Sand marche à la tête d'une population infinie de Lélias qui commencent à pâlir; les Corinnes avaient précédé les Valentines et suivi les Héloïses. En vain nos philosophes épouvantés protestent contre cette invasion d'une mythologie factice dans la vie réelle ; en vain essayent-ils de ressusciter le culte des souvenirs antiques. Le monde marche ; dès qu'un vieux type idéal se brise, il est aussitôt remplacé par un autre. C'est un tort, à mon sens, de ne pas tenir assez de compte de ces variétés et de ces métamorphoses qui prêtent à la *famille* des aspects si différents. Le mouvement, la force des antécédents, l'impulsion de l'histoire, les phénomènes changeants, la vie universelle, les évolutions des idées, les variations des mœurs, le lien éternel des choses ne peuvent être mis en oubli. L'humanité a besoin sans doute d'un idéal absolu et d'un type suprême ; mais il faut bien qu'elle vive dans l'éternel enfantement de ses destinées et qu'elle se conserve en se transformant.

Tandis que les uns pèchent, selon moi, en généralisant trop, d'autres tombent dans le défaut contraire ; ils dédaignent la théorie et cherchent sa pratique ; ils s'attachent à la réalité. Dans la famille, ils voient le passé la perpétuité de la race, et dans celle-ci la constance des traditions. L'idéal abstrait leur répugne, le passé vivant les attire. Ces admirables et vieilles figures de Holbein, de Lucas Kranach et d'Albert Durer, dont l'œil doux et profond, les fronts ridés et pensifs, les mains jointes, le costume sombre, l'attitude honnête nous frappent d'un involontaire respect et nous parlent si haut de toutes les vertus domestiques, se dressent devant leurs yeux attendris. C'est sous leur inspiration qu'ils écrivent. Il faut les voir prendre la défense des vieilles familles, pérorer en leur honneur, pulvériser les nouveaux dogmes, abattre les paradoxes incongrus et jouer le singulier rôle d'un pourfendeur du présent au profit du passé. Non que ce soient des partisans de l'ignorance ou de la servitude, mais la solide constitution de la famille antique leur plaît, surtout dans les régions germaniques. La mobilité, l'incertitude, l'indépendance mal définie et les principes peu affermis de la famille moderne les blessent et les effrayent.

Ils veulent donc que la famille retourne sur ses pas, que le père reprenne possession de l'autorité antique, que la femme surtout « file le lin, soigne les enfants, garde la maison. » C'est ce qu'Aristophane a prétendu, ainsi que Molière. Dans son Club des « femmes politiques » (*ecclesiasuzœ*) le poëte grec professe et met en scène, avec cet éclat d'ironie et cette verve de dithyrambe satirique dont il est le modèle achevé, la même doctrine relative à la destinée des femmes et à la vie retirée, paisible, domestique, étrangère à tout soin extérieur qu'elles doivent mener, selon lui. *Les Femmes savantes* et *les Précieuses ridicules* n'ont pas d'autre but que de les renvoyer à leur ménage. Mais Molière transige, Aristophane est inexorable. L'élève de Gassendi cède au mouvement, l'ennemi de Socrate le maudit. L'Athénien ne fait pas la moindre concession à l'avenir, le Français va au-devant de la jeunesse et des nouveautés. En cela diffèrent ces deux hardis et profonds penseurs, philosophes de la comédie. Sainte, vénérable, conservatrice et devant être conservée à tout prix (selon Aristophane), la famille antique, fille des traditions, symbole du passé, asile des mœurs, dirigée par un chef suprême, placée sous la tutelle immédiate des dieux, a seule de la valeur ; maintenez-la donc dans sa cruauté rigoureuse et sa pureté absolue.

Molière a senti que tant de sévérité ne s'accordait ni avec le fond de sa propre doctrine, ni avec les goûts du public; il s'est tiré d'embarras par une contradiction.

Cette contradiction résout le problème.

Molière persiffle les mœurs surannées, la vieille méthode de gouvernement domestique, la sobre gestion de la famille, Sully au pourpoint de velours, les chausses à la vieille mode, la fille élevée sans connaissance des lettres, Sganarelle et ses clefs, Gorgibus et ses gros mots; il veut que la famille se transforme, se rajeunisse et se civilise. Il admet la musique, la danse, l'amour, les plaisirs, et bien entendu le théâtre; cependant il veut aussi que la fleur de naïveté délicate qui fait de Henriette un personnage si charmant ne perde rien à ce nouveau souffle.

Examinez cette Henriette, ingénieuse et ingénue, spirituelle et vive, énergique et simple; elle mérite assurément qu'on l'étudie.

Tout ce que Molière a voulu faire comprendre se résume en elle. C'est la pureté innée de la femme, sa vive essence, conservée à travers les variations des mœurs, les progrès de l'esprit, les raffinements de l'éducation et les changements subis par les groupes sociaux.

Certains philosophes, de moins bonne composition que Molière, n'admettent aucun changement, aucune modification. Il leur faut la vaste maison, l'immense parenté, la sévérité conjugale des vieux Germains. Ils s'enthousiasment pour le passé, au point d'estimer et de vanter les barbaries du patriarchat oriental. La cruauté de ces familles primitives où la mère et l'épouse étaient sacrifiées sans pitié à l'idée abstraite de la *famille* ne les choque pas trop. Il ont un certain penchant pour le bûcher des veuves hindoustaniques ; ils ne blâment pas beaucoup l'exposition des enfants nouveau-nés, les pieds mutilés des Chinoises et la hache du licteur romain tombant par l'ordre d'un père et frappant le fils condamné. Ah ! la logique est chose barbare ! et que l'on foule aisément aux pieds, pour atteindre les dernières conséquences d'une doctrine, toute charité humaine ! « La famille ! s'écrie-t-on, la famille ancienne ! » On sacrifierait volontiers le monde à ce Moloch inexorable.

« Chez les anciens Germains, nous dit-on, chez les Indiens de l'Amérique septentrionale et encore chez les Spartiates, les enfants débiles ou contrefaits étaient exposés ou tués *pour que la famille ne fût pas chargée inutilement.* Les enfants naturels, qui n'auraient été pour la famille qu'un sujet de honte, étaient autrefois étranglés chez les Kabyles. En Orient, le fiancé achète sa future épouse, non comme *son* esclave, mais pour en faire l'esclave de *l'idée toute puissante de la famille.* Nulle part le célibat de la femme n'est entaché de plus de honte qu'en Orient ; car la femme n'a de valeur que dans la famille ; comme individu, elle est nulle... »

C'est cette nullité de la femme que nous accusons de crime contre la société elle-même et contre les destinées du monde moral ; c'est par ce motif que la polygamie asiatique est barbare. C'est pour cela que les Européens, reconnaissant à la femme une personnalité distincte, cessant de la traiter en bête de somme ou en esclave, ont laissé si loin derrière eux les Orientaux;

Un des écrivains qui ont abordé ces sujets (Rielh), penche pour les sévérités patriarcales et primitives, qui, par l'annulation de l'être faible ou son oppression violente, témoignent du règne grossier de la force. « Les Kalmouks, dit-il, sont d'une courtoisie charmante pour leurs épouses et leurs mères. Mais quand la femme commet une faute, la courtoisie cesse, et la femme est rouée de coups ; car le *génie de la maison* est placé plus haut que la dignité personnelle de la femme. Ce génie est le *fouet* qui sert à cet usage ; glaive et sceptre, il passe comme une « sainte relique » de génération en génération. »

Quelle relique!

Je n'y crois pas.

Mal élevée ou perverse, elle brave le *fouet*. Éclairée et tendre elle n'en a pas besoin. « L'homme et la femme (dit admirablement M. Cousin à ce propos) ont la même âme, la même destinée morale ; un même compte leur sera demandé de l'emploi de leurs facultés, et c'est à l'homme une barbarie et à la femme un opprobre, de dégrader ou de laisser dégrader en elle les dons que Dieu lui a faits. Les femmes ne doivent-elles pas savoir leur religion, si elles veulent la suivre et la pratiquer comme des êtres intelligents et libres? Et dès que l'instruction religieuse leur est non pas permise, mais commandée, quel genre d'instruction, je vous prie, pourra paraître trop relevé pour elles? Encore une fois, ou la femme n'est pas faite pour être la compagne de l'homme, ou c'est une contradiction inique et absurde de lui interdire les connaissances qui lui permettent d'entrer en commerce spirituel avec celui dont elle doit partager la destinée, comprendre au moins les travaux, ressentir les luttes et les souffrances pour les soulager. Laissons-la donc cultiver son esprit et son âme par toute sorte de belles connaissances et de nobles études, pourvu que soit inviolablement gardée la loi suprême de son sexe, la pudeur qui fait la grâce. » Il n'y a rien de plus tendre, de plus vrai, ni de plus profond que ces lignes.

Fénelon était du même avis, lorsqu'il écrivait d'après les livres hébreux ce beau portrait de la femme : « Son prix est comme celui de ce qui vient des extrémités de la terre. Le cœur de son époux se confie à elle, elle ne manque jamais des dépouilles qu'il lui rapporte de ses victoires; tous les jours de sa vie, elle lui fait du bien, jamais de mal. Elle cherche la laine et le lin; elle travaille avec des mains pleines de sagesse. Chargée comme un vaisseau marchand, elle porte de loin ses provisions. La nuit, elle se lève et distribue la nourriture à ses domestiques. Elle considère un champ, et l'achète de son travail, fruit de ses mains; elle plante une vigne. Elle ceint ses reins de force, elle endurcit son bras. Elle a goûté et vu combien son commerce est utile : sa lumière ne s'éteint jamais pendant la nuit. Sa main s'attache aux travaux rudes, et ses doigts prennent le fuseau. Elle ouvre pourtant sa main à celui qui est dans l'indigence, elle l'étend sur le pauvre. Elle ne craint ni froid, ni neige; tous ses domestiques ont de doubles habits; elle a tissé une robe pour elle; le fin lin et la pourpre sont ses vêtements. Son époux est illustre aux portes, c'est-à-dire dans les conseils où il est assis avec les hommes les plus vénérables; elle fait des habits qu'elle vend, des ceintures qu'elle débite aux Chananéens. La force et la beauté sont ses vêtements, et elle rira dans son dernier jour. Elle ouvre sa bouche à la sagesse et une loi de douceur est sur sa langue. Elle observe dans sa maison jusqu'aux traces des pas, elle ne mange jamais son pain sans occupation. Ses enfants se sont élevés, et l'ont dite heureuse; son mari s'élève de même, et il la loue; plusieurs filles, dit-il, ont amassé des richesses, vous les avez toutes surpassées. Les grâces sont trompeuses, la beauté est vaine : la femme qui craint Dieu, c'est elle qui sera louée. Donnez-lui des fruits de ses mains; et qu'aux portes, dans les conseils publics, elle soit louée par ses propres œuvres. »

Autour d'une telle femme se groupe la famille, se fondent les villes, se forment les empires. Vous voulez constituer la famille heureuse et forte? Ennoblissez la femme.

Elevez, élargissez, éclairez, soutenez cette âme féminine.

Maintenir rigoureusement la *famille* dans le cercle du passé, ou lui prêcher avec éloquence les douceurs de la vertu ne suffit pas; ni de conserver sous une forme géométrique et légale l'alvéole régulier d'une ruche de *famille*.

Bien développer l'âme féminine, voilà le grand point; voilà le secret. La superstition de la *famille*, le fanatisme du toit domestique et du ménage, ne comprennent même pas toutes les solutions de la destinée féminine, il s'en faut de beaucoup. Ne condamnez pas toute femme à devenir ménagère.

Je serais fâché que mistriss Nightingale, la sainte protestante qui a soigné si tendrement nos blessés, eût gardé le logis et soigné un vieux mari ou même un enfant.

La femme a plusieurs vocations, diverses élections.

Au lieu de mutiler l'humanité, réglez-la.

Une famille bien organisée est chose excellente ; peut-être l'exemple de mistriss Nightingale est-il plus excellent encore. Que la femme conquière donc toute sa valeur ; — qu'elle apprenne à bien choisir, à se gouverner, à s'apprécier, à comprendre la vie. Qu'elle aime sainement, qu'elle dirige fortement, dans les limites de sa sphère et de son devoir, les affaires domestiques.

La société a besoin d'elle ; *les autres* ont besoin d'elle !

Car la femme (dit Gœthe), « ce n'est pas elle-même, » ce sont *les autres*.

Das die sich ganz vergisst und leben mag nur in andern.

Par *les autres*, pour *les autres* vit et respire cette âme féminine.

Sa grandeur est de s'oublier.

Qu'elle se détériore, la famille languit ; qu'elle faiblisse ; la famille déchoit. Si elle est avilie, la famille est souillée. Si elle se trompe, la famille s'égare. Si elle manque à son œuvre, la famille croule. Toute femme qui n'est pas l'architecte moral de ce petit monde sacré en devient la ruine. Si la femme ne crée pas la famille elle l'anéantit.

UN TYPE DE VOYAGEUR

BAZILE HALL

UN TYPE DE VOYAGEUR

BAZILE HALL

Il n'y a peut-être qu'un seul voyageur, ou du moins une seule espèce de voyageur, qui mérite ce nom. C'est l'espèce la plus naïve et la moins commune; celle qui voyage pour voyager. Tel court après la gloire et tel autre après la fortune. En voici un qui emporte le spleen en croupe et qui galope jusqu'en Abyssinie. Bruce est épris d'un amour violent pour les sources du Nil; Levaillant, pour les papillons et les insectes; Homère et le site de la Troade appellent un troisième sur les rives du Scamandre. L'ennui de la civilisation, la difficulté de faire sa trouée dans la foule des ambitions européennes lancent jusque dans la Nouvelle-Galles du Sud, jusque sur les plages heureuses d'Otahiti, quelques explorateurs, fatigués de notre monde. Vous comptez parmi les voyageurs des splenétiques, des architectes, des musiciens, des acteurs, des directeurs, des antiquaires, des minéralogistes, des botanistes, des métallurgistes, des numismates, des arpenteurs, des philologues, des propagandistes, des insectologues, et des ornithologistes. Ce sont des professions respectables, et je ne puis qu'honorer leur vocation;

mais le véritable voyageur n'a ni les mêmes goûts ni es mêmes prétentions que ous ces Messieurs.

Celui-là est à proprement parler un flaneur. Il emporte avec lui très peu de boîtes, de pinceaux, d'herbiers, de bagages, de munitions, d'astrolabes, de sextans et de quarts de cercle. Grand admirateur, il va de surprise en surprise, de bonheurs en bonheurs, soit que l'orage le jette sur une roche déserte et pelée, soit que les Arabes le laissent nu et blessé dans un lit de sable. Il va, comme la Mort sur le grand cheval de l'Apocalypse, il va toujours, sans trêve, sans repos, sans prendre beaucoup de notes et sans mesurer les parallaxes. Si cette niaiserie peut s'élever jusqu'au sublime poétique, demandez-le à Jean-Jacques; il vous répètera ses courses errantes, sa nuit d'été passée à la belle étoile, dans une niche de pierre, et les délices du réveil embaumé, et les chants des oiseaux, et toute cette féerie du hasard, de la nature et de la jeunesse. Rousseau n'a fait que donner une voix aux sensations qui se renouvellent sans cesse pour le voyageur-né. Pour lui, voyager c'est le seul but. Pour les autres c'est le moyen. Il s'amuse de ce qui amuserait un enfant, de la route qui tourne, du soleil qui flamboye, de l'arbre qui verdoye, du sable qui poudroie; il y a là haut une corneille qui croasse dans un vieux chêne; là bas une vachère qui passe l'eau, les pieds nus : sur la colline un postillon qui fume et qui jure; mon voyageur ouvre les yeux et les oreilles, et tout ceci l'amuse étrangement.

Tout voyageur vraiment remarquable a été doué jusqu'à un certain point de la naïve impressibilité dont nous parlons. Marco-Polo, surnommé l'Homme-

Million ; Chardin le joaillier, Tavernier l'oriental, Cock, Bougainville, nos jésuites missionnaires; Levaillant et Bruce qui semblent avoir puisé tous deux dans les fleuves d'Afrique leur penchant commun pour l'emphase gasconne ; Bougainville, Burckhart, Goëthe dans quelque pages sur l'Italie (trop peu connues); Châteaubriand dans cet admirable *Itinéraire*, sûr d'échapper à l'oubli des temps — se sont montrés d'ingénus voyageurs, de grands enfants, c'est-à-dire de vrais poëtes.

Mais, chez la plupart cette vocation était mêlée d'études, de travaux, de préoccupations scientifiques; il est rare qu'elle apparaisse aussi nue, aussi complète, aussi facile à saisir que chez Bazile Hall.

Nous avons le voyageur qui généralise; celui qui fait, chemin faisant, le métier d'homme sensible; celui qui examine l'état des routes; celui qui brise tous les silex avec son petit marteau, et ne vous fait pas grâce d'un dodécaèdre; vous avez aussi le voyageur politique qui fulmine contre les abus; le voyageur raisonneur qui seul a raison contre tous les préjugés de tous les peuples, et dont chaque phrase coule bas de philosophie, d'érudition, de critique et de syllogismes. Sont-ce des voyageurs? Au lieu d'accepter l'impression extérieure, ils la contrôlent. Au lieu de la reproduire, ils la nient. Ils s'enferment dans leur science, dans leur entreprise, dans leur sphère personnelle ; le vrai voyageur se laisse enlever à lui-même; il s'incarne dans tout ce qui l'entoure; il vit de la vie nouvelle qui vient s'emparer de son âme et la transformer. Esclave soumis des objets qui l'affectent, il leur appartient tour à tour; il n'exerce peut-être pas les facultés les plus hautes de la pensée ; mais il renouvelle à tous les moments quelques unes des plus délicates opérations de l'intelligence. A peine une sensation lui est-elle transmise par ses organes, il la conserve et la nourrit précieusement, toute fraîche encore et toute naïve ; fleur chargée de sa poussière impalpable, colorée, odorante, et qu'il a soin de ne pas flétrir. Dans une atmosphère plus haute et plus abstraite, là où planent la pensée pure et la méditation, toutes ces nuances vives et vraies pourraient bien se ternir, toute cette fraîcheur se dessécher.

Bazile Hall, fils de bons Ecossais jacobites, jouait, tout petit sur les bords de la mer qui baigne les rochers de son pays. Pendant les vacances (car on l'envoyait au collége, et son ennui était grand d'y rester neuf mois), il revenait à la mer, s'habituait à elle, acclimatait son front à ce souffle acide et salé de la *marine* (ainsi disait encore notre langue opulente à la fin du seizième siècle) ; s'habituait à ces bruits, avançait son pied enfantin jusqu'aux brisants, et priait les pêcheurs de vouloir bien le prendre à leur bord. A peine arrivé à l'adolescence, le voilà sur une frégate. C'était un enfant gâté : ses habitudes de délicatesse lui eussent rendu cette vie nouvelle singulièrement pénible, s'il n'avait trouvé tant de choses à voir, de rivages nouveaux, de côtes boisées ou âpres, d'oiseaux et de poissons à regarder, de manœuvres et d'agrès à observer, de peuples barbares ou civilisés à visiter, de mouvements guerrier et maritime autour de lui ; il commença par jouir de tout ce spectacle sans trop raisonner sa sensation ; et une fois descendu à terre, il voulut continuer la même existence pour ses menus-plaisirs. Au lieu de s'enfermer dans un parloir de Liverpool ou de Glascow, avec sa femme et ses enfants, comme un bon capitaine de vaisseau en disponibilité peut le faire, vous le voyez le *lasso* à la main, monter un cheval demi-sauvage et courir à travers les pampas de l'Amérique du Sud ! Il revient prendre sa femme et sa petite fille, les embarque avec lui, traverse l'Atlantique, et pousse ce singulier voyage domestique jusqu'aux monts Alleghanis. Nous ne saurions dire si Bazile Hall est aujourd'hui sous l'équateur, dans la Nouvelle Zemble, aux sources du Gange ou à Botany-Bay, avec sa femme et son second enfant. Ou bien encore ne serait-il pas impossible de le trouver dans une de ses rares stations, assis à la table d'un club conservateur d'Edimbourg ou de Londres ?

Tout en se livrant à cette vocation, il est devenu capitaine de la marine anglaise et l'un des hommes célèbres de la littérature anglaise actuelle. On peut le placer honorablement parmi les Bulwer, les Galt, les Morier, qui ont recueilli le pesant héritage de Walter Scott et de Byron. C'est un brillant et agréable conteur. Ses compatriotes et ses amis vont jusqu'à lui accorder du génie ; c'est beaucoup dire.

Pourquoi exiger du génie de tout le monde ? Il y a des rangs plus humbles et qui ne sont pas sans gloire ; « Il y a place pour tous, » comme s'exprime la Bible, dans la maison de mon Père. Voulez-vous bannir de votre bibliothèque ces heureuses intelligences, qui ne généralisent pas les idées, mais qui réflètent les images ; qui répercutent les sens et les formes ; qui servent d'interprètes ou plutôt de conductrices magnétiques, entre la masse du public (qui ne s'avise guères de réfléchir ses impressions), et l'observation immense de la nature et de l'homme? Créer des généralités, poser des abstractions, approfondir l'histoire, éclairer la philosophie, l'œuvre est plus belle, mais la tâche est rude. Qui placera, ainsi que le fit Bacon, son flambeau entre dix siècles de passé et dix siècles d'avenir; quel Shakspeare, ou quel Cervantes, comprendra toute l'humanité, parcourra le clavier de ses passions; qui le fera, qui l'osera, qui le promettra?

Eh bien! à ces rangs, non pas inférieurs, mais plus modestes, Bazile Hall peut se placer des premiers. Il amuse toujours, il est coloriste; il a de la simplicité et de la franchise. Toute notre bonne volonté pour lui ne nous permet pas de le donner pour un écrivain profond. Mais il aime l'air, le soleil, les champs, les bois, les hommes. Il aime surtout les nouvelles figures et les paysages nouveaux; il va comme un enfant sur le bord de la mer, dès qu'il débarque, considérer la forme des roches et l'aspect des horizons. C'est le voyageur dont je vous parlais plus haut. Famine, incendie, éruption de volcans, hameaux saccagés, cadavres qui s'entassent sous le canon et l'épée, tout cela est du spectacle; il y assiste avec la bonne curiosité d'un poëte, d'un peintre, d'un badaud, c'est tout un : il revient la tête remplie de nouvelles images, de visages à turbans, de figures de femmes hindoues, de palmiers et de cocotiers. Hall est le voyageur pittoresque par excellence. Il est naïf. Et qui donc est naïf aujourd'hui? Il a aussi de l'étourderie et de la gaîté; choses rares au-delà du détroit. Il voudrait que l'on ne réformât rien dans son pays; que la vieille Angleterre ne s'ébranlât point sur ses fondements. « Tout est bien, dit-il, pourvu que le

« monde s'ouvre au voyageur, pourvu qu'il y ait tou-
« jours des chaloupes, des navires et des chevaux prêts
« à m'emporter. Tory indomptable et modèle du voyageur anglais, il vit par curiosité. Pour lui l'univers n'est qu'un grand panorama. Nulle sensation n'égale à son avis le plaisir de traverser les bois et les champs. Il sacrifierait tout à la nouveauté d'un point de vue. Un jour passé sans une découverte lui semble un jour perdu. Il compte les excursions qu'il a tentées, comme un conquérant ses victoires. Il n'aime pas la mer en qualité de matelot, mais en qualité de voyageur. Elle lui offre des aspects qui varient sans cesse. Fortune, vanité, ambition, que lui importe? Tout cela n'est rien, auprès du bonheur de courir. Dès le commencement de sa vie, ce sentiment, ce besoin de locomotion et de nouveauté se révèlent assez bizarrement. Aspirant de marine, il s'embarque; et au lieu de ressentir cette amertume poignante, cette douleur profonde de l'isolement et du départ, il est si agréablement affecté par les nouveaux objets qui l'environnent, que tous ses regrets s'évanouissent sans qu'il s'en doute. Quelle vie nouvelle! Et que sa curiosité est heureuse! Ce hamac dans lequel on le hisse; ces visages de parchemin rouge; cette étrange maison flottante; ce roulis qui le heurte contre les écoutilles; au-dessus de sa tête, les canons qui craquent dans leurs chassis; au-dessous le bruit des vagues; toute cette musique inattendue, tous ces étonnements, tout cet imprévu, toute cette manière d'être inconnue lui causent un tressaillement de bonheur.

Les peintures maritimes abondent dans ses récits; et en France vous seriez tenté de prendre Basil Hall pour un écrivain nautique. Nous avons vu poindre tant d'affectations de tous genres et tant d'efforts violens vers une individualité recherchée, ridicule et fausse, que nous ne sommes pas indulgents le moins du monde. De l'autre côté du détroit on est accoutumé à la bizarrerie : elle court les rues depuis 400 ans; et comme on ne gagnerait rien absolument à une affectation sans talent, il est bien rare qu'on se la permette. J'ai lu deux volumes d'un petit Maître d'école, qui racontait les événements de sa classe; on ne l'a pas beaucoup admiré, mais on ne s'est pas formalisé de la bizarre importance qu'il se donnait. Cet homme était naïf dans son ridicule. Basil Hall est naïf, sans ridicule. Il est permis à l'homme qui a passé sa vie sur mer, de parler de la mer. Qu'il nous raconte ses émotions, qu'il nous dise ce qu'il a vu et senti, nous l'écouterons sans ennui.

Toutes les impressions de Hall ont été maritimes et voyageuses. Ce sont elles qui l'ont fait écrivain, qui ont modelé et coloré son talent, qui ont empreint d'une nuance spéciale son être moral et son style. Son originalité à lui n'est pas un costume d'emprunt, une mascarade, un parti pris; il est voyageur par essence, habitué à l'eau salée, fils de la mer; il aime à partir, à séjourner peu, à traverser l'Océan, à repartir encore, à fuir à tire d'aile comme l'hirondelle. Telle est son humeur, à laquelle vous n'avez, ce semble, nul reproche raisonnable à faire. Humoriste, mais civilisé; frotté de politesse, de bon goût et d'esprit; un peu vain, un peu diffus comme tous les conteurs satisfaits de ce qu'ils ont à dire; Basil Hall ne mourra pas heureux. Quand il aurait visité les cinq parties du globe, quand il les aurait décrites et commentées dans tous leurs recoins, dans toutes leurs cavernes, dans tous les abris de leurs forêts mystérieuses; il n'aura pas exploré les Planètes. Ce n'est point chez lui activité fébrile, désir de remuer et de changer de place; il jouit merveilleusement de ce qu'il voit : il perçoit les sensations de la couleur, de la saveur, de la forme, avec une fraîcheur et une énergie de poëte. Cette puissance de vivre et d'être heureux, il la communique au lecteur; elle est contagieuse; elle fait plaisir, même quand on l'écoute ou quand on le lit, même quand sa phrase est prolixe, sa page diffuse ou son observation légère.

Tel est en réalité son grand mérite : et c'est ce qui l'a placé très-haut parmi les écrivains anglais; sa vue est quelquefois superficielle et la transparence agréable et limpide de son style laisse apercevoir d'assez nombreux préjugés. Mais placez-le en face de quelque beau spectacle, devant les cataractes du Niagara par exemple; suivez-le pour jouir avec lui de son émotion, pour être avec lui voyageur, artiste, peintre. Il reproduit avec des mots non-seulement le tableau matériel des localités, mais l'énergie de ses sensations mobiles. Vous ressentez son plaisir, vous entendez ce tonnerre liquide qui bouillonne et qui gronde, vous voyez ces étincelles d'eau qui bruissent; vous êtes saisi d'admiration comme le voyageur lui-même, devant ces arcs-en-ciel qui se dessinent, se croisent, se jouent sur la torsade écumante; vous ne perdez aucun de ces bruits inattendus, de ces chatoyements prismatiques, de ces changements de décoration subits, de ces nuances vivantes; et vous sentez chaque battement de cœur de Basil Hall; vous éprouvez la même volupté de terreur à laquelle il se livre, quand il s'enferme tout exprès dans une grotte d'eau, entre le rocher et la courbe liquide que décrivent les ondes : singulière prison bouillonnante, où l'on étouffe, où l'air, refoulé par le poids de la masse liquide, devient trop rare pour la poitrine de l'homme, d'où l'on n'aperçoit la lumière qu'à travers un cristal opaque, rayonnant, bondissant, tournoyant, furieux, étourdissant, éternel dans sa chute et sa violence. C'est là que Basil Hall se sent complètement heureux, bien qu'il n'y respire guère. Il y a fait porter sa chambre obscure ; il contemple avec extase, il a peur, il est haletant, il dessine en tremblant, et il a la fièvre ; ses artères battent vite ; le sang afflue à ses oreilles et à son cerveau ; le bruit continu de la cataracte lui donne des vertiges ; en un mot, il est heureux.

Sa manière de juger la vie maritime et de la sentir diffère singulièrement de celle que Fenimore Cooper a développée dans ses romans. L'Américain est un homme sérieux, un politique, un économiste, un homme de talent très peu naïf et fort attaché au système de l'utilité. Pour Cooper le navire et l'Océan sont deux puissances qui luttent, l'homme contre la nature. Le navire a pour âme l'industrie humaine ; corps gigantesque et vivant, mu par une volonté sublime, servi par des organes de bois ou de fer ; être à part, qui a son nom, ses fastes, ses désirs, sa gloire, ses combats, ses triomphes, son baptême, ses funérailles. Voilà le drame du vaisseau de Cooper. Il vous y intéresse si bien que vous frémissez et pleurez quand la mort le frappe au milieu de sa carrière intrépide, quand la vieillesse ou la tempête le couchent dans l'Océan, son cercueil. Basil Hall n'aime son vaisseau que comme il aime le cheval qui l'entraîne des plaines aux montagnes et des rochers aux déserts. La mer l'ennuierait fort si elle ne lui promettait de nouvelles plages. Plus artiste que marin, il s'amuse des effets nombreux de lumière et d'ombre, de la longue traînée d'argent que la lune fait trembler sur l'onde calme, et du craquement des mâts dans l'orage.

Enfant-poëte qui s'intéresse à la singularité des mœurs, aux cris des matelots, à leurs superstitions, aux hôtes de la terre et du ciel, aux poissons volans que le requin poursuit, au requin lui-même dont la vaste gueule béante et le dos renversé sont pour lui un sujet d'étonnement naïf. Intelligence peu réfléchie, où il est resté quelque chose de l'ingénue curiosité du premier âge! Il serait heureux deux mille années, pourvu que vous lui montrassiez toujours de nouveaux spectacles.

Il vit hors de lui-même, se passionne pour tout nouvel objet et vous donne des chapitres entiers sur un lézard; d'autres sur un potage de matelot; d'autres sur le singe favori du navire.

Les destinées anglaises changent aujourd'hui; et bientôt le caractère de Basil Hall sera un caractère perdu. Le continent qui envahit la Grande-Bretagne ne tardera pas à effacer cette vieille originalité.

Voilà, en dépit de M. Bruno Bauer, ce qui rend impossible la fusion du germanisme et de l'esprit russe. Le germanisme, dont le type suprême est en Angleterre, veut exister par lui-même, et se tient debout par sa propre force; le slavisme demande à être maintenu et comme emprisonné dans des cercles de fer. L'indépendance est la vie de l'un ; la dépendance celle de l'autre.

Il faut (comme le remarque M. Schnitzler dans le meilleur travail qui ait été publié jusqu'ici sur la Russie) beaucoup de complaisance pour assimiler aux Russes véritables ces tribus couvertes de peaux de phoques, qui, errantes sous les glaces du pôle, savent à peine le nom de l'empereur, ou ces Orientaux des environs d'Astrakan qui cultivent la vigne et la pêche en invoquant Allah. Le centre solide dont nous parlions tout à l'heure, l'esprit moscovite, grandit, il est vrai, s'affermit, empiète sans cesse ; il n'est pas méprisable, comme le prouve assurément la guerre présente, et l'attraction qu'il exerce sur ses domaines lointains devient plus forte de jour en jour. Les événements contribueront, je pense, à le consolider ; mais la consistance définitive est loin de lui être acquise. C'est encore un monde vague, en état de fusion et d'incandescence, où malgré la rigidité des cadres rien n'est arrêté et définitif, où tout flotte, varie, se précipite et se déplace. « Il n'y a, dit un anglais,
« que mouvement et déménagement dans cet empire
« gigantesque qui s'étend sur trois parties du monde.
« C'est un va-et-vient perpétuel. Toutes les classes
« de la société sont en marche. Vous apercevrez dans
« un mois sur les bords de la Baltique le médecin
« qui vient de passer son examen à Moscou. Le fiancé
« qui veut s'établir à Saint-Pétersbourg reçoit tout
« à coup une nomination de fonctionnaire public,
« quitte sa fiancée la veille des noces, et va remplir
« son office sur les frontières de la Chine. L'officier
« des gardes qui s'habille pour aller à un rendez-

« vous reçoit un message inattendu et part, dépêché
« en courrier pour le Caucase. Aussi le Russe a-t-il
« toujours l'air d'un voyageur qui part ou qui arrive.
« C'est en courant qu'il se trouve à son aise. Il ne peut
« pas rester en place. Vous l'arrêtez, vous le fatiguez
« en causant avec lui; c'est là, malgré son excellente
« éducation, ce qui lui donne cet air gêné que vous
« savez bien. »

D'où il résulte que la Russie *va de l'avant*, comme l'Amérique (*go-ahead*); — qu'elle est active, véhémente, empressée, bouillonnante, quelque autocratique qu'elle soit; — sa jeune étourderie ressemble à celle des Etats-Unis, — et l'autre enfant gâtée des bords de l'Atlantique n'est pas sans rapports avec cette élève d'une école plus sévère: la fondation des sociétés subit des lois identiques. « L'Américain que
« vous avez rencontré à Boston la semaine dernière
« (dit un écrivain yankee), vous apparaîtra dans huit
« jours à l'autre bout du continent. L'état stationnaire
« nous semble hors de nature. Ce n'est que quand
« nous voyageons que nous sommes chez nous. Nos
« plus magnifiques palais sont des hôtels garnis. Le
« fils va visiter son père à six cents milles de distance
« et revient dîner tranquillement. On se déplace non
« seulement par familles, mais par populations; toute
« une ville du nord change de domicile et s'en va
« gaîment au nord-ouest. Vous avez laissé votre ami
« prédicateur dans l'Illinois, vous le revoyez six se-
« maines plus tard chapelier ou directeur de théâtre
« du côté de Charlestown. » Cette analogie vivante dans les faits, nous ne l'avons ni créée ni rêvée; bizarre rapprochement de l'autocratie russe et de la

démocratie américaine, qui résulte de la nature des choses et de la nécessité !

Si l'infusion du sang allemand, infusion qui s'opère aujourd'hui en Amérique au moyen de l'émigration, continue ; si par conséquent l'élément anglo-saxon s'affaiblit ; surtout si l'Irlande, fertile en hommes et en misères, et qui pullule d'une manière si étonnante, continue à se dépeupler pour aller défricher les solitudes américaines ; — il n'est certes pas impossible que ces deux peuples nouveaux, grandissant incessamment d'une façon démesurée, s'allient un jour contre la vieille Europe et spécialement contre l'Angleterre.

L'Angleterre représente non pas comme la Russie le niveau des forces humaines soumises, ou, comme l'Amérique du Nord, leur nivellement passager en face des forces de la nature, mais le développement normal par le progrès et l'inégalité. Telle est l'idée profondément germanique : « Au plus habile, au plus actif la première part ! » *Free room* dit le proverbe populaire, « libre place, libre carrière à qui veut avancer. » Point de jalousie ; le plus noble sera le mieux méritant, et sa grandeur, reconnue par tous, deviendra la propriété et la gloire communes. Entraver le développement des forces chez le rival est un crime envers tous. Ainsi les familles s'établissent, glorieuses sans doute et puissantes, mais après avoir acheté leur force et leur gloire. Se montrent-elles infidèles à l'héritage ; abandonnent-elles la voie de l'*exertion*, mot qui n'a pas d'équivalent dans les langues romanes et qui indique l'activité humaine trouvant sa récompense et sa jouissance dans son emploi régulier : ces familles descendent naturellement de leur rang pour céder la place aux forts. C'est là le mouvement essentiel au génie germanique ; c'est ce qui a fait déchoir les Mérovingiens, la vieille race des chefs abâtardis ; c'est ce qui leur a substitué naturellement les Karles, les Karolingiens, représentés par Karl-Martel et Charlemagne. Le même courant d'idées et d'habitudes se maintient souvent dans le monde avec tant de persistance, que, vers la fin du dix-septième siècle, un roi d'Angleterre, dont la race avait encouru dechéance, Jacques II a naturellement fait place à Guillaume III et renouvelé les scènes karolingiennes et la déposition des rois sans coup férir.

L'Angleterre est-elle aujourd'hui veuve de cet esprit politique qui, par le renouvellement de ses forces, l'a aidée à traverser tant de passes dangereuses, à modifier incessamment sa marche, à carguer ses voiles ou à les déployer, à varier sa manœuvre, à échapper aux écueils redoutables de la guerre d'Amérique, de la dette publique, de la conquête hindoustanique, des guerres de Napoléon, de la misère irlandaise et du chartisme ? Telle est la question. Qu'elle devienne despotique ou radicale ; qu'elle se replie sur l'aristocratie immobile de M. de La Guéronnière ; ou qu'elle s'élance vers la démocratie immodérée de M. Whitty, — ses destinées seront compromises ; la détérioration ou l'énervement de son génie propre la ruineraient.

PRÉSENT ET AVENIR

DE L'ANGLETERRE

PRÉSENT ET AVENIR

DE L'ANGLETERRE

L'Angleterre moderne, au dire de M. le comte de La Guéronnière est incessamment sauvée par son aristocratie. Si l'on en croit M. Whitty, c'est cette même aristocratie qui l'aveugle, l'opprime, la désole et la met à deux doigts de sa perte. Il est parfaitement faux, dit M. Whitty (qui appartient à l'école littéraire de l'Ecossais Carlyle et parle comme ce dernier, par aphorismes, contre-vérités, ambages, énigmes, obscurités, et allusions) ; il est faux que le talent en Angleterre ait la moindre facilité d'ascension ; quelques médiocrités usurpatrices gouvernent le pays qui les prend niaisement pour des aigles d'habileté. Il n'y a, dit au contraire M. de La Guéronnière, que de très grandes capacités dans l'aristocratie anglaise, et sans l'admirable dextérité des grandes familles tout serait perdu depuis longtemps.

Je ne trouve pas, je l'avouerai, que l'un et l'autre aient pénétré plus loin que la surface et l'écorce des choses et des faits. Qu'est-ce donc qu'une aristocratie usurpatrice, qui, mobile et renouvelée, sans livre d'or comme à Venise, préfère le mérite à la noblesse du sang? Et que veut-on dire par ces grandes familles, ces « classes qui gouvernent » (*governing classes*)? J'y vois figurer le fils d'un chapelier, celui d'un pauvre ministre dissident, celui d'un précepteur de campagne, celui d'un savant israélite; — Chatham, Pitt, Eldon, Sheridan, Canning, Burke, Wilberforce, Eldon, Peel, Gladstone, et vingt autres? Coleridge, philosophe que l'on ne connaît guère en France, avait tout à fait raison de dire que la démocratie ardente, mais régularisée, circule comme la vie dans les veines de la Constitution anglaise : « elle est le sang vital, « dit-il, l'élément de la santé; mais pour être bonne « et utile, elle ne doit pas jaillir et s'épandre au « dehors. » Cela ne contente ni M. Whitty ni M. de La Guéronnière, dont l'un voudrait la démocratie extérieure, faisant éruption violente, et dont l'autre admire l'antique splendeur des vieilles races.

Tous deux sont épouvantés du spectre russe. M. de La Guéronnière consacre cinquante pages à la peinture animée, vigoureuse, trop hostile à la bourgeoisie, des empiétements russes et de la marche progressive de cette nouvelle civilisation. M. de La Guéronnière, en fait de style, est un brillant élève de M. de Châteaubriand; il aime l'ampleur des formes et l'étendue des horizons. Ramenons à des termes précis la question qu'il soulève :

Qu'est-ce que la civilisation russe? et en quoi diffère-t-elle de la civilisation anglaise?

Si l'on accepte ce mot *civilisation* dans le sens de développement du droit et non de la force, on reconnaîtra que plus un peuple est capable d'admettre comme règle le droit et l'équité plus il est civilisé. Le droit contre la barbarie, c'est la civilisation.

Où se trouve le droit?

Dans l'égalité de l'homme envers l'homme, dans la reconnaissance du juste, de l'idéal planant sur tous les individus, les maintenant, les contenant, encourageant la liberté de leurs progrès et la vigueur de leurs efforts selon la limite du droit de chacun. De là, cette nécessité du *moi* (ichheit), comme disent les Allemands, pour que la civilisation éclose et grandisse. De là, l'infériorité de l'Orient, qui n'aime que la vigueur barbare et même la cruauté, qui la respecte et la consacre comme un fait divin, et qui, dans le plus sanglant massacre, n'aperçoit qu'une manifestation grandiose des desseins et des volontés de Dieu.

Un livre de M. Bruno Bauer, livre consacré à prouver que la civilisation future est entre les mains de la Russie, a donc quelque chose de puéril. C'est une civilisation secondaire que représente maintenant la Russie, tandis que les peuples germaniques représentent la civilisation supérieure, celle qui naît du *self,* de l'intimité de l'homme, de chaque individu prenant possession de lui-même, refusant de s'absorber et de s'anéantir, mais consentant à déléguer ses droits pour mieux jouir de sa grandeur et augmenter sa puissance.

Lorsque des tribus paisibles, patientes et pastorales, habitaient vers le neuvième siècle les environs du lac Ilmen, elles virent arriver chez elles la race forte et conquérante qui a fondé la constitution russe et que l'histoire appelle les « Varangiens ». Ce qui ne fait pas de doute, c'est que les « Varangiens » étaient des guerriers teutoniques; on n'est pas d'accord sur leur origine, et l'opinion la plus accréditée les confond avec les Francs. La philologie venant au secours de l'histoire, supprime deux ou trois lettres du mot Varang, transforme la lettre V en F, et constitue par cette double mutation une étymologie qui paraît vraisemblable. Néanmoins un écrivain danois, Hallenberg, qui s'est occupé de ces origines avec beaucoup de soin et de succès, fournit une autre explication plus probable, justifiée par une phrase de Procope; « les *Varangues* « (dit cet historien grec), gardes du corps des empereurs « grecs, sont des barbares venus de Thule (Angleterre) « qui portent des haches suspendues sur l'épaule. » Ces gardes du corps (selon Hallenberg) s'appelaient ainsi du mot latin corrompu *bargania*, devenu l'italien *bargagno* (pactum)— d'où le mot français « barguigner » marchander. C'étaient des troupes teutoniques qui louaient leurs services pour un temps et sous certaines conditions d'argent. Dans la langue latine du moyen âge en effet « bargania » et « barganisatio » signifient *contrat*, *traité*. « Barganniare » et « barguinhare » veulent dire faire un contrat, un pacte. Tel est encore le sens de l'anglais *bargain;* il est probable que l'origine première du mot fut celtique. On appelait encore ces *Varangues* ou *Barangues* « fédérés, alliés ». « Hommes du pacte », *phoiderâtoi*.

Avant même que les Varangues (qui sont les Varègues de l'historien russe Nestor) eussent conquis Novogorod, les Slaves de Russie s'étaient laissé asservir par une autre race, celle des Kozars, Au commencement du huitième siècle ces Kozars, dont les empereurs de Bysance étaient effrayés, étendaient leur empire depuis le Dniéper jusqu'au Don. En 859 les Teutons Varègue

ou Varangues, Askaldes et Dires, passèrent la mer et vinrent soumettre au tribut de guerre quelques-unes des hordes de l'Ilmen. « Les Slovènes, dit Nestor, refu-
« sèrent le tribut et renvoyèrent les Varègues de l'au-
« tre côté de l'Océan. » Il est bon d'écouter l'historien russe qui nous démontre à quel point le besoin d'un maître et celui de la dépendance sont mêlés au sang de ces populations. « Quand les Varègues furent
« partis, dit le chroniqueur, les familles entrèrent en
« querelle les unes contre les autres ; il leur fut im-
« possible de se gouverner elles-mêmes. Le sentiment
« de la justice était absent. Le peuple alors délibéra
« ainsi : — Il vaut mieux que nous nous choisissions
« un maître qui nous impose la loi et nous gou-
« verne : — Ils envoyèrent donc par delà l'Océan re-
« chercher les Varègues. On en distinguait de plusieurs
« espèces, Goths, Prussiens, Angles et Normands (Nes-
« tor les appelle Urmani). Parmi les envoyés slaves il
« y avait des Russes, des Finnois, des Krivitches et des
« Slovènes, tribus différentes : — « Nous avons (dirent-
« ils aux chefs Varègues) un pays grand, fertile, mais
« mal gouverné ; venez et commandez-nous. « Alors
« partirent les trois frères Rurick, Cineus et Truvor. »

Varègues ou Varangues ne sont donc pas des Francs, mais représentent toutes les populations scandinaves ou teutoniques ; et l'étymologie de Hallenberg est seule admissible. On voit éclater ici la faiblesse résignée de ces peuples ingénus, impuissants à se gouverner et qui l'avouent. Il semble que l'homme perdu dans ces vastes solitudes compare sa petitesse et ses forces bornées à l'immensité de la nature, à ces steppes infinis, à ces hivers redoutables, à ces vents glacés, et qu'il se

dise : « Si une force suprême ne relie pas en groupes
« vigoureux les individus épars, il n'y a point de salut
« pour eux.

Ainsi est née en Russie l'idée de l'État symbolisé
par un maître ; — idée asiatique ; elle règne partout où
les forces de la nature apparaissent écrasantes ; on la
retrouve en Afrique et dans l'Hindoustan.

Ce sont les latitudes tempérées, comme l'a dit Montesquieu, qui seules, laissant à l'individu son libre jeu,
créent la vraie civilisation, permettent à la personnalité humaine de prendre conscience de sa grandeur
libre, et balancent les forces vives et pondérées de nos
sociétés les plus fécondes, celles qui échappent au désordre sauvage et à la torpeur de l'ordre excessif.

N'est-il pas merveilleux de voir ces lois éternelles de
l'histoire en gouverner les phases avec une régularité
aussi constante que celle qui préside au cours des
mondes, et le développement de la Russie s'opérer
comme le développement de la France? La civilisation
russe ainsi que la civilisation française, est née d'une
double conquête ; pour la Russie les Varangues ont été
ce que les Romains furent pour nous ; les Mongols, population inférieure et barbare, ont joué le rôle des
Franks. Le monde slave s'est senti poussé incessamment
vers Constantinople, comme le monde germanique l'a
été vers Rome, par une impulsion irrésistible. C'est de
là en effet que les Varangues sont partis.

Ces redoutables gardes-du-corps des empereurs grecs,
tour à tour repoussés et acceptés comme suzerains par
les pâtres, les pêcheurs et les chasseurs du lac Ilmen, ne
tardèrent pas à se servir, pour satisfaire leurs désirs de
conquête, des instruments qu'ils avaient sous la main.

Bientôt on les retrouve à bord des bateaux ou chelandes russes qui suivent le cours du Danube, et qui, auxiliaires des Bulgares, vont attaquer Constantinople. Témoins quelques années auparavant de la faiblesse de l'empire bysantin, et peut-être mal payés de leur solde, ces *porteurs de hache* dont Anne Comnène admirait la force herculéenne et la mâle beauté — après s'être élancés à la conquête des lointaines régions de la Slavonie; — d'abord chassés, puis rappelés par des populations ignorantes, enrégimentent celles-ci, les disciplinent, les animent et les précipitent sur l'empire dont ils connaissent le magnifique climat et l'opulence. Au dixième siècle ces hommes *de la hache* germanique se montrent encore, non plus sur le Danube, mais sous les remparts mêmes de Constantinople.

Les Bysantins tremblèrent, et le danger était extrême. L'aveugle dévouement, la bravoure passivement mystique des masses slaves, mise en mouvement par la vigoureuse main des Varangues, renversaient tout. A cette double force les Bysantins opposèrent l'artifice. On sait la prophétie qui terrifiait les empereurs dans leurs palais : « L'empire sera conquis par des hommes « du nord aux cheveux blonds! »

Par un phénomène analogue à celui qui a constitué la France, le sang teutonique des Varangues devait aller bientôt se perdre dans la masse du sang slave. De même que les Franks et les Goths disparurent absorbés au sein de la race gallo-romaine du nord, du midi et du centre; de même les Varangues, hommes de race septentrionale aussi, mais ne formant qu'un noyau infiniment peu important quant au nombre, virent leur influence et leur génie s'éclipser au sein du monde slave qu'ils avaient conquis. L'élément galloromain, qui finit par l'emporter en France après l'accession de Hugues Capet, avait d'ailleurs quelque chose de plus puissant et de plus compacte que l'élément slave. En moins de deux siècles le génie oriental, ou, si l'on veut, le slavonisme ineffaçable de la race reparut; les conquérants tatares imposèrent une soumission facile; et l'esprit d'individualité, de responsabilité, de liberté germanique s'évanouit.

Ainsi se forma cette nationalité russe dont le vrai centre est aujourd'hui non à Saint-Pétersbourg, — le mot même est germanique (Peter's-burgh), — mais à Moscou, ville des souvenirs et des traditions. Si la Moscovie réussit, elle ralliera autour d'elle toutes les molécules flottantes dans l'atmosphère vague du monde slave; le noyau solide destiné à opérer une attraction invincible sur les éléments ambiants est déjà formé, bien que ces éléments offrent peu de résistance. Le sentiment de la personnalité leur manque. La faiblesse passionnée des individus, cette violence haineuse qui ne leur permet pas d'accepter le droit comme régulateur suprême, appellent la puissance absolue. On se dispute, on se bat, on s'égorge; il faut un maître. L'histoire des tribus slaves n'est autre chose que la chronique de leurs luttes sanglantes et intestines. M. Cyprien Robert qui a fort bien éclairé toutes ces origines, nous montre les Slaves du Sud enflammés les uns contre les autres d'une profonde et incurable animosité. L'habitant de la Petite-Russie abhorre le citoyen de Moscou qui lui a enlevé son indépendance. Le Bulgare déteste de toute son âme le Servien et le Slovaque. Rien de plus ardent que le courroux du Russe contre le Polonais et que la juste et profonde rancune du Polonais contre la Russie. Opprimés aujourd'hui, les Polonais furent maîtres autrefois : les Russes se rappellent encore la manière dont on a traité Moscou. Cette haine indélébile et mutuelle des races, cruel symptôme de faiblesse, arrachait des cris de douleur à la sagacité de Machiavel, qui la retrouvait avec désespoir dans l'Italie abaissée, et qui demandait un maître, — « apte à porter remède, le seul remède possible (croyait-il) à ce douloureux énervement. »

La vie politique russe se compose donc d'un despotisme appaisant les différends.

La vie politique anglaise au contraire est la lutte ardente des individualités qui cherchent leur place et se combattent en se respectand.

Que deviendra l'Angleterre ? Changera-t-elle d'habitudes et d'institutions politiques ? Est-elle sur le bord de sa décadence, comme M. Ledru-Rollin a voulu le prouver ? Est-elle destinée à monter encore ? A quelles causes faut-il attribuer sa grandeur, c'est à-dire sa richesse, son pouvoir, son industrie et son influence ? Que de problèmes ! et quels problèmes !

M. Gouraud espère les résoudre. Il veut plus. Il dessine le plan historique, déblaye le terrain, fait apparaître les assises premières de ce puissant édifice, et démontre comme il s'est bâti. L'esprit commercial de l'Angleterre le frappe avant tout. La voilà ! la voilà, dit-il, cette source première d'un accroissement merveilleux ! *Des Progrès du commerce en Angleterre et de son influence sur la prospérité publique*, devrait être le titre de son livre qui, s'annonçant ainsi, eût semblé meilleur. *L'Angleterre a l'âme marchande*. Je n'aime pas que l'on vante si haut l'*âme marchande* d'un pays qui a produit Sidney et Newton, Bunyan et Pitt, Goldsmith, Fielding, sans compter une foule de personnages austères ou désintéressés. Il ne suffit pas de cette âme « marchande » pour expliquer l'Angleterre. Parlez donc de la force morale, de l'individualité active, du développement libre que les Anglais appellent l'*exertion*. Faites attention à ce mot — *exertion*, — à son origine, qui n'est pas « *exercere* », mais « EXERERE » (tirer de), et qui en dit plus qu'il n'est gros, comme s'exprime le maître de M. Jourdain.

Allons plus avant dans cette explication développée : sans *l'exertion*, sans l'énergie de l'individu qui « tire » de sa vie (*exerit*) tout le parti qu'il peut ; — la petite île britannique, si peu importante comparativement à l'Italie, à la France, à la Grèce, quel rang aurait-elle tenu dans l'histoire du monde ? Elle a compris la nécessité du labeur ; elle a travaillé double. Elle a supprimé les trois quarts des vieilles fêtes, elle a cessé d'être Merry England, elle a embrassé une religion sévère et mené la dure vie d'un cadet qui veut arriver. Des ministres d'état anglais travaillent plus assidûment, se lèvent plus tôt, portent le poids d'un labeur plus rude que le dernier de nos commis. La machine humaine n'est pas toujours assez fortement trempée pour cet énorme labeur. Castlereagh, Canning, sir Samuel-Romilly sont tombés à moitié chemin. Ce labeur étant le salut de la communauté, chacun respecte le grand labeur du voisin. Nous, Welches, nous nous inquiétons fort si le voisin travaille trop : *Va-t-il tout prendre ?* De là aux théories du communisme sans travail il n'y a qu'un pas.

J'attribue donc au travail tout simplement, — et ce capital est énorme — ce que Delolme attribue à un certain mécanisme, M. Gouraud au commerce, certains observateurs à la réforme religieuse, d'autres penseurs au sytème des majorats, à la puissance territoriale et héréditaire, d'autres encore à la seule habileté politique des Chatham et des Pitt; — non pas au travail esclave, labeur de brute, entendons-nous bien, mais au travail moral attestant la volonté, créant la liberté, conservant la dignité, élevant l'âme, le corps et l'esprit, ennoblissant l'individu. « Nous ne sommes pas libres, « dit excellemment le *Westminster Review*, parce que « nous avons une Constitution, mais nous en avons « parce que nous sommes *libres*. » Vous trouverez ce mot chez Platon, Montesquieu, Aristote et Joseph de Maistre; la formule diffère, le sens est identique.

C'est bien l'avis du nouvel auteur, mais il en donne une raison médiocre. « L'Anglais, à ce qu'il croit, est une *qualité d'homme* (voilà un mot bien commercial, qualité de la houille ou du fer!) supérieure à la nôtre. » En vérité! Et notre race? Et les Romains? Oh! les Romains n'avaient pas *l'âme marchande*, et Cicéron a parlé du négoce avec peu d'estime. Ceux-là n'ont fait que la guerre; jamais ils n'ont servi la civilisation réelle, qui vit de commerce, surtout du commerce anglais. Ainsi les grandes routes splendides dont vous admirez partout les traces n'ont pas servi le commerce! Ainsi l'administration romaine, si grande et si bien ordonnée, n'a pas été utile à la civilisation!

Je traversais récemment un coin de l'Europe peu visité, et le paysan à qui je demandais ma route m'indiquait la *vieille chaussée*, la voie romaine, tracée dans la montagne que ces mains de maîtres avaient fendue. Que cet engouement me blesse! En face de ce panégyrique excessif je sens s'éveiller en moi tous les sentiments nationaux; les grands noms français reparaissent, depuis les hommes des Croisades jusqu'aux plus récents; je les revois tous, doués d'une si vive puissance de sympathie et de ce que Mirabeau père appelait le « don prodigieux de la familiarité. » Je me souviens alors que cette faculté magique a exercé sur le monde une influence immense servie par notre beau langage, si facile et si difficile, incomparable instrument de clarté, de nuances, de sociabilité et de propagande. L'éducation de l'Europe, que nous avons reprise, continuée, achevée vers le Nord, depuis Richelieu jusqu'au ministre Necker, me revient aussi en mémoire. Je ne trouve pas que saint Louis et Pascal, Villehardouin et Vincent de Paul fussent d'une qualité si inférieure. Je suis tenté alors de ne tenir compte à l'Angleterre d'aucun service rendu au monde et de lui reprocher l'Irlande baignée de sang par Cromwell, l'Hindostan dérobé plutôt que conquis, la longue iniquité de ses annales sanglantes; tout me semble exécrable dans cette Angleterre trop vantée. L'injustice appelle l'injustice, « comme l'abîme appelle l'abîme! »

Laissez donc à chaque peuple sa mission propre et sa grandeur personnelle. *Il y a plus d'une place dans la maison de mon père :* cette loi évangélique domine l'histoire comme la société et le monde moral. La France, entre 1640 et 1710, était-elle donc, ainsi que l'expose M. Gouraud dans un parallèle offensant, un peuple de lâches à genoux devant un roi avili? Ne reproduisez pas ce vieux blasphème contre Louis XIV et cette peinture douloureuse, humiliante et fausse, qui représente le monarque mené en laisse par Madame de Maintenon dans son alcôve, jouet de passions décrépites auxquelles il sacrifie son peuple ! Ardemment, vivement, et comme un seul homme, la France marchait avec Louis XIV ; elle marchait avec La Bruyère, Bossuet, Madame de Sévigné, avec les esprits délicats, et les génies puissants, et le vulgaire, et la cour, et la bourgeoisie. Un très petit groupe résistait seul ; car nous marchons en troupe, et *le principe de l'unité séduit la France ;* c'est une juste observation de M. de Rémusat dont on reconnaît la manière vive et le trait profond. Ce principe de l'Unité, qui organise, administre, concentre, ne peut être traité en paria de l'histoire. Vaincu sur l'échafaud sanglant de Charles Ier, exilé du trône et des îles britanniques avec Jacques II, vaincu de nouveau avec Louis XIV vieillissant ; les défaites de ce principe monarchique, les unes honorables, les autres sanglantes, sont des raisons pour le respecter. C'était alors le principe national ; les belles intelligences et les honnêtes cœurs trouvaient juste et nécessaire même la faute du règne, la destruction de l'édit de Nantes. Mesure populaire, il faut bien en convenir de 1665 à 1680, mesure désirée, demandée, approuvée, applaudie par la France entière. Lisez Guy Patin écrivant en 1665, La Bruyère en 1689.

Que le principe de l'unité (dont je n'examine ni l'utilité dans l'avenir ni la résistance acharnée au moment où le dix-huitième siècle commençait) ne vaille pas le principe contraire ; qu'il ait été vaincu par Guillaume III et par l'Angleterre : à la bonne heure. Mais ne calomniez ni la France, ni Louis XIV, ni le principe. Le soldat se battait à son poste, et toute la France était ce soldat; un penseur unique dont on commence à dire beaucoup de mal, ce qui est mauvais signe, Saint-Simon (l'honnête et amer esprit que nos âmes énervées accusent aujourd'hui de calomnie, comme les gens de Byzance accusaient le grand Tacite), osait seul blâmer la destruction des protestants, ce manque de foi, cet acte cruel, ce crime funeste. Saint Simon ! Lui ! si bon catholique ! Et seul de son temps ! C'est un honneur immortel.

M. Gouraud procède d'ailleurs à la française et n'apporte à ses enthousiasmes ni modifications, ni limites. Les crimes politiques de Henri VIII ont servi l'humanité. La littérature anglaise éclipse toutes les littératures. Bede, Alcuin, Scot, Erigène ont dès l'origine honoré la littérature anglaise. (Remarquez qu'ils n'ont écrit qu'en latin.) *Junius* parle et « *l'univers écoute !* »

Je m'arrêterai un moment sur Junius, d'abord parce que cette mention de l'univers qui écoute Junius dépasse toutes les bornes de la vérité, ensuite parce qu'il me semble que beaucoup d'idées et de faits accrédités à cet égard méritent quelques rectifications. *Junius* n'est pas l'expression vraie, suffisante, absolue, complète, mais le produit excessif et violent du génie anglais et de sa fournaise politique au dix-huitième siècle. Ce métal de Corinthe en est sorti; merveille de style, modèle d'invective austère et ardente ! Quelle concision ! quelle concentration ! Un écrivain pénétré de l'étude de Démosthènes et de Thucydide a pu seul forger et décocher ces flèches empoisonnées. A mesure que l'exécuteur impitoyable fait pénétrer l'acier dans les chairs vives, l'y retourne, les creuse, fouille et l'y enfonce, on éprouve comme une angoisse physique. Assurément c'est un cruel chef-d'œuvre.

Mais Junius n'est pas *écouté de l'univers*. Il n'a écrit qu'un pamphlet de circonstance, terrible, borné, passionné. On ne lit plus guère ses *Lettres* hors de la grande-Bretagne, encore moins les relit-on. *L'univers* n'a plus à s'embarrasser des maîtresses du duc de Grafton, de carreaux cassés en l'honneur de Wilkes et des mœurs de Horne-Tooke. Si les Anglais ont longtemps souffert, s'ils supportent même encore de telles satires, s'ils ont encouragé le dur Hogarth, le virulent Churchill, le terrible Swift et l'acerbe Junius, c'est par respect pour le droit de chacun. Que chacun parle à son tour, dise ses raisons, attaque, se défende, frappe l'ennemi, pare les coups portés, prouve sa force, donne sa mesure, laisse *beau jeu* (fair play) à l'adversaire et use du même droit; tout cela est conforme à ce vieil esprit farouche que je viens d'indiquer, dont je reparlerai plus tard et dont la source est germanique.

Les Anglais respectent le *Ich*, le *moi*.

Ce respect, marié à l'activité laborieuse dont j'ai parlé, s'est préservé et a grandi en Angleterre de siècle en siècle, de phase en phase, de révolution en révolution; c'est l'Angleterre elle-même. Il a fait de cette race peu sociable quelque chose de solide et sachant se gouverner. C'est lui qui a donné carrière à *Junius*, à *De Foë* à tous ces pseudonymes masqués singulièrement dont nous avons fait connaître ailleurs l'histoire (1), et que le développement des mœurs britanniques favorisait.

(1) On peut consulter à ce sujet nos *Études sur le dix-huitième siècle en Angleterre*.

Revenons à Junius.

Je ne puis chasser l'idée que Burke s'est donné ce passe-temps, très-utile à son parti. Les juges les plus compétents ne partagent pas mon opinion, je le sais. Mais si l'on veut lire l'*Athenœum* anglais des dernières années, on y verra qu'une lueur très originale vient d'éclairer le caractère moral de Burke. Des parties entières de sa vie, des relations pécuniaires et de bourse, des manœuvres secrètes, tramées de concert avec son frère et sous des noms divers, sont restés jusqu'ici tout à fait indéchiffrables. Moral sans aucun doute, d'une vertu stricte et même austère; excessif dans ses vues, passionné dans ses haines, immodéré dans le désir du bien; on le voit, à la fin de sa vie, refuser de tendre la main à son adversaire politique Fox; concession que lui indiquaient tous les sentiments généreux et honnêtes. La même immodération ardente et misanthropique (un compromising), le même défaut d'indulgente tolérance, l'égarent dans la conduite du procès de Hastings. Dans l'exercice de l'art oratoire et du style Burke ne se montre ni moins singulier, ni moins amoureux des détours, des nouveautés, des changements de front; il ose tout, il simule tout, pourvu qu'il atteigne un but honnête, ardemment poursuivi. Il débute par une imitation du style de Bolingbroke, tellement habile que lord Chatham y est trompé. Il prend tous les styles, essaie tous les masques et s'en fait un jeu. Entre les arides chapitres de son *Essai sur le Sublime* et la diction pompeuse de ses discours contre Hastings quelle distance! Quelle ardeur véhémente et quelles images accumulées dans son pamphlet contre la France! Tout à coup, dans sa dernière défense, œuvre arrachée par l'insulte à la colère, l'acier de Junius reparaît (1). C'est toujours assurément le philosophe Burke, l'éloquent Burke; mais c'est surtout Burke le mystérieux, l'étrange et l'inconnu.

L'étude de ces singularités, qui tiennent d'une manière intime au développement britannique, offre un intérêt vif et ne doit être l'objet ni du panégyrique ni de l'invective. Il ne faut point calomnier la France parce qu'elle est autre et qu'elle a de la peine à les comprendre. Sociale et sociable, elle n'a jamais aimé, j'en conviens, cette force dure, cet isolement dans la conscience, qualité un peu farouche, qui a ses dangers et sa grandeur.

Si j'aime l'Angleterre, c'est comme la grande école de la volonté et du travail (2); — comme le pays où l'on respecte le moins cette niaise idole, le respect humain; où le souffle des sots ou des méchants réunis en troupe et se mettant à braire de compagnie, conduits par le premier muletier fort dans son art, a le moins de pouvoir; — c'est comme le pays, qui dans ma triste jeunesse m'a donné si bon accueil, et qui m'a enseigné, ce dont je lui serai toujours reconnaissant, la valeur individuelle, la valeur propre et égale de l'homme pris en lui-même, responsable envers Dieu seul; — le pays qui enseigne le mieux le mépris de tout ce qui prétend asservir la pensée et l'enchaîner à l'exemple ou à la coterie, à la cupidité ou à la mode, — la terre classique du courage moral.

(1) *Voyez* M. de Rémusat. *Dix-huitième siècle en Angleterre*, art. Burke.
(2) *Histoire des causes de la grandeur de l'Angleterre.*

LES

CANTONS DE LA SUISSE CENTRALE

LES
CANTONS DE LA SUISSE CENTRALE

Il y a plusieurs Helvéties. L'esprit de localité, de spécialité est empreint sur la Suisse : Dieu l'ordonne ainsi. Voulez-vous que l'Helvétie adopte des idées et des mœurs homogènes? aplanissez ses montagnes, jetez-les au fond de ses lacs, avec leurs neiges et leurs glaces : alors la Suisse sera uniforme.

Sans cela vous ne réduirez jamais ce pays à l'unité du gouvernement, de la religion ou des idées. La fédération qui la régit est le seul mode qui lui convienne; et Napoléon, dont l'ambition conquérante était une ambition intelligente, ne s'est pas trompé à cet égard. Il s'est contenté du protectorat de la confédération Helvétique; il a laissé les hommes des vallées et des collines se gouverner selon leurs coutumes antiques; l'idée de briser la statue de Tell ne lui est pas venue; heureux s'il avait professé pour la nationalité espagnole et l'isolement russe le même respect, la même vénération !

Ces deux nationalités ont brisé l'épée qui avait renversé de vieux trônes. En Suisse, les fractions du patriotisme universel sont isolées sans doute, mais elles se maintiennent dans un état de ferveur et de vigueur extrêmes; abritées, par des remparts naturels, sûres de trouver des appuis autour d'elles, fières d'une vieille indépendance, il serait plus facile encore de les armer les unes contre les autres, que de les ployer sous un joug commun ou de leur faire accepter une protection suzeraine.

Je ne crois pas que l'Europe armée ou la France envahissante obtinssent ou se fissent aisément passage à travers la Suisse. Elle tient les clefs de l'arène; elle peut ouvrir ou fermer la barrière; la nature a fait, pour ce petit pays pauvre, plus que les Vauban et les Carnot n'auraient jamais accompli. Les grandes puissances lui envoient leurs ambassadeurs; elle sait à quoi tendent ces ambassades. Chacun veut se ménager la protection ou l'amitié du pays maître d'élever ou d'abaisser une digue entre les deux zônes ennemies : l'intérêt diplomatique de la France, d'accord avec l'orgueil de la Suisse, nous sollicite de tenir toujours fermée la barrière dont nous disposons Quant aux nations du Nord, elles font valoir une commune origine, des mœurs sorties du même berceau, la similitude de langage; et elles cherchent à se faciliter, au moment où il leur plaira de tomber sur les plaines françaises, un libre passage à travers les gorges des *Ligues Grises* et les sentiers de *l'Oberland*. La diplomatie du Nord s'arme aussi de plusieurs arguments accessoires; la plupart plus spécieux que solides, et qui s'adressent à l'intérêt.

Que la Suisse se jette dans les bras de la Prusse; et la navgation du Rhin sera ouverte au commerce helvétique, aujourd'hui singulièrement borné; qu'elle soit la portière complaisante, toujours prête à donner accès aux armées du Nord, toujours inaccessible aux séductions du Midi ; et mille sources d'industrie s'ouvriront pour elle, accroîtront sa richesse, emploieront ses hommes et la mêleront activement au mouvement civilisateur de l'Europe.

La France trouve peu de difficulté à réfuter ces arguments, à neutraliser ses influences ; elle a pour elle l'orgueil, l'habitude, les passions plus fortes que les intérêts. La *neutralité* est le grand mot de la Suisse, son point de ralliement, son cri de guerre ! Quand je traversai le canton de Vaud, et que j'entendis un chœur de jeunes gens réunis dans une auberge entonner à la fois un chant patriotique, dont le refrain était *Vive la neutralité !* je fus étonné de cet enthousiasme et de la nature anti-poétique du mot qui l'excitait et qui l'exprimait. Je comprenais mal tant d'exaltation pour le repos, tant d'enthousiasme pour l'état neutre. Mais soulevez l'écorce d'une phraséologie inaccoutumée, allez plus loin que le mot, plus loin même que l'idée, pénétrez jusqu'à la passion qui s'y cache ; vous reconnaîtrez l'ardeur de l'indépendance sous cette nveloppe d'indifférence prétendue. En chantant la neutralité, la Suisse chante son propre orgueil. Elle veut n'obéir à personne, n'ouvrir à personne, ne céder à aucune influence. C'est là ce que l'Helvétie actuelle possède de plus vital ; là est son avenir. C'est l'air salubre qui la maintiendra longtemps prospère.

Il ne faut pas croire cependant que cette atmosphère de liberté pure parvienne à se rendre maîtresse absolue de toutes les influences et à les paralyser. Non seulement la démocratie et l'aristocratie subsistent en Suisse, en face l'une de l'autre, hostiles et violentes; mais il faut y distinguer l'esprit du nord et le génie du Midi, l'attachement au passé et la marche civilisatrice, la nationalité allemande et les souvenirs français. le catholicisme et le protestantisme. Tous ces éléments se groupent dans les divers cantons de la Suisse avec une bizarrerie, capricieuse en apparence, mais dont l'origine s'explique si l'on consulte l'histoire et le passé. Le résultat définitif de tant de variétés et de contrastes, c'est un retour et une vibration nécessaires de l'ensemble vers la neutralité dont je parlais tout à l'heure; si chacun voulait satisfaire ses passions, trop de conflits feraient couler trop de sang. Souvent même les passions d'une seule localité sont contradictoires, et conservent, dans leur contradiction même, des dégrés d'intensité égale qui s'annullent mutuellement.

La jeune Suisse, la population de vingt à vingt cinq ans est en général favorable à la France; la haine contre les Français s'est concentrée dans quelques vieilles têtes chenues que la révolution française a épouvantées et frappées. Quant aux petits cantons du centre ils sont profondément anti-français; Zug, Glaris, Underwald, Appenzell, soumis à la démocratie et aux croyances catholiques les plus ardentes. L'impiété supposée des français, les violences de nos soldats en 1798, les prédications des ministres de l'autel ont laissé dans tous ces cantons (qui sont pour ainsi dire le cœur antique de la Suisse libre), un ferment d'animosité ardente contre tout ce qui se rapporte à la France.

Une profonde ligne de démarcation signale la partie catholique de la Suisse. Quelques symptômes paraissent annoncer que cette ligne s'effacera un jour ; mais avant qu'un laps de temps fort long s'écoule, les caractères tranchés de ces deux zones ennemies se laisseront facilement reconnaître.

Partout en Suisse le catholicisme s'allie à la pauvreté, à l'amour des anciennes coutumes, à l'ignorance ; — mais aussi au patriotisme, au culte des aïeux, au besoin ardent de l'indépendance. Vous trouvez le protestantisme invariablement uni à l'industrie, à l'activité, au désir du progrès, à la richesse et à un patriotisme beaucoup moins actif. Les cantons démocratiques par exemple, ceux qui composent le vieux cœur de la Suisse libre, ceux qui forment son antique et noble centre, Uri Underwald, Glaris, Zug, Schwitz, sont catholiques jusqu'au fanatisme. Une loi ancienne de ces pays défend à tout protestant d'y devenir acquéreur ou possesseur d'un domaine quelconque ; mesure fatale aux cantons catholiques, maintenue par la superstitieuse ferveur des paysans. Cette loi n'a pas encore pu être détruite ; les entraves qu'elle apporte ont produit les résultats nécessaires ; et Zurich, où le protestantisme est la religion dominante, prospère et fleurit, à quelques lieues du pauvre canton de Zug, voué au catholicisme. De toutes parts des manufactures surgissent à Zurich ; un chemin de fer et une voiture à vapeur unissent cette ville à Berne et à Lucerne d'une part, et d'une autre à Coire, capitale des Grisons ; son commerce et son industrie s'élargissent et s'étendent à la fois. Pénétrez dans Zurich, le bruit des manufactures de toile et des fabriques de soie frappe votre oreille : vous croyez entrer à Lyon ou à Glascow ; un air de prospérité règne autour de vous ; à la propreté suisse se joint une sorte de luxe recherché. De Zurich protestant revenez au petit bourg catholique d'Arth, en traversant le lac. Tout est changé; la croix du Sauveur se montre plus d'une fois à vos regards, vous entendez les longues et sonores vibrations des cloches, se prolongeant à travers l'air pur, bondissant dans les cavités du mont Pilate et dans les rouges cavernes du Rigi. Mettez pied à terre, vous verrez de fort belles statues en pierre grise, représentant le Christ sur l'instrument du supplice; vous verrez ces statues douloureuses, symboles d'un culte mélancolique, dominer de petites maisons tristes, vieilles, mais sans décrépitude; antiques, non brisées par le temps; couvertes de peintures du moyen-âge, que le souffle des siècles a seulement effleurées. Si c'est jour de marché, vous vous étonnerez du peu de commerce qui suffit au centre d'une population de 15,000 âmes. Quelques charrettes attelées de bœufs amènent du blé. Des mouchoirs et des chemises sont exposés en vente; les auberges seules, celles du *Cerf* et celle du *Bœuf* profitent de l'arrivée des étrangers qui veulent visiter la chapelle de Tell, le chemin creux de Kussnacht ou le monastère voisin d'Einsielden. Au sortir de la ville, quelques enfants vous demanderont l'aumône; ou des femmes descendant le petit escalier de leurs chaumières construites en bois de sapin sur le bout du lac, vous prieront de monter dans leurs barques. Leur voix suppliante et inquiète vous révèle leur misère et vous attriste l'âme, bien que le plus beau jour éclaire les eaux bleues du Zuger-See et les noirs sapins des hauteurs onduleuses qui les festonnent.

Par un renversement de toutes les idées reçues à Paris et à Londres, le parti du passé, le parti catholique et conservateur a son centre dans la campagne des petits cantons; c'est en même temps ce parti qui se dit républicain, qui se nomme éminemment démocratique. Il flétrit comme *aristocrate* le parti des bourgeois qui voudrait une meilleure instruction primaire, moins d'ignorance, une dévotion plus éclairée, plus d'industrie, de meilleures routes et un emploi plus facile d'un capital souvent considérable (proportionnellement aux communes) et toujours inactif. La ville de Zug par exemple, a deux millions qui dorment depuis deux siècles ; les jeunes veulent que l'on fasse des routes et des promenades. Les vieillards crient bien haut que l'on va dilapider leur trésor, et le clergé catholique se montre favorable aux idées rétroactives ou stationnaires. Comme en Espagne et en Italie, il craint la destruction du passé ; il le protége et croit se protéger lui-même, en excitant la ferveur sans éveiller les lumières, en frappant d'anathème toute nouveauté, en consacrant pour ainsi dire l'ignorance et l'inactivité de la population. Il faut adresser surtout ce reproche aux jésuites de Fribourg, dont l'influence domine toute la Suisse catholique. Qu'ils se souviennent de l'ancienne mission du christianisme, si puissant, si adoré, si complétement divin, tant qu'il fut civilisateur. Si les guides de la Suisse catholique ne prêtent pas secours au pays en stimulant son émulation, en élargissant ses idées, en secondant son instruction, elle court risque non seulement d'être dépassée (elle l'est déjà), mais complétement écrasée par la civilisation protestante. Dans Appenzell et Saint-Gall, d'où le protestantisme n'est pas entièrement banni, si vous apercevez une belle maison sur la route, soyez certain qu'elle a un protestant pour propriétaire ; si c'est une masure, elle est catholique. A Berne et à Bâle toute la richesse, tout le commerce se sont concentrés dans les mains protestantes. L'herbe pousse dans les rues de Constance, la grande ville des conciles, la ville romaine.

Le principe monarchique soutenu par les puissances du Nord révolte les cantons catholiques; et l'égalité rustique de leurs mœurs professe pour la Prusse féodale et l'Autriche soumise à un despotisme pacifique l'aversion le plus prononcée. Aussi ces cantons, anti-français par sentiment, mais anti-monarchiques avant tout, graviteraient-ils vers la France, dans le cas d'une collision entre les deux principes de la révolution française et de la légitimité septentrionale.

C'est vers ces petits domaines libres qu'il faut diriger ses pas, si l'on veut voir la démocratie pure dans son action réelle. Le landamman a huit livres sterling de traitement annuel; chacun des conseillers en reçoit quatre. Tout homme, qui a dix-huit ans et qui sait lire, donne sa voix à l'assemblée du 1er mai. Dans le canton d'Appenzell il faut porter son épée à cette réunion, qui cependant est plus bruyante que sanglante. On s'expose à perdre pendant un an les droits de citoyen, si l'on manque ce devoir. Schwitz et Zug élisent aussi leur landamman; on lève la main pour le candidat que l'on préfère ; et ces mains levées se transforment quelquefois en poings menaçans qui se ferment pour livrer bataille. Les hommes éclairés accusent les Jésuites de Fribourg, dont l'action se fait sentir sur toute la Suisse catholique, d'ourdir des intrigues qui tendent à influencer le choix des cantons et à placer le pouvoir annuel entre les mains de leurs amis les plus dévoués : aussi les plaintes de la portion la plus jeune de de communauté, de celle qui cherche un avenir plus actif et plus brillant, de celle qui se rattache au mouvement libéral de l'Europe, ces plaintes sont-elles amères et vives. « Pourquoi laisser la Suisse centrale manquer de routes? ne pas profiter des moyens d'irrigation et des chutes d'eau qui s'y offrent à chaque détour de rocher? Pourquoi si peu d'encouragements aux manufactures, si peu de soins donnés à l'éducation populaire? pourquoi cette instruction pédantesque, cette éternelle éducation parquée dans la routine du latin et du grec et dans une dévotion étroite? pourquoi entretenir parmi nous l'horreur de l'étranger, dont le commerce nous apporterait les lumières avec la richesse? Nous ne payons point d'impôts; notre terre est libre de toute rétribution et de tout servage, elle est féconde; exploitons-la. Le grand commerce de bestiaux que fait la Suisse centrale avec l'Italie deviendrait une mine d'or, si les chemins étaient praticables; continuons les lignes de route commencées pendant ces derniers temps : et que la richesse et la prospérité de l'industrieuse et protestante Zurich, le canton le plus brillant et plus éclairé de toute la Suisse, soit une leçon pour nous. »

Ainsi s'exprime l'opposition, le jeune parti du progrès dans la Suisse centrale : de telles idées et de tels germes se développeront un jour avec une énergie infaillible. Mais aujourd'hui rien ne contraste plus bizarrement avec la situation séculaire des états dont je parle, que ces vives paroles, ces espérances de commerce, ce mouvement impatient et intérieur. Au moment même où un jeune Suisse, qui fumait son cigare sur la jetée, me disait toutes ces choses en français mêlé d'italien et d'allemand, le soleil se couchait dans de tristes nuages qui s'appesantissaient sur le lac de Zug. Le flot mélancolique venait frapper de coups réguliers une ou deux barques longues et étroites, amarrées sous leur abri de bois de sapin. Une petite lumière qui se doublait en se répétant sur l'onde noirâtre annonçait au loin le village de Chraam; la cloche tintait sept heures avec un accent guttural, particulier aux cloches Suisses, et qui semble une imitation du vieux dialecte allemand que les Suisses d'ordre inférieur ont conservé; leur parole est celle du XIV° siècle. Pas un bruit, pas un mouvement dans les rues, qui semblent copiées pour un opéra nouveau sur quelque gravure d'Albert Durer. Un murmure confus, alternativement composé de voix d'hommes et de femmes qui se répondent, annonce que la petite chapelle noire, voisine du rivage, est remplie d'une communauté qui célèbre vêpres. Il n'y a pas même un fallot qui coure la ville, comme dans les provinces les plus désertes de la Bretagne ou de l'Écosse. Tout le monde s'est couché avec le soleil. Un rayon de lune vous laisse discerner ces toits en étages dont chaque pente est un petit escalier, et que l'architecture du moyen-âge a construits avec une régularité d'angles rentrants et saillants si minutieusement curieuse. Les dix ou douze fontaines de Zug bruissent dans le silence universel. Si vous voulez savoir où se réfugie à huit heures du soir la haute société, entrez à l'auberge. Cette petite salle longue, cette table aux bancs de bois, ces *schoppes* (chopines) de vin blanc placées devant chaque buveur, ce petit pain de seigle qui accompagne la schoppe, vous rappellent encore les antiques tableaux allemands où l'artiste a représenté la Cène de Notre-Seigneur. A Stanz, à Glaris, à Uri, à Saint-Gall, la scène est la même; et vous vous arrêtez devant plus d'une tête caractéristique, sillonnée par l'âge, l'activité et le travail, intelligente et attentive, calme et réfléchie, n'exprimant ni la vanité, ni la mobilité de la passion; têtes dignes de Holbein. On s'étonne que le XIXe siècle ait pu rayonner jusque-là. On se demande quelle est cette puissance divine qui, pénétrant comme les gaz subtils dans les substances les plus dures, sait triompher des mœurs, des habitudes et de l'isolement; quel est ce magnétisme des pensées humaines qui, en plein XIXe siècle, jette dans une ville de l'an 1400 quelques-uns des désirs et des lumières de Paris et de Londres?

Quand fructifieront-ils? Dieu le sait. Quand cette civilisation lèvera-t-elle l'ancre? La ville de Zug, celle de Stanz, celle de Saint-Gall, accroîtront-elles leur somme de bonheur en exploitant mieux leurs capitaux, en faisant valoir mieux leurs ressources? L'avenir a le secret de ces énigmes.

De plus hardis les résolvent au hasard, dans le sens de leurs passions personnelles ou de leurs préjugés. Nous, modestes et simples voyageurs, remarquons seulement l'étrange, l'intéressante situation de ces petits états; ils renferment dans leur sein conservateur une grande masse de vieilles habitudes et de vieilles vertus; et près de leur passé intact et en quelque sorte immémorial ils donnent place aux germes d'un avenir sans bornes, à toute la civilisation de notre temps, certaine d'éclore dès qu'elle est semée.

Les symptômes du progrès industriel sont nombreux en Suisse ; ce ne sont pas de simples germes, des espérances, des paroles, des désirs. Le magnifique pont suspendu (en fil de fer) de Fribourg est le plus hardi de l'Europe. Toutes les expériences de la sagesse américaine, quant au système de pénalité, ont été adoptées à Berne ; la prison est plutôt un pénitentiaire qu'une geôle ; le coupable qui parvient à s'évader ne subit point de peine nouvelle s'il est repris, et les hommes condamnés aux travaux forcés sont employés à herser, à faner, à bêcher, à moissonner ; souvent mêlés à d'autres travailleurs libres. Leur costume seul, gris rayé de noir, les fait reconnaître. Point de honte nouvelle et surérogatoire qui ajoute un supplice à leur supplice. La constance de leur labeur et la bonté de leur conduite sont ordinairement récompensées par un adoucissement dans leur vie. Tout cela n'empêche pas que le souvenir du moyen-âge ne revienne encore s'asseoir auprès de ces nouveautés philosophiques. Ces quatre pierres carrées que vous apercevez en dehors de la ville et qui s'élèvent comme une petite plate-forme avec un trou au milieu ; c'est le trône du bourreau de Berne ; c'est l'échafaud. Il reste là en permanence, et les Bernois ne se mettent pas trop en peine de concilier les deux systèmes.

Dans les petits Cantons du milieu les gens de la campagne sont attachés au passé conservateur, et opposés au libéralisme, à l'innovation, à l'industrie ; à Neufchâtel et à Bâle, la campagne au contraire est innovatrice, industrielle, révolutionnaire. Dans une grande partie de la Suisse vous retrouvez cette scission marquée de la campagne et de la ville. Les messieurs d'une part, les paysans d'une autre, cherchent à pousser le gouvernement dans des directions différentes. Les travaux agricoles sont de si haute importance pour le pays, les pâturages et les récoltes, l'entretien des bestiaux, leur éducation et la fabrication des fromages entrent pour une somme si considérable dans les ressources totales de la Suisse; l'étranger emmène tant de chevaux, de bœufs et de vaches, et la consommation des produits agricoles est tellement assurée, que jamais le pâtre et le paysan de Glaris, de Zug, et d'Appenzell, ne dépendront de leurs bourgeois comme le paysan (français ou anglais) dépend de l'homme des villes.

Le laboureur de Zug est tout au moins l'égal du négociant et de l'administrateur. L'importance et les prétentions de la campagne augmentent quand elle est à la fois industrieuse et riche, laborieuse et éclairée comme à Neufchâtel. Alors elle veut ses droits; elle sent sa force; elle demande à grands cris tous ses priviléges; elle est aussi radicalement révolutionnaire que l'industrie de Manchester ou de Birmingham.

Le voyageur chercherait vainement en Europe un spectacle plus curieux que la campagne de Neufchâtel. Le Locle, la Chaux-de-Fonds et tout le pays qui suit le cours de la Reuss, n'ont d'analogue nulle part. Le contraste extraordinaire qui fait le charme et la grandeur spéciale de cette contrée, s'est accru et s'est plus profondément creusé depuis que J.-J. Rousseau l'a signalé au monde. La nature est restée la même; sa magnificence sauvage n'a rien perdu; les pins bruissent toujours aux sommets chenus des montagnes et les sources se précipitent toujours de leurs fronts chauves. Mais ce ne sont plus quelques chaumières habitées par une centaine d'ouvriers industrieux. Les petits toits rouges des maisons, leurs persiennes vertes, leurs murailles blanches se sont multipliés; vous diriez des maisons de plaisance. Leur coquetterie parée, propre et riche semble inventée par la fantaisie d'un peintre, plutôt que née dans un paysage réel. L'industrie qui ordinairement se groupe, se concentre et paraît se cacher sous les pierres noires d'une ville; cette industrie qui a besoin de feu et de fumée, qui se flétrit dans la boue, que la révolte teint de sang, est ici pure et lumineuse, presque idéale, dispersée sur une vaste et irrégulière étendue; sous les érables, dans les gorges profondes, sur les cimes pelées, parmi les pelouses verdoyantes, le long de ce sauvage, vaste et beau vallon que l'on nomme le Val Travers; vous la retrouvez féconde, active, omniprésente, pendue aux crêtes des monts, assise à la source des eaux; unique dans sa grâce, dans son aspect pittoresque, et réalisant la plus rare des utopies, celle d'une Arcadie industrielle. En effet les travaux de la campagne ne sont point bannis du tableau qu'ils embellissent, au contraire; mais qu'ils font valoir. La lime crie, la scie siffle, la roue tourne, les mouvements de montre se fabriquent par milliers, et la clochette des génisses prolonge au loin sa vibration pénétrante; et le chant du pâtre, dont les notes tour à tour basses et aiguës semblent se conformer aux ondulations des montagnes et des vallées, a pour écho la voix de l'ouvrier paisible, qui travaille entouré de sa famille.

Rien de plus ravissant et de plus neuf que ce mélange de deux modes d'existence contraires; de la vie industrielle, agissant sur la nature morte, la transformant et la domptant avec une sorte de violence brutale; et de la vie agricole, attachée à la nature vivante, s'abreuvant pour ainsi dire du lait de ses mamelles fécondes, suivant toutes ses variations, obéissant à toutes ses lois, et se contentant de jouir de la terre et du ciel, de profiter de leurs trésors, de seconder leur travail, sans en altérer ou en métamorphoser les éléments.

En partant de Motiers-Travers, et vous dirigeant sur Boudry, vous suivez une route encaissée entre deux murailles de roches, dont l'aspect, la hauteur, les sinuosités, les escarpements, les profils bizarres varient de minute en minute, et qui ne cessent pas de se faire valoir par leur contraste. C'est sur la pente gauche que notre chemin se trouve frayé; — long ruban de douze à quinze pieds de large, qui monte, descend, se précipite ou se traîne, selon les caprices de la montagne à laquelle il est suspendu. Ce côté gauche est horrible; ici, il s'élève à pic et menace; là, il surplombe et projette son ombre sur la plaine; plus loin, il recule et ne montre aux regards qu'une longue perspective de cimes rouges ou noires, âpres et mélancoliques, ou des croupes entassées tumultuairement, couvertes de bruyères et dignes des sorcières de Macbeth. Regardez à droite : un précipice s'ouvre, tantôt caché par les colonnades des chênes et des noyers, tantôt tapissé d'un gazon qui se déroule aux yeux jusqu'aux profondeurs de la vallée. Là, coule le fleuve Reuss, torrent plutôt que fleuve, creusant son lit dans les rochers, se traçant un chemin délicieux dans les prairies, se cachant sous les halliers, grondant sous les granits accumulés, tombant en cascades, recevant dans son sein toutes les eaux qui tombent des hauteurs environnantes, quelquefois faible comme un ruisseau, ou tonnant comme une avalanche. Dans toutes les directions, sur toutes les pentes, enveloppées de bois, dominant une source, répandues dans la plaine, semées sur les gazons, par groupes de trois, quatre, cinq, ou de cinquante ou de cent maisons, les habitations humaines vous apparaissent avec cette irrégularité luxueuse et cette brillante profusion des étoiles semées dans le ciel. L'étroitesse et la multitude des fenêtres vous indiquent souvent une manufacture, le bruit des roues vous révèle une fabrication active. A peine une chute d'eau a-t-elle jailli du granit, on ne lui laisse pas mesurer une demi-toise de chemin dans la vallée. On la saisit au passage; il faut qu'elle travaille dès son berceau. Cinq ou six fabriques l'entourent, la pressent, se servent de sa puissance, épuisent son eau, et changent en richesse le poids acquis par elle pendant l'espace parcouru. Du côté de Biot on trouve un exemple remarquable de cette avidité de l'industrie et de sa promptitude à exploiter les forces qui lui sont utiles. Un cours d'eau glisse le long des rochers calcaires du Chasserat, ne rencontre que de légers obstacles, et creusant sa route, réunissant ses flots, devient considérable, à deux cents pieds ou environ de la vallée, très profonde dans cet endroit. On n'attend pas même qu'il ait atteint le creux du vallon; on le capte dans des canaux de bois qui offrent un lit à toute la masse, et sans qu'il ait frappé le sol, sans qu'il ait touché le but de sa course, on le contraint à faire marcher six ou sept roues bruyantes, motrices de scieries et de fabriques de divers genres. C'est cette eau, accaparée avant son cours normal, qui fait de la dentelle, des draps, des montres et donne la vie, la fortune, la civilisation au village entier qui se groupe pour l'exploiter.

Je ne connais pas de peuple plus apte à l'industrie que le peuple suisse. Son caractère est solide, persévérant et actif. Le gain lui plaît, mais acheté par le travail. Il n'a d'aptitude naturelle ni pour l'intrigue, ni pour les jouissances de la vanité, ni même pour les arts élégants, ni jusqu'à un certain point pour la vie de luxe. L'oisiveté le rebute. Il estime la vigueur physique que Dieu lui a départie comme instrument et comme arme contre les rigueurs du sol et les inclémences du ciel. Patient, courageux, ingénieux dans ses œuvres, né pour approfondir et perfectionner, non pour inventer, il aime peu ces distinctions brillantes que les nations du midi paient si cher. Son audace n'est pas froide, muette et aveugle comme celle de l'Américain des États-Unis; elle n'a pas non plus cette dureté violente de caractère qui distinguait les anciens Scandinaves, et qui signale aujourd'hui les Anglais. C'est une témérité riante, qui brave admirablement la tempête et le danger, la guerre et les privations. L'esprit de famille, le désir et le besoin du bienêtre, sentiments si puissants chez les Suisses, loin d'enrayer et de suspendre les mouvemens de l'industrie, y ajoutent de la moralité et du poids.

Qu'un voyageur s'engage dans les petits chemins, dans les sentiers inexplorés, s'il tient à connaître la Suisse. Qu'il entre dans les auberges misérables des bords du Rhin, sous les huttes des Grisons et dans les chalets de l'Entlibuch; qu'il renverse toutes les indications des voyageurs qui l'ont précédé ; qu'il dérange tous les jalons plantés par eux. Voilà le seul moyen d'étudier le pays ; autrement il remportera la plus fausse idée des habitans et de leurs mœurs. Les aubergistes, les conducteurs et les bateliers représenteront à ses yeux le caractère suisse ; trois classes d'hommes chez lesquels l'honnêteté se rencontre sans doute encore ; mais leurs occasions de pécher sont fréquentes, et ils ne résistent pas toujours à la tentation.

Le contact des étrangers, leur passage rapide ont d'ailleurs effacé sur les routes les plus suivies les traits distinctifs de la vieille nationalité. Cette moisson annuelle, cette coupe réglée de voyageurs, cette exploitation des bourses étrangères, ce grand appât pour l'amour du gain, n'agissent point sur un peuple sans le modifier. La Suisse est couverte pendant trois mois de visiteurs qui lui paient tribut. Elle les regarde comme son butin, et cette idée n'a pas laissé que d'altérer un peu sur les grandes lignes la cordialité et la loyauté d'autrefois. Les Anglais contribuent particulièrement à augmenter ce genre de démoralisation qui menace d'envahir la Suisse entière ; l'exigence anglaise, les mille raffinements et les soins nombreux auxquels le *comfort* accoutume nos gens de bon ton et nos dandys ont tout à fait désorienté les calmes habitudes des Suisses.

Forcés d'obéir à leurs hôtes, de se déplacer à chaque moment, d'aller chercher de l'eau chaude à tous les quarts-d'heure, ils ont pris le parti de subir tant de contrainte avec patience, mais de transmuter cette vertu en argent et de la porter sur la carte.

De là cet air de mansuétude triste qui signale la physionomie de presque tous les aubergistes suisses et cette politesse sombre et humiliée qui est presque une insulte, tant elle trahit de résignation. De là aussi ces énormes prix des auberges, prix qui ne sont pas même fixes et réguliers. Souvent le maître vous force à payer, non seulement les objets qu'il vous fournit, mais les coups de sonnette que votre main fait retentir, et la peine réelle ou supposée que vous donnez ou que vous donnerez à ses garçons.

Sur le sommet du Rigi, sur le Kulm, vous trouvez une auberge où un dîner vous coûtera une guinée, quand vous vous contenteriez d'un ou deux plats fort simples. Dans les endroits qui restent déserts et morts les trois-quarts de l'année on ne laisse pas échapper le voyageur sans le soumettre à une pression pécuniaire très-active. Constance, par exemple, ville oubliée et veuve de ses honneurs, ville badoise par la situation et la délimitation, mais suisse par les mœurs et l'habitude, offre des exemples d'exactions sans pudeur, aussi nombreux que singuliers. N'entrez pas dans l'hôtellerie du *Brochet*, si votre intention n'est de donner une demi-couronne pour deux bûches jetées dans un poêle. Je parcourais par curiosité le livre de compte d'une de ces auberges dangereuses et j'y admirais la différence des prix attribués à des objets tout à fait semblables, et aux loyers de chambres qui se ressemblent toutes. Tel anglais payait six schellings, pour deux nuits, le même appartement que l'officier suisse payait trente sous par jour. Une tasse de thé était payée quatre schellings par l'un et douze batzen (36 sous, par l'autre. Souvent aussi, en acceptant cet arbitraire fatal à votre bourse, vous êtes servi plus proprement, plus promptement qu'en Italie, en France même. On est frappé de l'exquise simplicité et de l'excellent service de certaines auberges des villes de second ordre, comme Rapperschwill où le *Freyhof* est excellent, et Zug où l'auberge du *Bœuf* vous procurera le plaisir de causer avec les hommes les plus distingués des petits cantons. A Neufchâtel le *Faucon* peut rivaliser avec les belles hôtelleries de Londres ; tout en vous logeant dans un palais, le maître n'emploiera pour grossir votre dépense aucune des ressources poétiques que nous avons indiquées tout à l'heure. Bâle, qui n'est cependant pas la ville des arts, s'est avisée d'un raffinement voluptueux que le voisinage de la Germanie musicale lui a suggéré sans doute ; à la table d'hôte de la *Cigogne* vous jouissez d'un excellent concert d'instruments à vent, qui exécutent avec beaucoup d'ensemble des walses allemandes et des fragments de Weber ; grâce à eux on ne peut plus entendre ni le cliquetis fatiguant des fourchettes, ni le bruit rauque de l'allemand suisse, ni les plaisanteries tour à tour immondes et prétentieuses des jeunes séducteurs français ; aimables gens dont cette ville est inondée.

Berne est la seule ville de Suisse, où l'on parle des intrigues amoureuses nouées par les grandes dames, et où l'amour vénal soit passé en coutume chez les femmes des classes inférieures. De tout temps, la jeunesse de Berne s'était fait remarquer par une sensualité assez prononcée et par des goûts voluptueux que le reste de la Suisse condamnait : cette immoralité ressemblait toutefois à celle qui fleurit en Hollande : les ménages étaient encore respectés, et les passions brutales trouvaient au dehors de faciles plaisirs. Une décision du gouvernement bernois a empiré le mal en prétendant le guérir. La suppression des célèbres *bains de l'Aar*, décrétée par le grand conseil, a rejeté dans le sein de la population même et au milieu des ménages autrefois paisibles, les vices jadis exilés de la ville. Les grisettes et les servantes bernoises ont adopté des mœurs très-faciles; elles remplacent les trente ou quarante desservantes des bains de l'Aar; on dit que leurs maîtresses marchent dans la même voie avec plus de désintéressement, mais avec tout aussi peu de retenue.

Au surplus, les Bernoises l'emportent en général sur les autres femmes de la Suisse pour la beauté et la fraîcheur. C'est chose charmante que l'auréole de dentelle noire dont les servantes et les campagnardes ornent leur tête et leur chevelure. Malheureusement elles semblent persuadées, comme dans beaucoup d'autres cantons, que la véritable forme de la femme c'est la forme pyramidale et que sa tête doit être plantée sur cette pyramide sans que la moindre ondulation des vêtemens trahisse le développement de la taille. Dans les rangs supérieurs on suit d'assez près les modes françaises. Sur la rive rhénane, c'est l'Allemagne qui modifie les mœurs des femmes : broderie, tapisserie, chevelure blonde et tressée, physionomie douce et calme quelquefois tendre, rarement expressive. Dans les cantons du centre j'ai vu des têtes brunes couronnées de cheveux de jais; un teint frais, mais ardent; des physionomies animées, comme dans certaines provinces de la France méridionale; j'y ai trouvé aussi, surtout dans l'Unterwald et dans Uri, le type norwégien et scandinave, des couleurs roses sur des figures plus pâles que la neige, et des tresses de cheveux si pâles que pour les copier, il faudrait choisir la nuance paille la plus affaiblie. Les extrémités sont rarement belles chez les Suissesses; il est difficile de trouver un pied et une jambe dessinés avec délicatesse et finement arrondis. Une peau fraîche et souple, un teint admirable, de belles épaules, une poitrine dont le développement altère bientôt la forme et la fraîcheur, compensent en général ces défauts, et celui d'une taille épaisse et d'une encolure massive. Ajoutons que les subdivisions tracées par nous si rapidement n'ont rien de complet ni d'exact et que toutes les populations voisines de la Suisse déteignent sur la physionomie de ses femmes. La France déteint sur Genève et Lausanne; l'Allemagne sur Thurgau et Aargau; l'Italie sur Logano et Bellinzona. Il y a peu de différence entre la Bellinzonienne et la femme de la campagne de Milan.

La volupté, ses délicatesses, ses raffinements, ses écarts, ses douleurs, ses joies ardentes ont peu de prise sur les femmes de l'Helvétie; et les habitudes de leur vie les éloignent, surtout après le mariage, des erreurs et des passions. Il faut excepter Berne de cette peinture générale. Le labeur rustique est le partage de toutes les femmes de la campagne; dans les villes, c'est le soin des enfants, celui du ménage, la piété; quelquefois l'étude, surtout à Genève et à Lausanne, dans les moments d'ennui, qui doivent être fréquents. Le tricot est la ressource universelle. Il n'y a pas de pays au monde où l'on tricote autant de bas qu'en Suisse. Un jeune français ouvrit un jour à Berne un cours de littérature; les femmes s'empressèrent d'aller l'écouter par désœuvrement. Mais elles apportèrent toutes à ses leçons le tricot, la laine et les bas commencés ; le professeur, s'apercevant qu'on lui accordait moins d'attention qu'à cet utile travail, réclama la suppression d'un exercice qui devait les distraire. Personne ne vint plus à son cours.

Dans la jeunesse, la femme suisse jouit de plus d'indépendance que la femme française ou italienne ; elle vit dans un milieu qui la rapproche ainsi de la femme anglaise. La quiétude du tempérament et la sagesse de l'imagination ne la protègent pas toujours contre les dangers de la liberté qu'on lui laisse.

Comme en Angleterre, on lui pardonne assez volontiers des fautes que le serment nuptial rendrait inexcusables. Si une certaine bonhomie de mœurs et un fond de tendresse affectueuse l'expose à la séduction, elle ne cède en général ni à ce caprice ardent et invincible des femmes méridionales, ni à ce choix vif et réfléchi des femmes anglaises, ni au besoin de plaire, si puissant chez les Parisiennes, ni à l'entraînement spontané qui fait les grandes passions. Mais il est très-vrai (comme certains voyageurs l'ont rapporté sans qu'on leur ait donné croyance) que dans les parties les plus sauvages du Grindelwald et de l'Entlibuch le fiancé a droit de pénétrer la nuit par la fenêtre dans la chambre de celle qu'il aime, et que cet étrange privilége est justifié par les résultats, par la fidélité des amants, enfin par l'union conjugale que précèdent et préparent ces visites nocturnes. La coquetterie ou la débauche ont peu de place en de telles mœurs. L'habitude, un attachement mutuel, qui couve et se développe avec quelque lenteur, déterminent la plupart des liaisons entre les deux sexes. Peut-être serait-il facile d'abuser de cette naïve confiance et de cette cordialité franche que les femmes et les hommes des petits Cantons aiment encore; la vivacité de l'entraînement et les égarements de la fantaisie romanesque n'y seraient pour rien.

Lausanne est la ville de Suisse qui offre aux femmes le moins de chances d'ennui. « Que faites-vous l'hiver, demandais-je à une jeune fille de Zug, quand vous n'avez ni promenades sur le bord du lac, ni visites d'étrangers pour vous distraire? — Nous bâillons quand nous ne dormons pas, me répondit-elle assez spirituellement, et nous dormons quand nous ne bâillons pas. » On sait quelle fut jadis la société de Genève; fine, compassée, métaphysique et partagée en coteries où les deux sexes s'observent mutuellement, comme s'observeraient deux armées ennemies. A Berne, les hommes vont tous les soirs fumer leur pipe dans leur club ou *Wirthschaft* (assemblée), espèce d'auberge réservée à telle ou telle profession, à telle ou telle réunion de bourgeois. Ils quittent, depuis cinq heures jusqu'à onze heures, leurs femmes qui s'occupent comme elles peuvent, et qui ont l'alternative du tricot et de l'intrigue galante. A Lucerne, Fribourg, Zurich, cette dernière ressource manque tout à fait. Une telle existence qui réduirait au désespoir l'Anglaise, la Française, l'Italienne, semble communiquer à la femme suisse une allégresse calme qui s'accorde fort bien avec son embonpoint naturel. Traversez en automne les vignobles du Margraviat et ceux de Constance ou de l'Argovie, vous verrez les maîtresses et les paysannes confondre leur vive gaîté; leurs voix folâtres vous appelleront, vous voyageur, à partager ou à goûter leur récolte; et l'éternel *Lo-lo-loï* du chant helvétique vous poursuivra longtemps sur la route avec leurs riants adieux et leur cri amical; *Glücklish reise!* Tout se coudoye en Suisse, la joie et l'austérité sombre, le despotisme le plus arbitraire et la démocratie la plus complète, l'inactive adoration du passé et le mouvement républicain.

Il y a une Suisse prussienne, une Suisse alsacienne, française, italienne, piémontaise, autrichienne; il y en a une autre profondément suisse; et le bizarre de ce phénomène, c'est que l'immersion de la Suisse dans toutes ces influences ne l'empêche pas de rester Helvétique, même au milieu des étrangers qui l'inondent.

L'aristocratie des petites républiques helvétiques est aussi fière et aussi impérieuse que leur démocratie est ardente.

Complétons la liste des contrastes de ce pays.

Si vous parcourez toute la lisière qui se rapproche de l'Autriche et du grand duché de Bade, vous entendrez plus d'un citoyen, bon patriote, parler monarchie, se plaindre du peu d'unité et du défaut de centralisation qui rend si difficiles les décisions fédérales; — oubliant que cette unité est diamétralement contraire aux institutions de son pays; et se laissant influencer malgré lui par le voisinage d'un pays soumis à la centralisation absolue.

Que l'on descende ensuite jusqu'à Zurich ou à Aarau, là règne une opinion différente. Là, pour vous prouver les bienfaits du gouvernement *cantonal* et du morcellement des centres, on vous montrera ces routes bien tenues, ces villes si propres, ces terres de la commune soigneusement cultivées, toute l'aisance domestique, tout le bien-être du ménage. En effet il est difficile d'imaginer une meilleure administration communale, une gestion plus attentive des intérêts de tous, une économie mieux entendue.

Concilier cette habileté partielle avec l'intérêt général, les petites nationalités avec la grande nationalité suisse, tel est le problème.

LES CONTEURS RUSSES

LES CONTEURS RUSSES

Vous voici dans un steppe de l'Ukraine. Les petits chevaux des Cosaques Zaporogues qui galopent devant vous s'enfoncent jusqu'au poitrail dans l'herbe dorée. Bientôt ils se perdent sous cette forêt de tiges sèches et déliées qui ne finit qu'à l'horizon. Puis les épaules, la tête, enfin les bonnets même des cavaliers y disparaissent; leur course ne se trahit plus que par l'éclair et le sillon qui agitent, là ou ils passent, cet océan de verdure.

Du sein des beaux genêts aux fleurs jaunes et des pyramides de trèfles aux pompons blancs, masse épaisse et flottante, la mouette solitaire s'élève avec lenteur d'un essor cadencé, heureuse de se bercer mollement et de baigner dans le soleil son plumage transparent. Mélodies d'oiseaux, murmures d'insectes remplissent l'air. Vous entendez les cris lointains des oies sauvages qui se dirigent en bataillon vers un lac perdu dans l'immensité. La perdrix timide et agile glisse en étendant le cou, et se croit à l'abri sous ces grandes herbes où l'avide regard de l'épervier, immobile au fond des cieux, plonge et la découvre. La journée va finir. Les derniers rayons du soleil embrasent l'espace. Alors le bleu du ciel s'obscurcit; les étoiles naissent;

une teinte verte, sombre, uniforme, couvre peu à peu l'étendue bigarrée; l'ombre court sur le steppe et l'envahit. Les bruits des insectes deviennent par degrés plus clairs, les senteurs plus pénétrantes, les brumes plus épaisses; sur toute cette mer semblent fermenter et bouillonner des flots de vapeurs embaumées. Mais la nuit arrive, l'ombre descend, le rideau tombe. Voici des scènes nouvelles; la gerboise se dresse en sifflant sur ses pattes de derrière. Le vent nocturne abaisse et fait onduler toutes les tiges. De larges bandes d'or courent dans le ciel, deviennent rouges, noires, puis s'éteignent. Les vers-luisants étincellent partout. Des murmures sauvages qui trahissent un petit monde innombrable d'insectes résonnent dans le silence universel; et la clameur, ou comme disaient les Romains, la « *clangueur* » aiguë du cygne solitaire, qui nage sur des eaux lointaines, retentit par intervalles comme une cloche argentine dans l'air endormi.

Qu'un poëte slave, en décrivant ces rêveuses et étranges beautés, s'arrête tout à coup et s'écrie : « O « mes steppes! vous êtes trop beaux pour être dé- « crits! » on ne s'en étonne pas.

Jamais je n'ai vu ni ne verrai sans doute cette grande plaine libre, sauvage, infinie, qui s'étend de l'embouchure du Dnieper sur la mer Noire, jusqu'à l'extrémité nord-ouest de la mer Caspienne. Non-seulement je ne l'ai pas visitée, mais avant d'avoir lu huit ou dix conteurs russes qui m'y ont fait voyager je ne soupçonnais rien des caractères qui rendent ce pays si pittoresque et si spécial. Et telle est la vivacité de l'impression que ces admirables artistes ont laissée dans mon esprit, qu'elle ne m'a plus quitté. Vrai succès, grand prestige; dernier triomphe du conteur. L'hallucination vous prend ; des images nettes et chaudes se pressent, se classent, se groupent, se coordonnent, vous poursuivent avec une persistance obstinée; et vous êtes forcé de voir incessamment, riche du détail le plus vivement coloré, tout un tableau magique, étincelant de réalité, transparent de lumière, mobile, ineffaçable. A cette œuvre les narrateurs slaves excellent : Tourguenieff et Sollohoub, Boulgarine et Gogol, Lermontoff et Pouschkine; enfin le nouveau conteur Sadyk-Pacha, devenu Turc, — celui qui, à la tête de ses Kosaks, a chevauché, bataillé, fait le guet, pour rétablir l'ordre sur les limites de la Thessalie.

Cette supériorité des conteurs moscovites, polonais, slaves, cette vivacité d'impressions, ces récits courts, jeunes de fraîcheur et d'accent, me paraissent jusqu'ici constituer la vraie gloire et le mérite original de toute la zone intellectuelle que je signale.

Je n'ai aucun titre, j'en conviens, pour juger la littérature russe : je ne sais pas un mot des idiomes slaves. Lire dans une traduction, même pitoyable, les chefs-d'œuvre d'Horace ou d'Homère, c'est, pour nous Français, remonter par des rives stériles ou désertes à la source de nos civilisations. Les races helléniques et latines en ont semé la graine; nos mœurs se rapportent à ces mœurs; les idiomes antiques ont formé les nôtres de leurs débris ; notre organisation sociale est encore dominée par ces souvenirs. Poétiques ou administratives, littéraires ou judiciaires, toutes nos origines sont grecques et romaines. Nous ne parlons aujourd'hui que latin, et très mauvais latin, *latinè. parabolamur* (mot d'affreuse latinité). A travers l'ombre et les majestueux portiques de la Rome césarienne ou républicaine, le lumineux sourire de la Grèce baignée de soleil nous apparaît. Si l'on parcourt le Virgile de l'abbé de Marolles on se retrouve encore. Mais dans la traduction la plus élégante des drames de Fonvizine ou des fables de Kryloff, même de l'historien Karamzine, ou du poëte Pouschkine, il ne reste rien; leur mérite réel, la vraie séve de leur génie, le degré de délicatesse de leur goût, la faiblesse ou la vigueur de leur expression, le vague ou la netteté de leur coloris, le fond et la forme de leur pensée nous échappent à la fois. Vers les premières années de la Restauration, le comte Orloff eut l'idée d'embrigader une troupe de poëtes français et de leur distribuer les fables de Kryloff qu'il traduisirent. Essayez de parcourir ces fables et de vous mettre au courant de ce génie nouveau. Quelle incohérence! quelle diversité de ton! O l'expression! ô, comme disent les chrétiens, le *verbe!* ou comme on le dit en rhétorique, le « style! » Qui en reproduira jamais la variété, les contrastes, les réticences, les finesses et la magie! Traduisez donc Jean La Fontaine, et seulement le petit vers :

Jeannot Lapin dans son gîte songeait.

La langue anglaise, d'ailleurs féconde en expressions caractéristiques, ne possède pas même le mot *songer*; ce n'est ni *dreaming*, ni *thinking*, ni *pondering*, ni *meditating*, ni *browzing*. Faute d'un mot, toute la saveur s'est évanouie, le subtil arome a disparu.

Cependant les conteurs russes m'ont charmé; je n'ai trouvé aucune difficulté à les comprendre, et le plus ou moins l'habileté des traducteurs a pu ajouter ou enlever quelque chose à leur séduction vraiment irrésistible, mais non détruire leur valeur propre ou voiler le mérite de leurs œuvres. C'est que la narration, à tout prendre, peut se passer de style, et que « Peau « d'Ane, dit le philosophe, fait toujours un plaisir ex- « trême », conté bien ou mal. C'est que les peuples orientaux (et le Russe n'est qu'un Oriental glacé), excellent dans ce travail de caprice et de finesse, d'imagination et de sagacité. Enfin, c'est que la vraie veine intellectuelle des nations slaves semble avoir été jusqu'ici la narration rapide, courte, délicate; surtout le conte. C'est là qu'elles se reposent toujours, après des excursions diverses. Lisez Nicolas Gogol, dont M. Mérimée a traduit des frangments et caractérisé dans quelques pages très éloquentes le talent original. Ce conteur oriental, vigoureux, presque Tatare, et d'un talent si extraordinaire, a peu d'égaux en Amérique, en Angleterre ou en France. Quiconque admire la puissante largeur et la précision accentuée du contour homérique doit lire surtout *Tarass Boulba* (1), un chef-d'œuvre quant aux cent premières pages. Si vous voulez avoir une idée des mœurs patriarcales et populaires du paysan russe, bien connaître les sentiments et les idées du *moujik*, les prétentions du bourgeois, les passions de l'affranchi, comprendre le mouvement obscur de ces populations qui paraissent dormir et chez lesquelles circule une vie secrète qui se développera ou éclatera quelque jour; lisez M. Tourguenieff, admirable daguerréotypeur; peintre chinois d'une fi-

---

(1) Trad. par M. Viardot.

nesse prodigieuse que ce M. Ivan Tourguenieff! Ses *Tablettes d'un chasseur*, traduites par M. Ernest Charrière sous le titre de *Mémoires d'un grand seigneur russe*, ont obtenu en Europe un succès prodigieux et suscité cette éclosion de nouveaux contes russes dont les lecteurs semblent devenir très friands.

Voulez-vous voyager dans le Caucase, en compagnie d'un exilé mélancolique, au milieu de cent peuplades à demi barbares? Prenez les Contes de Lermontoff, soit ceux que M. Chopin a traduits, soit cette charmante histoire reproduite par M. Marmier (2) avec son talent, sa grâce et sa fidélité ordinaires.

Quant aux plus capricieuses boutades et aux plus légères rêveries du génie slave, vous en trouverez de fins échantillons dans les *Conteurs russes*, publiés par M. Douhaire, et précédés d'une bonne préface. *L'As de pique*, de Pouschkine, adapté à notre scène par M. Scribe, est devenu populaire en France. Enfin l'on dirait que le cadre du conte et de la nouvelle légère est celui même de l'esprit russe.

Tout cela n'est point sauvage.

Ce n'est pas une fade copie de notre monde civilisé. En fait d'art, de souplesse, d'habileté, d'insinuations, de tours heureux et délicats, ces Slaves sont au moins nos égaux. Leur haleine ne se soutient guère; les grandes compositions semblent leur faire peur. Mais ils ont le souffle, et leur originalité vive rachète tout.

D'ailleurs une fantaisie discrète, un art flexible, un compromis délicat entre la réalité sévère et le caprice

---

(2) *Aux bords de la Neva*, contes russes.

assignent aux meilleures de ces œuvres un caractère aimable, neuf, surtout distingué. Il y en a qui viennent du Caucase, des bords du Volga, de Moscou, d'Astrakan, de Tiflis et des îles Khouriles. Les unes ont la teinte de la Sibérie, les autres celles de la Crimée. Tout un monde varié se révèle. Il surgit comme ces îles faites de madrépores que les insectes construisent et qui s'élèvent par degrés du fond de la mer. C'est un monde de nuances fines; sans violents contrastes et sans rudesse. Même le peintre des Kosaks et de leur chef, Sadyk-Pacha, est évidemment un personnage de très-bonne compagnie et qui sait admirablement son monde parisien.

En effet les conteurs russes ou slaves, ont beau faire, ils voient toujours Paris à l'horizon. Paris! *Italiam! Italiam!*

Les peintures fines de Balzac, les poésies cavalières de Musset revivent dans la plupart des contes russes dont j'ai parlé; et c'est à Georges Sand et à ses récentes histoires champêtres que se rapporte toute une école russe nouvelle, fort importante.

Cette école à laquelle appartient M. Ivan Tourguenieff réclame l'affranchissement des serfs, s'intéresse aux paysans et n'est point découragée par les autorités. On laisse passer sans encombre des milliers de feuilles volantes adressées aux propriétaires de serfs, les romans villageois de Gregorewitsch, la *Chronique de Famille* d'Aksakchof, même une *Esquisse de la régence de Sophie*, où il est question du peuple assemblé, votant au Kremlin pour le choix du monarque. Que ce mouvement émane de notre centre parisien, cela est évident; et nous ne devons pas nous plaindre de voir les variations de notre goût adoptées par les conteurs russes.

Qui pourrait d'ailleurs s'opposer à cet amalgame des civilisations modernes, à leurs inconvénients énormes comme à leurs immenses avantages? Un décret impérial a ouvert les Universités russes à la jeunesse, en nombre illimité; et un Français domicilié depuis longtemps en Russie, M. Ferry de Pigny, a reçu de l'empereur un accueil favorable et un présent magnifique pour son livre intitulé *Etude de la langue française en Russie* (1). C'est au même Français, homme d'esprit et de goût, domicilié à Moscou depuis longtemps que sont dues la traduction d'*Ivan Whigijine* ou le *Gil Blas russe*, par le spirituel et brillant Boulgarine, et celle du précieux ouvrage de « Lewschine sur les Khirgiz-Kaïssacks. » Rien de plus curieux pour le philologue que ce livre franco-russe de M. Ferry de Pigny, qui éclaire l'un des deux idiomes par l'autre, construit des ponts de communication entre ces rives étrangères; indique avec une admirable sagacité le génie propre de l'une et de l'autre langue; détermine les points qui les rapprochent et les côtés qui les détachent ou les séparent. On doit certes de la reconnaissance à ces propagateurs et à ces semeurs infatigables qui font germer partout notre influence avec notre langage et nos idées. Ce travail pédagogique continu, opéré à huit cents lieues de Paris pour inoculer le français dans sa pureté à un peuple slave qui s'est assimilé cinquante races diverses, n'est pas un des moindres phénomènes de notre temps.

(1) Un volume, imprimé à Saint-Pétersbourg. 1857.

Je n'affirmerai pas que ce grand mouvement de fusion doive apporter des bénéfices. Cicéron se plaint de l'emphase ibérique et de la rudesse gauloise envahissant la pure éloquence romaine. Samuel Johnson affirme que la corruption des idiomes résulte de la multitude des traductions. Ainsi va le monde : de destructions inévitables en renaissances inespérées. Rien ne peut arrêter ce double mouvement.

C'est merveille, vous en conviendrez, que ces jeunes filles russes parlant le meilleur français sous la loi de M. Ferry de Pigny; — ou ce nouvel auteur français et ukranien imprimé sur papier satiné, en caractères bien nets. Un auteur kosak! Et un Kosak ottoman! Et un slave devenu Turc! Enfin un Slave-Turc-Kosak devenu Français! Quelle meilleure preuve de ce vaste pêle-mêle qui confond les éléments et les races de notre planète! Le français de l'auteur kosak (qui, je crois, s'est traduit lui-même) est encore assez pur, autant du moins que notre langue française, vieux fleuve bien mêlé de sable et de limon, peut conserver aujourd'hui sa pureté véritable. Chaque jour, nous tous Français de génie et d'esprit, pleins de science et de grammaire, nous écrivons sans sourciller et nous lisons sans hocher la tête des phrases telles que celle-ci : « J'ai fait..... *dans* ce but », ou bien : « Il faut jouir de la vie avant que le malheur *ne* vienne. » Ce petit mot *ne*, qui ne signifie rien, ne révolte personne. Faute de français et qui passe. Ne serait-ce pas être vétilleux, âpre et absurde de reprocher si peu de chose à l'auteur kosak? C'est un narrateur excellent; il trouve presque toujours le mot propre, le seul vrai mot, le mot nécessaire entre mille mots acceptables; il possède la grâce, et le charme, et l'entraînement, et la vérité ; enfin (qualité sans égale) la « vie » dans le style.

Ce Sadyk-Pacha, qui a vu maints pays et achevé maintes expériences de la vie et des hommes ; qui connaît la guerre et la paix, les camps et les villes, l'Orient et l'Occident ; — vrai Slave, non-seulement de sang, mais de génie ; poëte lyrique, homme d'aventures, apte à tout comprendre, — a peuplé de figures hétéroclites et vivantes, qui se rapportent à un petit nombre de types excellemment choisis, les vastes paysages que j'ai décrits plus haut.

Entre un bivouac et un exil, un bal de Vienne et une visite au Sultan, il a fait le charmant livre qu'il a intitulé *Contes Kosaks*. Ce sont des lambeaux d'histoire lyrique plutôt que des contes ; — un souffle de vérité terrible, souvent délicate et pénétrante, les anime ; ils gardent l'odeur sauvage du steppe ; on respire en les lisant cette brise matinale qui court sous les feuilles blanches des bouleaux et les fait frissonner. On se rappelle les inspirations délicieuses du musicien Chopin. L'âme nationale murmure comme dans les cantilènes antiques.

Ce que notre Pacha commente, c'est l'espace sans nom qui s'appelait autrefois la Petite-Scythie, et dont les vastes pâturages s'étendent entre la Mongolie et la Turquie, la Pologne et la Russie ; espace commençant à la ville de Belgrade, vers la partie inférieure du Danube, cotoyant les monts Krapacks d'un côté, longeant la mer Noire d'un autre, et déroulant ses plaines au delà du Borysthène et du Don pour finir au pied du Caucase. Une grande partie de ce territoire est formée de « l'Ukraine », mot qui signifie « pays de frontière » ; et c'est en effet la frontière de deux mondes opposés. Par là nous arrive le souffle asiatique ; par là nous communiquons avec le berceau de la civilisation occidentale. Les armées de l'Europe et de l'Orient, Cyrus et Darius, Mongols et Septentrionaux s'y sont rencontrés mille fois pour vider leurs différends ; le sang de toutes les races a engraissé tour à tour ces hautes herbes où des troupes de chevaux sauvages et libres hennissent encore aujourd'hui. Les mœurs des peuples y sont plus singulières que les localités ; le mot « peuple » semble même assez mal appliqué soit aux grands steppes, soit aux khirgiz demi-orientaux, soit à cette république Zaporogue (ramassis de Slaves-Tatars, de Turcs et de Mongols), que Sadyk-Pacha dans ses contes et le russe Gogol dans son *Tarass-Boulba* ont merveilleusement décrite.

Car je n'en ai pas fini avec ces charmants narrateurs, le comte Sollohoub, le prince Odoëski et Sadyk-Pacha lui-même, que les Russes doivent regarder comme un monstre turc et un renégat abominable, mais qui n'est pas le moins caractéristique de ces écrivains. Naître Kosak et se faire pacha ! Un pacha que l'on imprime à Paris ; — un Kosak élégant et discipliné ; se charger, à ce titre, de mettre à la raison les descendants de Pausanias ! C'est la destinée la plus étrange. Ainsi du vivant de Saint-Jérôme on était Dalmate et Romain, Grec et Gépide, chrétien et barbare, érudit et poëte, soldat et évêque, platonicien, athlète et quelquefois eunuque ; souvent kabbaliste, ou alchimiste, ou théurgiste ! sans préjudice même de la sainteté ! Le tout fondu dans cet inouï mélange dont personne ne s'étonnait !

Tels étaient le caractère propre, le sceau particulier

d'une époque, où le monde paraissait s'abîmer et se perdre en une confusion désespérée.

Il préparait sa renaissance et son renouvellement.

Comme on ne peut pas voyager partout, que la vie est courte et que les ressources humaines ont des bornes restreintes ainsi que la santé même et la force dont nous pouvons disposer, j'aime ces écrivains assez autorisés, assez instruits et assez habiles pour m'épargner les frais de route, les ennuis et les hasards, et me livrer ces régions inconnues.

Il n'en est pas de plus inconnues pour nous que les grands steppes de l'Ukraine, les rochers du Caucase et les petites villes de la Russie-Blanche où les conteurs russes nous promènent. Ils sont en outre pleins de talent, et d'un talent spécial, on pourrait dire « slave. » Le tour de leur pensée est gracieux. Ils reçoivent les impressions avec cette vivacité féminine que l'esthétique allemande a décorée du nom de « *subjective.* » La nature les émeut, la société les intéresse, rien ne les étonne. Dans le plus élégant des salons, les pieds sur le tapis moelleux et tournant le dos à la cheminée, ils sont parfaitement chez eux; et dans le hangar moisi du Tatar, entre deux géans ivres et quelque Asiatique voleur, étendus sur la paille et la tête appuyée sur leur sac de voyage, ils ne sourcillent pas. De cette facilité singulière, qui oscille entre la barbarie excessive et l'excessif raffinement dépendent leurs qualités comme leurs défauts; et les qualités l'emportent. Rien chez eux ne ressemble à l'exagération américaine; jamais de mauvais ton, encore moins de mauvais goût. Cette âpreté de saillies anguleuses, que les romanciers anglais se permettent trop souvent, sous prétexte de marquer les caractères avec précision, leur serait odieuse. Ils n'ont pas à se reprocher davantage la lenteur de développements rhétoriques et les périphrases trop moelleuses qui déparent le récit et l'alourdissent chez quelques imitateurs italiens de Walter-Scott. Enfin les machines colossales, inventées en France récemment, n'ont pas cours en Russie, où l'on n'accepterait pas comme littéraires ces merveilles de charpentier, d'architecte ou d'ingénieur.

Non seulement ils traitent avec habileté les sujets pathétiques, mais ces conteurs font d'un rien quelque chose. Ils amusent d'une bagatelle celui qui les lit. Préparer l'intérêt, faire naître l'émotion, éveiller la curiosité, suspendre le récit, prêter du charme au moindre détail, glisser avec les méandres de mille petits événements qui amusent on ne sait pourquoi; tantôt frôler Crébillon fils, en le dépouillant de sa licence; tantôt côtoyer Boccace, ou même l'élégant et fin Hamilton; ne rien heurter, ne rien précipiter, ne rien hasarder, arriver au but à travers les sinuosités les plus délicates, voilà ce que les conteurs russes et slaves savent sur le bout du doigt. Merveilleux de dextérité, ils triomphent dans cet art de la diplomatie narrative, ne s'avancent que pas à pas, timidement, par les souterrains et les sapes, et réussissent. Ce qu'ils veulent, c'est plaire, capter, séduire avant tout. L'imagination ne les emporte jamais. Ils ne prétendent pas déborder de passions violentes, ou pétiller d'esprit et de vivacité. La forte satire de Rabelais, le trait rapide de Voltaire ne sont guère à leur usage; encore moins se permettent-ils le rire amer et profond du doyen Swift....... tout cela blesserait l'autorité. Mais on est insinuant et fin, aimable et délicat, profond même à force de souplesse ; et le lecteur vaincu cède à je ne sais quel doux prestige qui endort sa volonté, assoupit sa critique, impose silence à sa raison et agit avec la triomphante magie des effluves magnétiques.

On peut subdiviser l'armée presque innombrable des conteurs russes en plusieurs classes, — les *fantastiques* ou « orientaux », — les *conteurs de salon*, — les *conteurs sauvages*, — les *voyageurs*, — les *réformateurs*, — les *peintres de détail* ; et il n'y a pas un de ces genres où ils ne réussissent. Nous tâcherons de donner, par quelques extraits, une idée de leur mérite.

Les récits impossibles leur plaisent surtout. Rendre ces récits vraisemblables à force d'adresse est ce dont s'acquittent très-bien les *conteurs fantastiques*.

Dans le crépuscule de leur œuvre la mysticité se confond avec le scepticisme, le somnambulisme avec la veille, l'ironie touche au surnaturel ; tout devient incertain, la personnalité s'évanouit, la réalité s'absorbe dans le rêve, les ombres vivent, les vivans sont des ombres ; la féerie orientale reparaît sous une forme métaphysique et inattendue que rend plus singulière encore un léger reflet de Voltaire et de Bayle, émané de la civilisation sceptique. C'est à cela qu'excelle le prince Feodorewitch Odoëfsky, aujourd'hui conservateur de la Bibliothèque impériale de Saint-Pétersbourg. Crédulité populaire et observation satirique se mêlent sous sa plume avec un art-très piquant, un peu étudié sans doute, mais remarquable.

Il a écrit par exemple un délicieux conte sur la fureur du jeu, cette superstition du hasard et de la cupidité, qui s'empare de tous les peuples enfants ou adolescents

et qui est la passion souveraine des Américains du Sud comme des Russes. L'idée du conte est philosophique, l'exécution délicate, l'effet magique. Les cartes deviennent des joueurs; les joueurs eux-mêmes deviennent les jouets de leurs cartes. « L'un, ayant fait rafle, ras-
« semble toutes ses forces et souffle les bougies; aussi-
« tôt elles se rallument d'elles-même et répandent dans
« l'appartement une lumière blafarde. Des flammes
« sombres sortent dans tous les coins, et l'ombre des
« joueurs s'allonge sur le parquet. Les cartes s'élancent
« de leurs mains; les *dames* chassent les joueurs de
« leurs chaises et s'asseyent à leurs places; les *rois*
« s'emparent des fauteuils, les *as* du divan. Cependant
« les *valets* ont pris les flambeaux et éclairent la table,
« tandis que les *dix* se promènent orgueilleusement par
« la chambre et que les *deux* et les *trois* se serrent
« respectueusement contre la muraille.

« Alors *dames-rois* saisissent les joueurs en manière
« de cartes, les mêlent, les battent, et les distribuent;
« et un jeu plus inouï que tous les autres commence,
« jeu d'enfer qui n'était venu encore à l'esprit d'aucun
« joueur, et que ne connûrent jamais les plus célèbres
« sibylles. — Combien dura ce jeu terrible, je l'i-
« gnore; combien de temps furent-ils froissés, tordus,
« mordus de rage, jetés par terre par ces joueurs de
« nouvelle sorte, je n'en sais rien! *(1)* »

J'appellerais ces narrateurs les « Orientaux », car il continuent très bien *les Mille et une Nuits*, s'ils étaient tout à fait naïfs; mais il ne le sont pas. Leur raison est très vieille et leur imagination très enfan-

(1) *Les Conteurs russes*, par M. Douhaire (les Joueurs, p. 123).

tine. Rompus à la vie du monde, assouplis et polis par toutes les expériences du salon et du boudoir, il ne peuvent s'empêcher ni de douter ni de croire. Lermontoff, Pouschkine, Gogol sont très curieux à étudier sous ce point de vue ; et la double civilisation du pays, avec son fond sauvage et son éducation moderne, est admirablement représentée par eux.

D'autres, les « *conteurs de salon* », ne s'occupent que des finesses de la vie élégante et de ses plus légers caprices.

Le comte Sollohoub (1) marche à leur tête. Auprès de lui Voisenon est solide, Marivaux est grave, Crébillon fils est tragique, Hamilton solennel. Je préfère à ces créateurs de pastels délicats, sur lesquels on craindrait de souffler de peur de les détruire, les « *Voyageurs* », tels que Lermontoff, ou les peintres de tableaux sauvages et dramatiques, tels que Gogol, dont le *Tarass Boulba* est un chef-d'œuvre. Il faut lui associer Pouschkine, dont le joli conte la *Fille du capitaine* débute par une imitation très gauche de nos *Mémoires de Grammont* et de sa fameuse partie de jeu avec le Suisse ; mais la suite du conte renferme une peinture intéressante, animée, charmante de la vie kosacke et du camp de Pougatscheff, celui qui prétendit être Tzar, osa marcher sur Moscou et réussit un moment.

Un jeune Russe fait prisonnier est amené devant Pougatscheff ; que l'on juge, par un fragment assez considérable, de la manière vive, nette, rapide, simple et fine du conteur russe :

« Un tableau étrange s'offrit à mes regards. A une

---

(1) Traduit par M. de Lonlay.

table couverte d'une nappe et toute chargée de bouteilles et de verres était assis Pougatscheff, entouré d'une dizaine de chefs cosaques en bonnets et en chemises de couleur, échauffés par le vin, avec des visages enflammés et des yeux étincelants.

« — Ah ! ah ! c'est votre Seigneurie, dit Pougatscheff en me voyant. Soyez le bienvenu. Honneur à vous et place au banquet !

« Les convives se serrèrent; je m'assis en silence au bout de la table. Mon voisin, jeune Cosaque élancé et de jolie figure, me versa une rasade d'eau-de-vie, à laquelle je ne touchai pas. J'étais occupé à considérer curieusement la réunion. Pougatscheff était assis à la place d'honneur, accoudé sur la table et appuyant sa barbe noire sur son large poing. Les traits de son visage, réguliers et agréables, n'avaient aucune expression farouche; il s'adressait souvent à un homme d'une cinquantaine d'années, en l'appelant tantôt *comte*, tantôt *timofeïtch*, tantôt *mon oncle*. Tous se traitaient comme des camarades et ne montraient aucune déférence bien marquée pour leur chef. Ils parlaient de l'assaut du matin, du succès de la révolte et de leurs prochaines opérations. Chacun vantait ses prouesses, exposait ses opinions et contredisait librement Pougatscheff. Et c'est dans cet étrange conseil de guerre qu'on prit la résolution de marcher sur Orembourg; mouvement hardi et qui fut bien près d'être couronné de succès. Le départ fut arrêté pour le lendemain. Les convives burent encore chacun une rasade, se levèrent de table et prirent congé de Pougatscheff. Je voulais les suivre, mais Pougatscheff me dit :

« — Reste là, je veux te parler.

« Nous demeurâmes tête à tête.

« Pendant quelques instants continua un mutuel silence. Pougatscheff me regardait fixement, en clignant de temps en temps son œil gauche avec une expression indéfinissable de ruse et de moquerie. Enfin il partit d'un long éclat de rire et avec une gaîté si peu feinte, que moi-même, en le regardant, je me mis à rire sans savoir pourquoi.

« — Eh bien ! Votre Seigneurie, me dit-il, avoue le, tu as eu peur quand mes garçons t'ont jeté la corde au cou ? Je crois que le ciel t'a paru de la grandeur d'une peau de mouton. Et tu te serais balancé sous la traverse du gibet, sans ton domestique. J'ai reconnu à l'instant même le vieux hibou. Eh bien ! aurais-tu pensé, Votre Seigneurie, que l'homme qui t'a conduit au gîte dans le steppe était le grand czar lui-même ?

« En disant ces mots, il prit un air grave et mystérieux.

« — Tu es bien coupable envers moi, reprit-il; mais je t'ai fait grâce pour ta vertu et pour m'avoir rendu service quand j'étais forcé de me cacher de mes ennemis. Tu verras bien autre chose, je te comblerai de bien autres faveurs quand je serai maître. Promets-tu de me servir avec zèle ?

« La question du bandit et son impudence me semblèrent si risibles que je ne pus réprimer un sourire.

« — Pourquoi ris-tu ? me demanda-t-il en fronçant le sourcil; est-ce que tu ne crois pas que je sois le grand czar ? Réponds-moi franchement.

« Je me troublai. Reconnaître ce Kosak pour mon maître, je n'en étais pas capable; cela me semblait une impardonnable lâcheté; l'appeler imposteur en face, c'était me dévouer à la mort; et le sacrifice, auquel j'eusse été prêt sous le gibet en face de tout le peuple et dans la première chaleur de mon indignation, me paraissait une fanfaronnade inutile. Je ne savais que dire. Pougatscheff attendait ma réponse dans un silence farouche. Enfin (et je me rappelle encore ce moment avec la satisfaction de moi-même), le sentiment du devoir triompha en moi de la faiblesse humaine. Je repondis à Pougatscheff :

« — Ecoute, je te dirai toute la vérité. Je t'en fais juge. Puis-je reconnaître en toi le czar? Tu es homme d'esprit, tu verrais bien que je mens.

« — Qui donc suis-je, d'après toi?

« — Dieu le sait, mais, qui que tu sois, tu joues un jeu périlleux.

« Pougatscheff me jeta un regard rapide et profond :

« — Tu ne crois donc pas que je sois czar ? Eh bien ! soit. Est-ce qu'il n'y a pas de réussite pour les gens hardis? Est-ce qu'anciennement Grichka Otrepieff n'a pas régné? Pense de moi ce que tu veux, mais ne me quitte pas. Qu'est ce que te fait l'un ou l'autre ? Qui est pope est père. Sers-moi fidèlement, et je ferai de toi un feld-maréchal et un prince. Qu'en dis-tu?

« — Non, répondis-je avec fermeté; je suis gentilhomme ; j'ai prêté serment à S. M. l'impératrice; je ne puis te servir. Si tu me veux du bien en effet, renvoie-moi à Orenbourg.

« Pougatscheff se mit à réfléchir

« — Mais si je te renvoie, dit-il, me promets-tu du moins de ne pas porter les armes contre moi?

» — Comment veux-tu que je te le promette? répondis-je ; tu sais toi-même que cela ne dépend pas de ma volonté. Si l'on m'ordonne de marcher contre toi il faudra me soumettre. Tu es un chef maintenant, tu veux que tes subordonnés t'obéissent. Comment puis-je refuser de servir, si l'on a besoin de mon service ? Ma tête est dans tes mains ; si tu me laisses libre, merci ; si tu me fais mourir, que Dieu te juge ; mais je t'ai dit la vérité.

» Ma franchise plut à Pougatscheff.

« — Soit, dit-il en me frappant sur l'épaule ; il faut punir jusqu'au bout ou faire grâce jusqu'au bout. Va-t'en des quatre côtés, et fais ce que bon te semblera. Viens demain me dire adieu. Et maintenant va te coucher ; j'ai sommeil moi-même.

» Je quittai Pougatscheff et sortis dans la rue. La nuit était calme et froide ; la lune et les étoiles brillant de tout leur éclat éclairaient la place et le gibet. Tout était tranquille et sombre dans le reste de la forteresse. Il n'y avait plus que le cabaret où se voyait de la lumière et où s'entendaient les cris des buveurs attardés. Je jetai un regard sur la maison du pope ; les portes et les volets étaient fermés ; tout y semblait parfaitement calme (1). »

Il est difficile de raconter mieux, avec plus de fermeté, de netteté, de facilité pittoresque.

C'est aussi le mérite des *« peintres de détail »* et des observateurs philosophiques, tels que M. Tourguenieff, auteur des charmants *Mémoires* publiés par M. Charrière, et Thaddée Boulgarine, auteur du « Gil Blas russe », où se trouvent de si piquantes peintures de mœurs provinciales et des petites cours des magnats polonais.

(1) *La Fille du Capitaine*, trad. par Viardot (pag. 102 à 106).

Toute cette bibliothèque de conteurs, qui forme plus de trois cents volumes, n'est pas seulement bonne à nous amuser. Elle fait bien connaître à qui ne l'a pas vu ce pays nouveau.

Ne fût-ce que pour comprendre la singulière variété du monde slave et l'esprit de ces populations dont la vie historique a encore tant d'années et de siècles à parcourir, tant de destinées inconnues en réserve; j'aime cette bibliothèque de conteurs slaves; elle est pleine d'intérêt et d'utilité. Trois faits y apparaissent, et comme trois mondes concentriques. Une ceinture extérieure et vaste, presque indéfinie quant aux limites, s'offre la première; elle se compose de toutes les nuances de l'extrême incivilisation, organisée cependant; — la vie sauvage des steppes, le vieux brigandage des hordes mongoles, la liberté impatiente et farouche des rochers et des déserts, mille tribus errantes à peine soumises, flottant autour du noyau central, et tout en le protégeant avec efficacité, lui opposent un embarras et la menacent d'un danger. Une seconde sphère intérieure renferme une masse homogène, subdivisée en groupes variés, de bourgeoisie naissante, de marchands, d'affranchis, de petits propriétaires, de petits nobles, d'agriculteurs, enfin de serfs, tous attachés aux traditions, et qui semblent frappés d'une léthargie invincible et enchaînés à un passé immuable. On aperçoit enfin au centre, et comme dôme brillant de cet immense ensemble, les nobles, la cour, les seigneurs; — représentants de la civilisation européenne la plus élégante, sinon la plus active.

C'est le couronnement de l'édifice; sorte de coupole magique et légère qui ne touche ni aux profondeurs ni aux premières assises, mais qui a de l'éclat et infiniment de grâce.

Ni dans ces classes supérieures, ni dans les couches inférieures on ne voit encore la vie politique apparaître. C'est la vie patriarchale qui domine au centre, la vie sauvage tout à l'entour, la vie frivole au sommet.

A travers ces trente ou quarante volumes que j'ai parcourus, où l'esprit, le talent du peintre, la flexibilité, la facilité, la finesse ont laissé des traces si nombreuses, qui se lisent avec tant de charme, qui vous séduisent et vous captivent, auxquels ne font défaut ni la noblesse ou la générosité des sentiments, ni la délicatesse des idées ; ce qui manque, c'est le signe viril de ces races qui ne veulent pas d'esclaves et ne veulent pas de maîtres; c'est la liberté morale, c'est la personnalité humaine prenant conscience de sa force par la voie de la justice, entrant en pleine possession de sa dignité, sachant aimer et penser, choisir et agir, marcher et vivre seule, sans rien céder à autrui, sans s'abandonner elle-même, sans rien perdre de son amour pour ses semblables. J'y trouve l'indépendance la plus sauvage et la discipline la plus sévère. J'y trouve, d'une part, et dans sa plus farouche humeur, le Kosak indépendant; d'une autre, dans son état de pétrification absolue, l'employé administratif. Ce sont les deux pôles extrêmes de la vie russe.

Etudions-les un peu; le Kosak d'abord.

Le Kosak ne fait qu'un avec son petit cheval sauvage, à l'œil brûlant, au poil roux, et traverse comme un éclair la fumée des champs de bataille et l'incendie des villages. Il est républicain, si vous voulez: il élit ses chefs librement et leur casse volontiers la tête. C'est un brave qui ne fait pas plus cas de votre vie que de la sienne. Il pense, mais au butin; il rêve, mais de pillage, de sang versé. « Dans sa tête roulent incessamment (1) « des pensées de guerre. Il regarde la muraille de sa « chambre... Il serait bon, dit-il, de la couvrir de ta- « pisserie perse ou turque. Il regarde la coupole du « temple... Il serait bon de la couvrir d'or musulman. « Les coursiers du Khan ne feraient pas mal dans « son écurie; les chiens de Valachie dans son chenil. « Et, à chacun de ses mouvements, son sabre qui « résonne demande *du sang ! du sang !* comme un « enfant affamé *du pain! du pain !* » Il ne permet pas aux femmes de pénétrer dans l'enceinte de sa république de cabanes, la *Setch*, dont Gogol, Pouschkine et Sadyk-Pacha vous offrent le tableau assez laid. Pour se faire inscrire sur les matricules de cette république, il suffit d'être bandit et célibataire. Quand on se marie on se fait effacer.

Ce Kosak est moins un homme qu'un animal guerrier, qui accepte un moment la discipline pour vaincre. Faucon dans l'air, cheval qui hennit dans le steppe; loup, hyène, chacal, il le sait, il le dit lui-même. Il s'appelle « fils du faucon », — « frère du cheval. » Dans toutes les chansons ukrainiennes on rencontre ces expressions. En sa qualité de guerrier, il regarde le cheval comme un *frère;* comme chasseur, il reconnaît le faucon pour *son père*. Il n'estime que ces bêtes de proie, braves et intrépides comme lui; comme elles, il n'a pas besoin d'abri; le plus cuisant soleil le réchauffe; la gelée le rafraîchit ; la pluie le lave et le

---

(1) *Contes kosaks* de Sadyk-Pacha.

vent le sèche. Quand il a bu un peu d'opium ou de vin, il saute sur son cheval maigre et va en guerre.

« L'opium trotte dans la cervelle des cavaliers (1), et
« sous eux trottent leurs coursiers; ils galopent et
« crient; déjà ils atteignent les faubourgs de quelque
« ville turque. Les Turcs qui les poursuivent s'engagent
« imprudemment dans les jardins, derrière les murs; et
» quand ils se sont bien enfoncés dans d'étroits pas-
« sages, alors, comme signal, le chef kosak tire son
« coup de fusil; et aussitôt, comme les fusées d'un
« feu d'artifice, des centaines de fusils ne cessent
« de tirer. Les cavaliers turcs se troublent; les uns
« crient *Allah!* et grimpent aux murailles; les autres:
« *Aman!* et tombent aux pieds des vainqueurs. Les
« chevaux se cabrent, écrasent de leurs sabots les
« corps humains, leurs ventrières éclatent...... et le
« reste des cavaliers fuit dans la plaine....... Les
« cavaliers ont fui, et des monceaux d'êtres à moitié
« morts se roulent dans la poussière; là, trainent à terre
« le rouge cafetan des spahis, le turban blanc des Al-
« banais; ici un cavalier se dégage avec peine de des-
« sous son cheval tué; plus loin un cheval veut ar-
« racher la bride que tient la main d'un cavalier
« tué. »

Spectacle pittoresque assurément, drame énergique, inévitable, bon à voir de loin, et que suit l'orgie furibonde. Le chef distribue vivres et boissons à ses hommes; on allume d'énormes brasiers; les porcs coupés en morceaux tournent sur les gaules et rôtissent dans les marmites où bout le gruau de mil. On grille

---

(1) *Contes kosaks* de Sadyk-Pacha.

le lard pour en fondre la graisse. On verse dans les plats des tanches, on les arrose de kwas, et l'on répand à terre les pruneaux par tas; car pour un Kosak il n'est pas de viande plus délicieuse que le porc, de poisson que la tanche, de gruau comparable à l'orge, ni de fruit aux prunes. Le repas est prêt, les Kosaks se sont assis par groupes, l'eau-de-vie de seigle pétille dans les coupes toutes pleines, et dans les gobelets l'hydromel écume.

Ici je laisse la parole au narrateur, qui est l'un d'entre eux (tout civilisé qu'il soit), Sadyk-Pacha.

« Ils boivent, ils mangent, ils crient; *l'attaman* (le
« chef) s'amuse, les Kosaks s'amusent et versent dans
« leurs gosiers coupe sur coupe. L'*attaman* chante,
« les Kosaks accompagnent ses chants. L'*attaman*
« met ses poings sur ses hanches, fait un bond, et les
« Kosaks frappent des pieds si fort que la terre trem-
« ble. Les Kosaks, comme des grenouilles, sautent en
« rond, se frappent les épaules des talons de leurs
« bottes, s'agitent avec fureur, comme des loches d'é-
« tang; et les tresses de leurs cheveux ballottent tan-
« tôt à gauche, tantôt à droite; plus d'un, au milieu de
« la danse, fait la culbute et s'endort; plus d'un ne
« peut parler, remue la langue et se serre les côtes; ce-
« lui-ci tempête contre les infidèles, celui-là menace
« les jésuites. Le colonel s'amuse, et crie, et hurle;
« il s'est remis en mémoire les anciens temps. Il ap-
« pelle la belle Notra; il appelle la jolie Oxane; il
« bat le juif; il fait l'aimable près de Madame la Po-
« lonaise et fait briller son sabre aux yeux du mari;
« enfin, fatigué, il tombe et s'endort. Tous dorment et
« sifflent et ronflent comme cloués à terre. » La scène

est fort laide, toute brillante qu'elle apparaisse de loin et à travers le prisme des conteurs. Je sais que la guerre avec ses accompagnements est un grand spectacle ; c'est un violent appel à l'activité, à l'audace, au courage, à la prudence, à la résolution, au développement de certaines qualités héroïques. Mais comme l'habitude de la guerre s'accorde bien avec la barbarie ! Et qu'il avait raison ce noble rêveur, l'abbé de Saint-Pierre, sur lequel, par parenthèse, M. Molinari a écrit un bon livre ! Cicéron était de son avis, que les meilleurs esprits partagent.

En face de ce chakal du steppe ukrainien plaçons le fonctionnaire russe de Pétersbourg, tel que Gogol et Lermontoff, ainsi que Sollohoub et Pouschkine s'amusent à le peindre ; il n'a rien du brigand Kozak. Il ne pense pas. Il ne choisit pas. Il ne vit pas. Il taille des plumes. Un jour que son directeur lui a promis de lui donner de l'avancement s'il achève vite le classement définitif de certains dossiers, notre homme se met à l'œuvre ; quinze jours s'écoulent ; le directeur qui entre dans la salle ne voit plus son instrument. Il lève les yeux. Tout en haut, dans une des cases de la bibliothèque sur les rayons de laquelle l'employé devait classer ses documents ; il aperçoit la tête du pauvre homme, tête qui passe et à laquelle un bel écriteau est suspendu. Il s'est classé lui-même !

« — Que faites-vous là-haut ?
« — Je suis à ma place !
« — Descendez !
« — Je ne peux pas. Je suis classé ! »

Entre ce pauvre diable, trop bien « classé », et la bête de proie qui chevauche fièrement sur le steppe, il y a tout un monde de paysans, de marchands, de prêtres, de serfs et de bourgeois.

L'avenir dépend de ce monde intermédiaire.

Que deviendra la classe moyenne? Qu'en fera-t-on? L'élément moral s'y développera-t-il sans se briser, sans se corrompre, sans s'évanouir?

Comment s'y prendra-t-on! Par l'affranchissement? le fractionnement des propriétés? l'infusion lente de la vie politique? et comment les classes supérieures s'arrangeront-elles de ce mouvement? Le souffriront-elles?

Ces problèmes sont indiqués dans les narrations frivoles que j'ai analysées.

Le problème politique de ce pays vaste et nouveau est là tout entier.

LES KHIRGIZ

LES KHIRGIZ

Il y a, vers le 55ᵉ degré de latitude nord, entre la mer Caspienne, la Boukharie, la Chine et la Russie, un peuple qui n'est pas un peuple, et qui, habitant un territoire sans limites fixes, échappant à l'observation du philosophe comme au joug des monarques, ne sait pas même où commencent et où finissent ses domaines. Il se nomme tantôt Chinois, tantôt Russe, tantôt Musulman, selon que son intérêt présent l'exige et que la localité choisie pour y planter sa tente le rapproche davantage de l'une des contrées environnantes. Jamais voyageur n'a pu résider chez des hommes qui ne résident nulle part; et la Russie en les ceignant d'un réseau de forteresses et assumant sur eux la prétention d'une suzeraineté imaginaire, n'a pu ni les fixer, ni les dompter, ni les bien connaître. On ne sait pas encore avec exactitude combien de milles carrés occupe la surface des steppes Khirgiz.

C'est une terre déshéritée. La chaleur y est excessive comme la froidure. L'ouragan ou *bourane* enlève d'un coup, à travers les sables, hommes, tentes et troupeaux. Point de rosée, point de fleurs. Souvent, dans la partie septentrionale, le thermomètre de Réaumur indique 30 degrés de froid, et dans la région méridionale 50 degrés de chaleur. Pendant que la glace couvre les monts et le bord des fleuves, le sable, chauffé par le soleil, devient rouge à faire cuire des œufs. On passe, en moins d'une journée, de l'une de ces deux températures à l'autre. La pluie ne vient point rafraîchir et féconder une terre ingrate, qui d'ailleurs ayant pour tuf une pierre poreuse et avide, absorbe l'humidité sans devenir fertile, et se déchire en longues crevasses verticales. Comme la région septentrionale est seule dégagée de sables et par conséquent susceptible de fécondité, le froid y annulle la bonté relative du sol.

Sur les bords de la mer Caspienne d'étranges phénomènes se produisent : la mer recule : les joncs qui s'entrelacent forment des îles bientôt rendues solides par l'alluvion des sables. On voit grandir et se multiplier d'année en année les îlots, les bancs, les golfes, les bosphores ; l'Océan céder à la terre sa conquête ancienne ; des lacs salés marquer la place où séjournèrent autrefois les eaux maritimes ; les herbes salsugineuses étaler leurs floraisons et leurs feuilles amères sur ces vieux domaines des vagues, et un nouveau désert rejoindre la stérilité du désert. Ailleurs le grand plateau de l'Oust-Ourt, isthme qui sépare la mer Caspienne de la mer d'Aral, élève ses terrasses stériles, inhabitables, les unes bouleversées comme le fond d'un océan desséché, les autres plates et nues comme une table rase. Entre les montagnes, dans les enfoncements où le sol végétal a pu s'amonceler, une colonisation et un défrichement habiles parviendraient à produire de bonnes cultures, si deux calamités naturelles n'achevaient de condamner ce triste pays: il manque d'eau et il manque de bois.

C'est cependant un pays curieux. L'antiquité conquérante et païenne a touché par quelques points à son terrain effroyable; la civilisation moderne fixe attentivement son regard sur tous les annexes turbulents du vaste Empire moscovite ; leur destinée importe à la question d'Orient, à la nôtre peut-être; et nous avons vu, il y a peu d'années, le Kazak ou *Kosak-Khirgiz*, enrôlé volontairement sous les drapeaux russes, pénétrer en France, incendier nos villages et bivouaquer près de Paris avec son petit cheval grisâtre, ardent et hérissé comme son maître. Il semble qu'une ancienne civilisation, étrangère aux races actuelles, ait laissé des traces sur ce sol aujourd'hui parcouru dans tous les sens par des familles de brigands vagabonds, qui ne forment point et ne peuvent former de société civile. Des villes s'élevaient là où l'on ne trouve plus que des sables. Des débris d'architecture mahométane, de pagodes lamaïques, de tombeaux tatars, de fortifications anciennes et de ponts détruits, revèlent sinon le succès et la durée, du moins l'effort antérieure d'établissements stables.

Pour compléter cette liste de singularités et d'anomalies, quelques affluents du fleuve Syr ont disparu; et presque tous les cours d'eau qui traversent la contrée n'apparaissent comme des torrents, au printemps et au commencement de l'été, que pour s'ensevelir, s'anéantir et disparaître le reste de l'année.

La même mobilité désastreuse et stérile forme le caractère du peuple qui habite ces steppes, et semble prouver victorieusement l'hypothèse de Montesquieu.

Rien n'est solide et fixe chez les Khirgiz. Ils ne conservent rien et n'ont point d'existence politique. Une partie de la grande horde se dit soumise à la souveraineté du Kokan, une autre à la Chine, une troisième à la Russie; domination parfaitement illusoire; il n'y a de réel que leur vagabondage et leur brigandage. Sont-ils trop faibles pour lutter? ont-ils peur? ils se soumettent; puis, dès qu'ils le peuvent, ils fuient, oubliant leurs prétendus maîtres. La fidélité au serment et l'acceptation d'un droit inhérent à un devoir n'ont jamais pénétré dans leur pensée. Chinois près de la grande muraille; Khiviens auprès de Khiva; Kokaniens près du Kokan, Moscovites près de la ligne des fortifications russes; partout ils pillent, même ceux qu'ils appellent momentanément leurs suzerains et trouvent dans cette multitude de suzerainetés factices un excellent moyen de les tromper toutes. Leur gouvernement est illusoire comme leur liberté; ils jouissent de la liberté d'être misérables en étant barbares! Changeant de chefs selon leur caprice; chefs eux-mêmes dès qu'ils en trouvent l'occasion; écrasant leurs femmes parce qu'elles sont faibles; attrapant l'empereur chinois et le czar russe par une soumission apparente qui leur vaut des fourrures et des robes; n'ayant de religion que pour haïr et tuer; se disant Musulmans afin de piller les Chrétiens; n'exerçant ni l'hospitalité ni la charité; reconnaissant certaines lois anciennes que personne ne fait exécuter, et se soumettant uniquement à la loi du plus fort; législation infâme.

Voilà comment vivent libres, à la façon des bêtes fauves, deux millions d'hommes qui, dans leur idiome turc corrompu, n'ont pas un seul terme pour exprimer la relation du *sujet* au *roi*, du *roi* au *sujet*. Sont-ils libres? Oui, dans le sens des philosophies absurdes émanées de la théorie de Rousseau; non, dans le sens de la liberté développant la civilisation, et déployant, pour son bonheur, sa gloire et sa dignité, toutes les facultés de l'être humain.

Jean-Jacques, menteur sublime, qui se trompa d'abord lui-même, et fit une *Astrée* à l'usage des amants de l'humanité; Jean-Jacques qui a dominé nos âmes à tous; Jean-Jacques qui a enfiévré nos crédules jeunesses; Jean-Jacques, le nourricier redoutable de toute une génération enivrée; Jean-Jacques, auquel se rapportent comme à un père tous les apôtres de ce temps; l'instructeur de Georges Sand, le maître de Lamennais, l'initiateur de nos destinées, le grand et le faux Jean-Jacques n'a commis qu'une seule erreur. De là toute la logique de ses mensonges. Il a dit que l'homme était né bon; il a dit que la nature humaine, livrée à elle-même, atteindrait la vertu; il a réfuté la théologie, qui prêchait la chute de l'homme et sa fragilité. Il a vu la perfection dans l'homme même, dans la vie sauvage, dans la vie libre. Pas une année, pas un jour, depuis 1775, qui n'ait porté la trace de cette doctrine. On a réclamé des droits sans devoirs; on a voulu la liberté sans les conditions de la liberté. On a demandé, on demande encore la mobilité éternelle; on veut que la législation soit nomade; on espère fonder une destinée sociale sur l'instabilité. On n'a pas vu que la barbarie est au bout du théorème, et que Hobbes tout exagéré qu'il fut dans son anathème contre l'homme, avait encore plus raison que Jean-Jacques. L'homme, est-il naturellement et excellemment bon;

lui suffit-il de la liberté pour s'agrandir et s'ennoblir? Allez demander cela aux hordes australiennes, aux sauvages américains, aux nomades Khirgiz !

Ces derniers, rien les arrête, rien ne les contraint, rien ne les gêne. Le Khirgiz n'a ni religion, ni maître, ni traditions respectés, ni entraves législatives. Il est paresseux, et passe une partie de l'été à dormir, une partie de l'hiver à dormir. Ses femmes et ses filles travaillent pour lui, dans la neige et sous le soleil. Comme le Cyclope d'Homère, qui ne plantait, ne semait, ne labourait pas, il s'étend et reste immobile près de son *toursouk*, tasse pleine de *koumys* ou de lait aigri. L'oisiveté lui inflige tous les vices des nations civilisées; il est voluptueux, sensuel, bavard, envieux, avide, enlève les femmes des autres, le bien des autres, et ne pense qu'à lui. Morose comme cette triste et uniforme *steppe* qu'il parcourt sans cesse, il allie la crédulité à la perfidie, et la légèreté à la ruse. Il trompe et il est trompé. La sainteté de la promesse n'existe pas pour une race qui n'a point de devoirs. Elle est avare autant que pauvre. Après avoir pillé une caravane, on se dispute la proie et l'on déchire en mille lambeaux les moindres bagatelles. Si une montre fait partie du butin, l'un prend une roue, l'autre une vis, un troisième une aiguille, un quatrième un ressort. Le Khirgiz n'a point de pitié pour le malheur; ses *aouls* ou campements sont remplis de mendiants qui meurent de faim. Il ne croit à rien, ne respecte rien, ne craint rien que sa propre souffrance : il n'a pas même de courage. Il attaque le faible, et se tapit derrière un rocher pour tuer et voler celui qui passe. Si on le repousse, il perd toute son audace et fuit éper-

dûment à travers ses steppes. Poltron, voleur, indolent et sans foi, il n'est cependant ni antropophage, ni meurtrier par plaisir. Il a des vices lâches : l'avarice et l'avidité lui plaisent bien plus que le sang versé. Il n'égorge pas son prisonnier, mais il le vend ; il vend même comme esclave le mahométan schiite, lui qui se dit mahométan. Vain, menteur, jaloux, recherchant les médailles, les distinctions, les rubans ; vindicatif comme s'il n'était pas frivole, léger comme s'il n'était pas haineux, il aime passionnément son pays, son affreux et stérile pays ; tant cette habitude incivilisée, cette indolence permanente, ce pillage ardent, entremêlé de longs sommeils, le charment et l'enivrent. Les Baïgouches ou pauvres, quand on les chasse de leurs *aouls*, s'en vont en Russie gagner quelque roubles et reviennent bien vite baiser le sol aride et crevassé de la steppe natale. Un Khirgiz de race princière, Khan de Khiva, sultan de la Moyenne-Horde, nommé Chirgazy, après avoir été major au service de Catherine II et avoir passé des années à Saint-Pétersbourg, s'en retourna vivre parmi ses compatriotes, s'étendre sous la tente enfumée et boire du lait aigri. De sept à huit mille tentes qui étaient venues se fixer dans le gouvernement d'Astrakan, près d'un tiers ont regagné leurs steppes en 1820. « Je n'ai pu, dit un voyageur, (Lev-
« chine), me défendre d'une profonde émotion en voyant
« ces derniers, lorsqu'ils eurent traversé le fleuve Ou-
« ral et posé le pied sur le sol de leur patrie, bondir
« de joie et baiser la terre avec transport. » Ils sont attachés à cette patrie effroyable comme certains animaux sauvages à leurs solitudes. « Mon peuple, disait
« un khan (un de leurs princes), est un troupeau de

« chèvres sauvages ; quelques efforts que l'on fasse pour
« le grouper et l'instruire, au premier bruit, les voilà
« dispersés. » En effet, aucun essai de civilisation n'a
pu prendre sur eux ; on a bâti des écoles, elles sont
restées désertes ; des marchés, ils sont tombés en
ruines. Aucune institution n'a jeté de racines durables
dans ce sol meuble et inconstant, qui n'a pas d'autre
fond qu'une avidité indolente et une vanité frivole.
Les femmes des Khirgiz, pauvres esclaves condamnées
à servir ces fainéants, sont au contraire, selon l'unanime aveu des voyageurs, actives, aimantes, charitables. Ainsi, pour réfuter les théories du dix-huitième siècle, l'être asservi c'est emparé de toutes les
vertus, l'être tyrannique c'est emparé de tous les vices.
Ainsi depuis vingt siècles, la misérable liberté du
Khirgiz et son inutile amour de la terre natale sont impuissants à enfanter une société, un peuple et une civilisation.

Mais, direz-vous, l'organisation de ces hommes est
pauvre comme leur territoire ; leur imagination dort ;
leur intelligence reste sans force ; leurs facultés engourdies manquent d'activité et d'étendue. Pas du
tout. Le Khirgiz naît poëte et musicien ; il comprend,
il écoute, il désire ; ses passions sont vives ; et tous les
germes de la civilisation sommeillent en lui. Pendant
l'hiver la table du festin se dresse sous sa tente ; il a
des histoires d'amour et de guerre ; il écoute avec délices le son de la *balalaïka* russe ou de la *khebytzya*
nationale. Il y a de la verve et de l'originalité dans
ses chansons ; nous en citerons une seule, qui vaut
assurément la plupart des odes slaves et neo-helléniques fort vantées dans ces derniers temps :

Ode Khirgiz

« Vois-tu cette neige ?
« Le corps de ma fiancée est plus blanc.
« Vois-tu le sang pourpre de cet agneau blessé ?
« Ses joues sont plus vermeilles.
« Vois-tu ce tronc d'arbre brûlé ?
« Sa chevelure est plus noire.
« Sais-tu avec quoi écrivent les Mollahs ?
« Ses sourcils sont plus noirs que leur encre.
« Vois-tu ces charbons embrasés ?
« L'étincelle de ses yeux est plus brûlante. »

Les Khirgiz, pour lesquels l'écriture est un luxe presque inconnu, auraient pu aisément l'inventer ; car ils ont des cachets particuliers, ou *tamghaz*, signes spéciaux de chaque individu, qui trace ce caractère représentant son nom. Leur système de musique barbare s'est élevé jusqu'aux duos, trios et quatuors, que des amateurs exécutent. Leurs narrateurs les amusent en récitant des contes pleins de prodiges et d'enchantements. On y voit le héros ou *bohatyr*, amoureux de la fille ou de la femme d'un ennemi, piller *l'aoul* du tyran, l'enlever, la placer au nombre de ses femmes et chanter ensuite les attraits de la cinquième épouse qu'il a conquise. Souvent l'œil du Khirgiz s'enflamme, son cœur bat et ses larmes coulent à ces récits. L'enthousiasme poétique couve chez cet homme qui ne sait rien, n'améliore rien, ne respecte rien. Toute son industrie est dans l'enfance ; il n'a pas assez de prévoyance pour perfectionner les métiers utiles et songer au bien-être de l'année prochaine. Il se fie au hasard ; la mobilité est son idole. Il sait seulement préparer les peaux dont il se couvre, conserver l'eau dans des outres, faire des tentes, des feutres et des tapis, des cordes et des armes; mais avec une grossièreté héréditaire et incurable que la succession des âges ne change et ne perfectionne pas. La société humaine n'est perfectible que sous les conditions de la durée et de la permanence.

Tel est ce peuple singulier.

Tels sont ces autres Bédouins tatares, impossibles à dompter, nomades par principe, lâches quand il le faut, meurtriers quand ils peuvent, professeurs acharnés de la théorie du succès, aujourd'hui recommandée par des génies civilisés.

Le Bédouin arabe est un Kozak sous le bournous arabe; le Khirgiz est un bédouin sous le costume tatar.

SOUVENIRS

DES

LACS DE CUMBERLAND

ET

DU LANCASHIRE

SOUVENIRS

DES

LACS DE CUMBERLAND

ET

DU LANCASHIRE

C'était en 1817. Un jeune français échappé à tous nos orages publics, à toutes nos peines domestiques, avait été accueilli par une famille anglaise domiciliée à Kesvick. Pendant son séjour dans cette famille il parcourut les trois royaumes de la féerie anglaise : les beaux paysages du Westmoreland, du Cumberland et du Lancashire. Jamais il ne les oubliera. C'est quelque chose de moins sauvage que l'Écosse, de moins âpre que les Alpes; — grandeur dans l'élégance; — grâce dans la mélancolie; je ne sais quoi de simple et de varié, de sombre, de brillant, de rustique et de pittoresque.

Pourquoi se sentait-il profondément heureux? Était-ce cette puissance intérieure, ce magnétisme ardent qui jaillit de notre sein, et qui enveloppe la nature à notre insu d'un réseau lumineux? Dix-sept ans, la nouveauté, une enfance triste, je ne sais quelle prédisposition naturelle; et le passage rapide des bancs du collége à cette immense magie de la nature; tout cela doit-il suffire à expliquer ce qu'il ressentit pendant le séjour de quelques semaines passées au bord de ces lacs ?

Il est, on le sait, dans la vie, des époques qui ne se perdent et ne s'effacent pas, dont le souvenir dure toujours et envahit le reste.

Il y a aussi des époques mates et ternes, désertes et désolées : celles-là laissent à peine une trace ; l'âme n'a point souffert ; elle n'a pas joui. L'esprit n'a rien acquis, l'intelligence ne s'est ni agrandie au feu des passions, ni trempée dans la douleur morale. On voudrait retrancher de ses années ces misérables époques perdues. Alors vous avez eu peut-être la santé, même le bien-être ; la végétation humaine a pu fleurir et prospérer. Vigueur physique, santé extérieure, qui ont couvert et enseveli une véritable mort morale sous une efflorescence mensongère. Pauvres années, que le moraliste approuvera quelquefois ; années sans vertus et sans vices ; d'une teinte opaque et d'un ton lourd ; sans rien de transparent, d'héroïque et d'élevé ; — innocentes peut-être ; — innocentes comme le sommeil et nulles comme lui.

Le jeune homme dont je veux parler échappait à l'une de ces tristes époques, à l'un des *sommeils* de la vie ; et, chose plus douloureuse, cette crise l'avait saisi à quatorze ans ; arrêtant le premier développement de sa jeunesse, frappant de glace le premier mouvement spontané de l'âme, comprimant ce ressort délicat et vigoureux qui ne devait décrire sa courbe et atteindre son but que plus tard. Et le voilà sans maîtres, sans inquiétudes d'avenir, sans douloureuses pensées, libre au milieu de cette nature libre, en face de ces grands lacs et de ces petites maisons blanches habitées par de grands poètes. Imaginez sa joie : l'enivrement d'une tête jeune, sur laquelle avait pesé la calotte de plomb du Dante ; car jamais enfance n'avait été plus profondément, plus intimement malheureuse; jamais la détestable éducation de nos temps modernes n'avait éveillé une sensibilité plus nerveuse, plus folle, plus irritable; n'avait fait éclore en serre chaude, une ambition plus intempestive et un besoin d'action plus douloureux. Une prison d'état (qui n'a pas goûté de la prison d'état?) venait d'achever sous des caveaux humides tout cet enseignement effroyable.

Qu'on ne s'étonne donc pas s'il a gardé dans le fond de son âme, comme un trésor précieux, cet autre enseignement des grands lacs d'Angleterre, cet enseignement de consolation tendre et de bonheur pur. Il s'est plu à me raconter toutes les circonstances de son séjour, toutes les observations de sa pensée. Je les ai recueillies; elles offrent plusieurs anecdotes curieuses et des tableaux intéressants que l'on chercherait en vain ailleurs.

« Il n'est pas, me disait-il, de pays plus bizarre que celui de ces trois comtés. Non-seulement la nature y est sauvage, mais les hommes, les habitations, les mœurs portent un caractère spécial. C'est une variété infinie dans un espace très-étroit; les dentelures des bords des lacs, les mille découpures des îles, les baies sans nombre que forment leurs rives, les golfes verdoyants qui s'ouvrent à vous, les crêtes de montagnes qui s'élèvent à pic et ombragent de petits vallons délicieux; les miniatures de cataractes qui tombent de toutes parts avec un grand bruit et beaucoup d'écume, bien que la masse de leurs eaux soit peu considérable ; les attitudes grotesques des collines, la vieillesse grise et chenue des sapins et des bouleaux, la verdure veloutée et semi-violette des gazons multiplient les accidents du paysage avec une diversité coquette, qui ne se retrouve pas même en Suisse.

Rien de cette nullité plate des longues plaines qui font acheter leur fécondité par leur ennui ; partout au contraire le passage vous est fermé par une digue inattendue, un ruisseau plus bruyant que dangereux, une barrière rocheuse qui s'élève à l'improviste. Il y a des sentiers où un mulet ne poserait pas le pied ; des lacs où *tarns* qui, serpentant avec une singularité qui ressemble à de la folie, laissent entrevoir leurs rouges cailloux au fond de leurs eaux limpides, à peine suffisantes à remplir un des bassins de Versailles. Il y a des montagnes naines, les unes boisées, les autres aussi nues et aussi fières de leur nudité granitique que le Mont-Blanc où les Apalaches. Ce grandiose au petit pied, cette diversité sans fin, le silence des lieux, la douceur des habitants, le mélange des mœurs champêtres, agricoles, pastorales, des habitudes demi-sauvages de la chasse ou de la pêche, prêtent un charme curieux, neuf, profond à cette partie de l'Angleterre.

Le dialecte même est spécial. Une cataracte est une *force* ; il y a de petites *forces* innocentes qui ont à peine mouillé mon chapeau lorsque je me soumettais à leurs étincelles de pluie prismatique. Vous voyez de toutes petites barques très-propres et polies, amarrées au bord des lacs et toutes prêtes à recevoir les visiteurs. Ces comtés ont leur époque de récolte et leur morte saison ; lorsque vient le beau temps, lorsque le Dandy, — cette race qui commence à s'humaniser aujourd'hui, mais qui a compté une douzaine d'années de règne insolent, — s'extravase sur le sol de la Grande-Bretagne et sur le continent envahi; lorsqu'il est de bon goût d'aller voir les lacs; un grand mouvement s'empare de la population des trois comtés. On achète des filets, on répare les barques; les auberges se garnissent, les beautés du Lancashire, célèbres sous le nom de *Lancashire Witches* renouvellent leurs atours et se rappellent que plus d'un voyageur en quête du pittoresque a ramené à Londres ou à Bristol quelque jeune fille de fermier, devenue femme d'un riche marchand ou d'un lord. Ce mot *Witches* vous a fait sourire; il n'a pas la signification que vous lui prêtez; et la traduction, qui ne traduit presque jamais, se tromperait fort si elle rendait cette expression par le mot Français *sorcière*. *To bewitch* veut dire *ensorceler, séduire, attirer;* et *les fées du Lancashire*, qu'il ne faut pas nommer *sorcières;* fées remarquables par la blancheur de leur peau, la délicatesse de leur teint, la profusion de leurs cheveux cendrés, la finesse aristocratique de leurs extrémités, ont prouvé par plus d'un accès d'amour romanesque la réalité de ce pouvoir surnaturel dont on les doue.

« La fièvre d'industrie qui règne à Londres m'avait pénétré d'une émotion assez pénible; la régularité de cette action à la fois violente, soutenue et mécanique qui fait de chaque homme un balancier de monnaie, et qui use la vie de l'individu à fabriquer des écus; cette régularité éternelle, sombre, silencieuse inspire un certain effroi à qui la juge pour la première fois, à qui se trouve placé tout à coup au milieu de tant de rouages en mouvement. Ma qualité d'étranger dans une ville alors peu hospitalière, et que le nom français irritait, aggravait l'amertume de cette impression. Deux mois après mon arrivée à Londres nous partîmes pour le Cumberland ; la famille, dont j'étais devenu l'un des membres et qui me rendait ainsi et avec usure l'hospitalité que ma propre famille lui avait offerte à Paris, s'installa dans la petite ville de Keswick, et me laissa liberté complète de courir les lacs et de visiter les trois comtés. Le père était membre du parlement, homme politique, chasseur déterminé, buveur formidable ; la mère était méthodiste, confectionnait d'excellentes conserves de pommes et de raisins et travaillait toute l'année à sa pharmacie, ouverte gratis à tous les malades du voisinage. Deux jeunes filles restaient sous la garde d'une *governess*, aussi sévèrement méthodiste que la mère. Quand je vis avec quelle parfaite liberté s'opéraient tous les mouvements des individus qui composaient ce petit système patriarcal ; combien la sociabilité aimable en France en réglait peu les ellipses excentriques, je m'émerveillai et les étudiai. Les discours du père, répétés à haute voix dans son grand salon où il s'enfermait, n'avaient pas la moindre influence sur la maîtresse de maison, qui régnait seule sur six immenses chaudrons placés dans la cuisine. La *governess* avait aussi son gouvernement isolé : elle composait dans sa chambre des hymnes et des romans de piété ; et au bout du compte tous ces gens qui ne causaient guère entre eux, qui s'aimaient très cordialement, qui se réunissaient silencieusement aux heures du repas, et dont les goûts étaient disparates, réalisaient une somme considérable de bien-être, et même de bonheur.

Ce fut là que je conçus la première idée de cette liberté individuelle que nous prenons en France pour de l'égoïsme — et qui est la sauvegarde de la liberté publique.

Les gens au milieu desquels je vivais se faisaient peu de concessions mutuelles, excepté dans les grandes circonstances. Ils réservaient aux intérêts les plus graves de la vie le dévouement que nous prodiguons en politesses et que nous dépensons en égards de tous les jours. Je fus choqué d'abord de la froideur qu'un tel système jette sur la vie ; je m'y accoutumai peu à peu ; et découvrant sous cette couche dure et ingrate des sentiments réels, une affection candide, une bienveillance sincère, je ne pus m'empêcher de changer d'opinion. Les prévenances de cette famille étaient si naïves ! leur cordialité se révélait d'une façon si imprévue par des actes, — non par des mots ! Je finis par ressentir quelque colère contre la facile politesse des révérences et des protocoles ; — contre ces gens, toujours *enchantés*, *ravis* de vous être utiles, et qui ne se déplaceraient pas pour vous servir.

Aussi la liberté de mes actions fut-elle bientôt à l'unisson de la famille qui m'avait accueilli. Je m'embarquai sur les lacs, je m'égarai dans le bois, je fis dans le comté voisin des excursions de deux semaines ; personne ne s'en formalisa ; on était flatté de l'enthousiasme que je rapportais de ces excursions ; et, après quelques questions que la vanité nationale et l'amour-propre de localité m'adressaient, on me laissait recommencer ma vie errante.

Ainsi, pendant une semaine entière, je me plus à

suivre à pied le cours de cette rivière Duddon, si étrange, si variée, qui est tour à tour un lac, une cataracte, un torrent, un ruisseau, un mince filet, un bassin limpide et une nappe d'eau éclatante.

Le charme de ces excursions fut doublé pour moi, lorsqu'un soir à mon retour je trouvai sur ma table trois volumes contenant les poésies de Southey, de Wordsworth et de Coleridge. Ces poètes, si différents d'ailleurs, étaient venus habiter le bord des lacs. Wordsworth résidait à Grasmere dans le Westmoreland ; et Southey à Greta, château qui domine Keswick et qui est situé à treize milles (quatre lieues et demie, de Grasmere. Ces poètes n'ont rien de commun entre eux, quoi que l'on ait pu dire : Southey se plaît à reproduire les formes extérieures, les images palpables et vivantes. Wordsworth embellit les choses communes de la vie et revêt de poésie les réalités. Coleridge trouve un charme spécial à faire vivre le monde fantastique dans des vers dont l'harmonie magnétique s'empare de l'âme et prête aux chimères une vie réelle et populaire.

Southey habite la terre ; Wordsworth creuse ; et Coleridge plane. La critique, qui aime à simplifier toutes choses et qui n'est souvent que l'expression dernière de la pauvreté de l'esprit, n'a pas manqué de les confondre et de faire d'eux les maîtres d'une école : — *Ecole des lacs.* — Appellation absurde !

Le plus grand de ces poètes, selon moi, c'est Wordsworth ; le plus grand, parce qu'il est le plus original des trois. Il ressemble aux montagnes qui l'environnent, sa pensée haute est semée de détails infiniment délicats ; elle a mille variétés microscopiques, mille métaphysiques profondeurs, mille délicieuses puérilités. La pensée de Southey, grand écrivain, est encore à demi païenne; une lueur orientale la colore et l'œil est quelquefois ébloui de cette splendeur. La pensée de Coleridge est vaporeuse, souple, subtile, plus allemande qu'anglaise ; difficile à saisir, alors même qu'elle brille. Elle ressemble aux vapeurs, dont les masses s'accumulent au front des montagnes et qui s'enflamment, transparentes, sous les rayons du soleil qui les pénètre. Avec quelles délices, quelle fraîcheur, quelle ardeur de sentiment renouvelé, — assis sur le bord d'une de ces *mers* ou lacs, — me laissais-je entraîner par la magie souveraine de ces poètes !

Je venais de quitter la France, quand je lus pour la première fois l'ode suivante de Coleridge :

ODE A LA LIBERTÉ.

« Dites combien je bénis, combien j'adore le génie de la divine liberté, vous qui êtes libres, vous que Dieu a faits pour être libres, nuages qui sans route et sans contrainte voyagez dans l'éther : dites-le, flots de l'Océan, qui n'êtes soumis qu'aux lois éternelles ! forêts dont les branches solennelles s'abaissent en cadence sous le vent qui les ploie et donnent aux nuits de si profondes harmonies !

« Vous m'avez vu souvent me plonger avec délices dans ces obscurités où le bûcheron ne pénètre pas. Le clair de lune me guidait; je marchais sur la mousse ; j'étais perdu pour le monde tumultueux, et les bruits du désert et ses formes sauvages m'inspiraient tour à tour. Oh ! dites-le bien, vous qui m'offriez la liberté qui manque au monde, — si c'était du fond de mon cœur que je l'adorais, la liberté sublime !

« Mon cœur tressaillit, vous le savez, il tressaillit d'une sainte espérance, mêlée de crainte, lorsque la France endormie se leva comme un géant, secoua ses membres fatigués, frappa du pied la terre et dit : « Je suis libre ! » Son serment fit trembler l'air, la terre et les flots ; et mes accents de reconnaissance et de joie éclatèrent sans crainte, sans scrupule, quoique des esclaves m'entourassent.

« Et lorsque dans un mauvais jour, les monarques marchèrent pour écraser ce noble peuple qui venait de rompre le charme séculaire, lorsque la Grande-Bretagne se joignit à eux, je baissai la tête et pleurai. C'était mon île natale : là étaient mes amitiés, là s'étaient passées mes jeunes années ; tous mes plus doux sentiments s'attachaient à elle et versaient une lumière magique sur ces vallons, sur ces collines : cependant ma voix ne faiblit pas. Ce fut aux tyrans que je lançai l'anathème, à eux que j'annonçai la honte d'une défaite assurée. Ce fut la délivrance de la France que j'appelai de tous mes vœux !

« Oui, disais-je alors, je le sais, le cri du blasphème et de la rage retentissent, dissonance affreuse au milieu de cette harmonie de liberté. Oui, la ronde démoniaque de toutes ces passions frénétiques est plus horrible que la ronde du sabbat. Mais bientôt, me disais-je, ces fantômes de la nuit vont fuir ; ces orages qui nous cachent l'aurore vont se dissiper. Oui, bientôt la sagesse répandra ses enseignements dans la cabane du pauvre ! sous l'humble toit de l'homme qui gémit ! Écoute, ô mon âme ! toi qui n'espères qu'en tremblant ; écoute :

déjà la dissonance s'apaise ; déjà la gloire tresse ses guirlandes pour cacher les plaies saignantes de cette France au front cicatrisé. Le temps approche où la France libre ne sera plus conquérante que par l'exemple de son bonheur ; où elle forcera les nations à être libres, en leur montrant ses libres enfants, la joie et l'amour pleureront sur le monde et diront : « Ce monde est à moi. »

« Liberté, mon idole, pardonne, pardonne ; c'étaient les rêves d'un enfant. Comme ils t'ont traitée ! ton sang ruisselle sur les rochers helvétiques, tous les torrents des Alpes sont souillés, tous les amis de la patrie jonchent les plaines de leurs ossements épars. Pouvait-on s'y attendre ? Pardonnez-moi, ô vous qui en défendant votre sol natal, avez péri sous l'épée française ; pardonnez-moi si j'ai loué vos ennemis ! Là où était la paix profonde, ils ont semé la rage, la guerre et la famine ; ils ont souillé la liberté sans tache du montagnard ; ils l'ont déshérité de ce que trois siècles ne lui avaient pas enlevé, de son plus précieux trésor. Sont-ce là tes exploits, noble peuple, qui te proclamais le champion du genre humain ! n'auras-tu désormais de puissance que pour les œuvres de désastre ?

« Quoi ! te joindre à la curée des rois, les suivre à la piste dans cette chasse inhumaine, hurler avec eux et partager leur proie sanglante ; élever (chose infâme), un autel à la liberté pour y suspendre les dépouilles de tous les peuples autrefois libres !

« En vain le vice s'écrie-t-il : je serai libre ! La révolte ne le mènera qu'à la servitude. Esclave par essence, en vain brisera-t-il ses entraves ; bientôt, sur des chaînes plus pesantes encore on lira ce mot, inscrit comme une ironie : *Liberté !*

« Où te sentirai-je, où te retrouverai-je, liberté que j'aime ? tu n'es ni sous la pourpre du puissant, ni sur le char triomphal. Loin des pompes dont la religion s'entoure ici-bas, loin des esclaves des partis, qui subissent un joug plus ignoble encore ; je te retrouve dans la solitude, où je suis maître de moi ! C'est là sur le bord de ce roc décharné qui commande à la mer ; là sous le murmure de ces pins battus des orages, que le front nu, les tempes nues, rafraîchi par la brise marine, confondant mon être avec tous les objets de la nature, m'assimilant à eux, et les possédant, je me pénètre de ton génie, ô liberté ! et enfin je te retrouve ! »

Le cœur serré, je fermai le livre. — Vérités inexorables !

Deux jours après Coleridge passait près de moi, chevauchant un mulet de triste encolure.

Imaginez un petit homme vêtu de noir, — curé de campagne, — flot de cheveux argentés tombant sur le drap noir de son habit râpé ; — la taille replète, les mouvements lents, l'œil vif et gros, étincelant et ondoyant tour à tour ; avec cela des couleurs roses et cette quiétude de physionomie qui appartient souvent aux rêveurs, rarement aux hommes passionnés. Tel était Coleridge, maître du plus beau talent d'improvisateur, — Platon moderne.

Ecole de Peinture anglaise

RICHARD WILSON

RICHARD WILSON

NÉ EN 1713. — MORT EN 1782.

A Colomondie, près du village de Llanoerris dans le pays de Galles, les paysans montrent au voyageur deux vieux sapins échevelés, qui se balancent sur une hauteur et protégent deux vieilles pierres grises et moussues. On découvre de cet endroit une vue admirable, un vrai paysage du pays de Galles, sombre et lumineux, sauvage et riant. « C'est là que le vieux peintre venait s'asseoir, » disent encore aujourd'hui les paysans dans leur patois keltique.

Ce vieux peintre était Richard Wilson, grand paysagiste. Troisième fils d'un ministre anglican de race noble, il naquit en 1713 dans le comté de Montgomery. Un de ses parents, sir Georges Wynn, étonné de le voir, tout enfant, imiter les contours des objets, le conduisit à Londres et le confia aux soins d'un portraitiste obscur, nommé Wright. Wilson réalisa quelques épargnes, et, d'ailleurs aidé par ses amis, il partit pour l'Italie. Cette atmosphère transparente et chaude, ces feuillages immobiles et baignés de soleil, cette majesté suprême et ce repos passionné de la nature l'enivrèrent. Il continuait cependant à faire des portraits, lorsque Zuccarelli et Joseph Vernet le révélèrent à lui-même. « Qu'est-ce que cela, » lui demanda le premier, qui rentrait dans son atelier, où Wilson, le pinceau à la main, l'attendait devant une esquisse qu'il venait d'ébaucher? — « C'est cette vue, qu'on aperçoit de votre fenêtre et qui m'a plu ». — « Vous êtes paysagiste, » répondit l'Italien. Notre Vernet pensa de même : « Messieurs, disait-il à des voyageurs anglais qui visitaient son atelier, ne parlez pas seulement de mes paysages, quand votre compatriote Wilson fait de si belles peintures. »

Zuccarelli et Joseph Vernet avaient rendu Wilson à son propre génie; notre artiste, abandonnant les portraits, se mit à copier le Guaspre, le Lorrain, Salvator Rosa, surtout le Lorrain, et bien plus intimement la nature italienne, qu'il étudia pendant six ans; il revint, apportant à Londres ses cartons pleins de dessins, d'esquisses et d'ébauches. Sa *Niobé* et sa *Vue de Rome*, les premiers tableaux qu'il exposa, parurent des œuvres savantes et extraordinaires. Le duc de Cumberland acquit la première, le duc de Tavistock la seconde; la médiocre place de bibliothécaire de l'Académie royale fut la récompense de ces premiers succès. Mais l'admiration passagère qu'il avait inspirée s'évanouit bientôt. Pour comprendre cette poésie il fallait des poètes : l'Angleterre n'en avait plus.

Les silencieuses clartés du matin, l'éclat du midi qui fait désirer l'ombre et la fraicheur, l'adorable retraite que le penseur et l'amant cherchent au bord des grands lacs abrités par de hauts rivages, n'avaient jamais été plus poétiquement idéalisés que par Wilson.

Personne encore en Angleterre n'avait peint la nature poétique, et réalisé sur la toile l'idéal divin de Milton. Wilson, comme l'auteur du *Paradis perdu*, allie la splendeur et la rêverie. Les grands bœufs mugissent en retournant à l'étable, et passent d'un pied lent sur un fragment de ruine antique. Le soleil se couche entre de grands arbres aux troncs d'ébène, — les horizons sont vastes, les grottes profondes, — le couchant est rouge de clartés qui éblouissent. Presque toujours une nappe d'eaux paisibles et les arbres majestueux qui les ombragent font valoir l'éclat lointain des horizons baignés de lumière. Dans la *Vue de Rome* les sept collines de la maîtresse du monde se dessinent au milieu d'une clarté, sereine et vaste comme son passé historique ; et sous les arbres du premier plan, ombrages obscurs comme ses modernes destinées, des voyageurs assis contemplent un bas-relief de marbre, — une femme belle encore, mais brisée ; — le symbole de Rome.

Tel est le caractère des œuvres de Wilson ; — larges, peu variées, exécutées sans retouche, avec une largeur quelquefois exagérée, et faites pour être vues de loin. C'est le plus savamment poétique des paysagistes ; de même que Milton est le plus savamment pittoresque des poètes.

Wilson aime les contrastes vigoureux, et il en abuse. Tantôt, dans la *Vue d'une campagne anglaise*, le soleil rayonne derrière l'écran d'un vieil orme, et ses feux divisés se projettent en vastes nappes rectilignes, dont toute une partie du ciel est inondée; tantôt, dans le *Phaéton*, la lumière s'échappe par sillons éclatants des ouvertures et des arcades d'un édifice plongé dans l'ombre. Ces effets puissants ajoutent au sentiment de mystérieuse grandeur dont Wilson est épris, et prêtent un charme particulier, non pas aux plus tumultueux de ses paysages dramatiques, à *la Niobé*, au *Phaéton*, — mais à ses œuvres plus modestes, telles que *la Villa Mécène*, *Apollon et les Saisons*, une *Vue du Pô*, *Cicéron dans sa Villa*, *le Pont de Langallen*, et *la Tombe des Horaces*.

Quelle que soit l'admiration que ces belles compositions inspirent et méritent, on y découvre l'effort du génie septentrional voulant se rendre maître de la beauté italienne. Une certaine simplicité de la grandeur manque à Wilson. L'arrangement et le contraste des lignes et des plans, des ombres et de la lumière, ont quelque chose d'artificiel ; pour l'alliance idéale de la mélancolie du Nord et de la splendeur du Midi, nul ne l'a égalé parmi les maîtres.

Ses contemporains étaient indifférents à ses mérites : les juges de l'art l'estimaient à peine digne de leurs critiques ; les maîtres le prenaient en pitié. Ni le coloriste Reynolds, amoureux de l'école vénitienne ; ni le grandiose Fuessli, que Michel-Ange séduisait, ne voulaient protéger Wilson. Peu de commandes lui étaient adressées. Un seigneur ayant intéressé Georges III en sa faveur, ce roi lui demanda une vue de ses jardins de Kew, dont il aimait les hautes futaies ; Wilson élargit les horizons et prêta aux feuillages des mystères plus profonds que la réalité. La toile fut renvoyée au peintre par le monarque, ami de l'exactitude. En vain sir Willian Beechy, un de ces populaires magistrats particuliers à l'Angleterre et aux Flandres, essaya de le protéger. Le *pauvre Richard*, comme l'appelaient ses amis, ne vendait point de tableaux, ou les vendait quelques shellings. Son foyer était vide et son atelier délabré. Un jour qu'il avait faim et soif, il vendit une de ses toiles les plus belles pour un pot de *porter* avec un débris de fromage de Stilton. Il se réfugia dans un grenier de Tottenham-Court-Road et continua bravement son œuvre. Un fils de bonne maison, touché de sa pénurie, lui ayant amené une grande dame qui aimait les paysages, Wilson prit à part le jeune homme et lui dit : « Comment exécuterais-je le tableau ? Je n'ai pas de quoi acheter mes couleurs. »

Les membres influents de la Société royale, émus alors d'un beau sentiment de pitié, lui envoyèrent un ambassadeur, non pour lui offrir des secours, mais pour lui remontrer que sa manière était lourde et monotone, sans grâce et sans attrait. Wilson, homme rude et simple, se mit en grande colère. Renoncer à son génie, abjurer les rêves poétiques qui en étaient l'essence et la vie ! Wilson n'en devint que plus obstiné dans son style et plus furieux contre les hommes ; il lança quelques épigrammes nouvelles contre Reynolds et menaça de sa canne un caricaturiste que ses ennemis encourageaient. Cette nature forte et ingénue tourna dès lors à la misanthropie cynique. Sa vue s'affaiblissait et sa touche devenait incertaine. L'hôpital l'attendait.

Un de ses frères mourut à cette époque, lui laissant un petit domaine et quelque fortune. Wilson, à qui son génie n'avait pas donné de quoi vivre, fut indépendant, au moment où l'âge et le chagrin commençaient à glacer son talent. Une mine de plomb, découverte dans sa propriété, lui assura un revenu considérable.

Il fit ses adieux à Sir William Beechy, et alla vivre à Colomondie, village dont nous avons parlé, dans le pays de Galles, sans toucher désormais à ses pinceaux. Un soir, après une longue promenade où son chien l'avait suivi, Wilson, que le désappointement et le travail avaient usé, tomba évanoui. L'animal effrayé courut à la maison, força les serviteurs de le suivre et le conduisit à la place où son maître était gisant.

On rapporta le peintre chez lui; il languit quelques mois encore et mourut à soixante-neuf ans, en mai 1782, sans que personne en Angleterre ou en Europe se doutât qu'un artiste de génie avait disparu de la terre.

Son malheur fut d'être trop complétement artiste au milieu d'une société politique et commerçante.

Il ne voyait au monde que son Art.

Un jour qu'il contemplait du haut de la terrasse de Richmond la belle perspective que l'on découvre de ce point, il s'écria : — « C'est un beau morceau, — bien composé! Et ces *figures*, là-bas, près de ces maisons, comme elles font bien ! » — En face de la cascade de Terni, il s'était écrié dans son extase : « Que cette eau est bien faite, mon Dieu ! que cette eau est *bien faite !* »

Le monde devenait le cadre d'un paysage dont les hommes étaient les figures.

Dieu, aux yeux de Wilson, n'était qu'un peintre.

RECHERCHES ET INDICATIONS (1).

Différents des autres peuples, les Anglais, dont le patriotisme pourrait s'appeler souvent égoïsme national, gardent pour eux les œuvres de leurs artistes. Les amateurs qui n'ont pas visité l'Angleterre ne peuvent se former une idée de l'école anglaise que sur des gravures souvent inexactes, car les artistes de cette nation tiennent plutôt au fini et à l'effet de leur planche qu'à la reproduction fidèle des maîtres qu'ils copient.

La galerie nationale de Londres possède deux tableaux remarquables de Wilson; l'un représente la vue de la *Villa Mécène à Tivoli*, exécutée pour le comte Tharel. Le point de vue de ce paysage est choisi avec un goût exquis; mais, pour un site méridional, le ton en est froid. L'autre, *la Mort des enfants de Niobé*, est un tableau d'une conception noble et poétique; mais, comme le pendant, il manque de chaleur, et l'exécution des détails est maniérée. Dans la galerie Bridwater, on voit une répétition de la famille de Niobé, et un autre paysage vrai de ton, mais d'une composition inférieure. M. Rogers possède un beau tableau de Wilson; on en voit deux autres dans la *galerie Grosvenor* : dans l'un, et au milieu d'une nature agitée par la tempête, le peintre fait apparaître les *sorcières de Macbeth*. Les figures en sont faibles. L'autre représente un paysage qu'arrose une rivière calme et limpide. On trouve chez M. Wynne Ellis, négociant à Londres, un passage où se passe encore la scène de la mort de Niobé. Ce tableau capital et bien traité a appartenu au duc de Glocester. M. Artis, chapelier à Londres, possède un magnifique tableau, peut-être le plus beau de ce peintre; c'est un paysage avec une large rivière. Toutes les qualités se trouvent réunies dans cette composition, vérité, exécution et couleur. Enfin, dans la galerie Broughton-Hall, on admire un pas-

(1) Notes empruntées à l'ouvrage de M. E. Blanc, sur les peintres.

sage représentant une forêt, tableau exécuté avec une chaleur toute particulière. Payés à leur origine très-bon marché, nous ne saurions dire ce que les tableaux de Wilson se vendraient aujourd'hui : on n'en rencontre jamais dans les ventes publiques ; conservés dans les galeries de l'aristocratie anglaise, ils y restent.

Les paysages de Wilson, gravés par Woolett, y ont gagné de la fermeté sans rien perdre de leur éclat. Les tableaux de maître, que nous avons vus, ne portent pas de signature.

GUILLAUME HOGARTH

GUILLAUME HOGARTH

NÉ EN 1697. — MORT EN 1764.

Rien ne prouve mieux le peu de progrès du goût en Angleterre jusqu'au milieu du dix-huitième siècle que l'autorité et l'influence dont se trouva maître, entre 1710 et 1750, un nommé Kent, alors célèbre, aujourd'hui profondément oublié. Les beaux-arts obéirent longtemps à sa direction. La mode n'exista que par lui. Il avait usurpé, au nom de l'aristocratie bourgeoise, la même dictature que Louis XIV en France venait de confier au peintre Lebrun.

C'était une époque confuse et féconde, où les esprits, surtout en fait d'art et de goût, avaient grand'peine à trouver leurs principes et à fixer leur point d'arrêt. Le parti puritain atténué, le royalisme pur définitivement vaincu; la bourgeoisie et l'aristocratie liguées; un peuple énergique au fond de la scène; quelques familles puissantes et habiles s'emparant du pouvoir; un trône qui tombe, se relève, tombe encore, et transformé trois fois, affaibli en apparence, renaît plus fort que jamais; tous les éléments contradictoires bouillonnant ensemble dans le même cercle social; voilà l'Angleterre. Les débauchés de la cour de Charles II et de Jacques II coudoyaient les petits enfants des têtes rondes et des partisans de Cromwell. Ce qui était anathème pour les uns semblait aux autres la condition nécessaire de la vie. Dans ce chaos de forces hostiles, sans règles, sans principes, sans antécédents certains, une aspiration vague vers l'élégance et les arts se faisait deviner ou pressentir, et il n'est pas étonnant qu'un homme adroit, un esprit actif ait fait tourner à son profit une situation aussi confuse. Sculpteur détestable, peintre de mauvais goût, ornemaniste ridicule, Kent mit tant d'aplomb et d'assurance dans sa conduite ; il devina si bien les instincts et les désirs de ce qui l'entourait, qu'on ne jura que par lui. Le courant des engouements qu'il servait le porta d'un élan à la gloire et à la fortune. Les grandes dames le consultaient, les poètes le chantaient, les princes et les seigneurs ne meublaient leurs appartements et ne composaient leurs galeries que d'après ses plans ou ses instructions.

L'habileté de ses manœuvres s'accordait avec l'incertitude des idées de cette époque. Kent dessinait des fauteuils et des jardins ; il bâtissait des colonnades et coloriait des kiosques ; il décorait des boudoirs et taillait des jupes : arbitre universel.

La cause de ce succès bizarre se trouvait dans l'état des esprits et surtout des passions contemporaines. Le catholicisme méridional, soutenu par Louis XIV et que la révocation de l'édit de Nantes prononcée peu d'années auparavant avait rendu profondément odieux aux populations protestantes, s'alliait dans l'esprit anglais (assez ignorant de ces matières) à tous les souvenirs païens, au sentiment même du beau, tel que Phidias et Praxitèle l'ont compris. Pour plaire à la population anglicane il fallait inventer un nouvel art qui ne fût ni grec, ni romain, ni italien, qui s'éloignât surtout du style de Louis XIV. Les plantations régulières de Versailles, la façade du Louvre, même la belle cour intérieure des Invalides paraissaient aux Hollandais et aux Anglais le symbole du despotisme et du fanatisme romain. Ce fut en Hollande que pour la première fois on se contenta des forêts et des gazons que Dieu a faits, sans les soumettre à l'équerre. Pope suivit cet exemple, Kent l'imita.

Quand il se vit à la mode, il s'avisa de se faire Grec. il disposa des bosquets, groupa des arbres, arrondit des pelouses, devint chef d'une école de jardinage anti-français ; — et fut mis en réquisition par les gens riches et les grands seigneurs anglais. L'Angleterre avait trouvé son Lenôtre, dont elle fit bientôt son Michel-ange et son Raphaël. Kent n'avait ni coloris ni dessin ; Il manquait d'étude comme de goût. Le sentiment de l'art lui faisait défaut ; la mode seule le favorisait. Westminster fut encombré de ses créations absurdes. Les églises se disputèrent ses tableaux et l'idéal recti-ligne, par lui exagéré jusqu'à la parodie, atteignit le dernier degré du ridicule.

L'Angleterre n'avait encore rien produit qui put constituer un art national et qui ressemblât à une école. Holbein et Van Dyck, comme Verrio et La-guerre, étaient des étrangers. Sir James Thornhill, homme d'imagination et de quelque talent, exécu-tait avec facilité de grandes machines dans le goût des derniers maîtres italiens. Personne ne détrônait Kent ; son savoir faire et son audace régnaient. Il garda le sceptre de l'architecture, de la peinture, de la statuaire comme du jardinage, et ne tarda pas à rester convaincu avec toute l'Angleterre, que le monde n'avait pas produit de plus grand artiste que lui-même.

Kent venait de décorer d'un nouveau chef-d'œuvre, représentant deux ou trois figures géométriques sous forme de Saints et de Saintes, l'église de Saint-Clément à Londres, et l'évêque anglican de la métropole avait assigné à cette toile barbare la place d'honneur au-dessus du maître-autel. Alors on vit exposée chez les marchands d'estampes une gravure d'une dimension assez vaste, qui reproduisait en caricature, avec une vivacité et une justesse merveilleuses, les lignes anguleuses et la fausse unité du maître à la mode. Tout le monde fut frappé. Les yeux se dessillèrent.

Pendant que la foule s'attroupait devant la parodie, l'évêque faisait descendre de sa place glorieuse le tableau, en face duquel personne ne pouvait plus s'arrêter sans rire. Kent aussi descendit de son trône. Ce ne fut plus dès-lors ni Phidias ni Raphaël. On lui laissa pour domaine les jardins anti-français, qui employèrent son temps, complétèrent sa fortune, furent imités par la France, chantés par Delille, protégés par Rousseau et qui envahirent l'Europe.

L'auteur de la caricature qui venait de déterminer cette révolution, le dessinateur inconnu qui détruisait l'idole d'un seul coup de fronde, comme David tua Goliath, était un jeune homme de vingt-huit ans, nommé William Hogarth. Il essayait de vivre de son burin et n'y réussissait guère. Après avoir fait son apprentissage chez un graveur sur métaux et taillé des noms dans le cuivre, des adresses sur des plaques de portes, des écussons blasonnés et des monstres héraldiques, il avait fourni quelques vignettes pour une édition nouvelle du poëme satirique de Butler (*Hudibras*) et pour le roman comique d'Apulée (*l'Ane d'or*); son talent avait attiré l'attention de quelques amateurs dont les rares encouragements le tiraient à peine de la misère et ne l'arrachaient pas à l'obscurité.

Fils d'*yeoman*, c'est-à-dire d'un de ces petits fermiers indépendants qui joignaient quelque chose de la fierté féodale à la liberté rustique, William Hogarth était né à Londres, où sa jeunesse pauvre s'était écoulée sévèrement. De vraie souche comme de nom et de caractère anglo-saxons, tous ses penchants étaient populaires. Souvent, avant l'année 1725, quittant l'atelier du maître où il gravait des étiquettes de bibliothèque et des plaques d'enseigne, des armoiries et des billets de concert, il avait promené son observation naissante et sa curiosité avide dans les spectacles et les tavernes, dans les carrefours et les cafés, à travers les rues et les faubourgs de la grande ville. L'étude variée du caractère humain l'absorbait; elle lui tenait lieu de plaisirs violents comme de passions ardentes et le sauvegardait des vices grossiers. Hogarth, dans la pauvreté et l'obscurité, se préparait ainsi à devenir l'annotateur minutieux des variétés humaines, le peintre vulgaire et profond de la vie domestique, le vérificateur redoutable des laideurs morales et des difformités physiques. Tout concourait à cette éducation spéciale; tout l'éloignait de l'idéal grec, de l'unité, de la règle antique et du type sévère du beau. Tout le préparait à devenir non l'élève du Titien, du Corrège et de Raphaël, mais le satirique vigoureux et souvent brutal, le peintre moral et souvent cynique du dix-huitième siècle anglais, le violent adversaire de la convenance affectée et de la fausse élégance dans l'art, même du grand style et de l'idéal.

Telle fut en effet sa destinée. Il y fut entraîné non-seulement par son caractère propre et par l'éducation de sa jeunesse, mais par une sorte de résolution passionnée. Son premier exploit contre le grand Kent lui ouvrait brillamment la carrière. L'usurpateur perdit son pouvoir. Le peintre du roi, Thornhill, que la vogue de Kent avait gêné, battit des mains, voulut voir l'auteur de cette exécution trop légitime et lui donna entrée dans son atelier. Hogarth accepta; mais dans l'atelier de Thornhill, comme dans les tableaux de ce maître, il ne trouva que ce qu'il détestait le plus : poses académiques, allégories gréco-italiennes, nymphes galantes dans les bosquets de roses sous la lune argentée; le dernier reflet italien et les grâces solennellement fades d'une civilisation usée. Sir James Thornhill ne manquait pas de goût; il savait dessiner et composer, et sous ces deux rapports, il fut utile au jeune Hogarth, qui n'avait que trop de dispositions à mépriser la composition et le dessin. Entre lui et ses camarades d'atelier c'était d'ailleurs une perpétuelle guerre. L'élève nouveau raillait sans pitié les théories du maître, la langueur charmante de ses déesses, la recherche voluptueuse de ses contours et le lieu-commun mythologique de ses inventions. Hogarth préférait à toutes ces beautés la fille de Thornhill; car le peintre du roi avait une fort jolie fille qui plut à Hogarth et qu'il épousa sans le consentement du père.

Le courroux paternel dura deux ans, puis s'apaisa.

Comme la jeune fille n'apportait aucune dot à son mari, Hogarth dut peindre des portraits pour vivre. Il avait l'œil juste, le crayon ferme et facile, et le technique lui était devenu familier dans l'atelier de Thornhill. Seulement il aimait la vérité avec une passion gênante ; il reproduisait l'humanité sans rien corriger ni omettre. Son système était celui de Cromwell, qui disait à son peintre : « Ne me flattez pas ; n'oubliez rien, pas une verrue. Je veux être peint absolument tel que je suis. » La bourgeoisie anglaise n'était pas de l'avis de Cromwell. Elle pensa que les portraits de Hogarth étaient horriblement vrais et horriblement laids. Hogarth ne tarda pas à jouir d'une de ces réputations à rebours qui suffisent pour tuer un homme. La sécheresse du trait, l'accumulation des détails, un dessin trop accusé, une certaine brutalité de pinceau, un coloris sans finesse et sans transparence justifiaient les critiques. Bientôt ils l'emportèrent. Son atelier resta désert ; personne ne voulut se faire peindre par qui ne faisait grâce à aucun défaut.

Ce qui apparaissait clairement dans ces œuvres imparfaites de la jeunesse de Hogarth, aujourd'hui aussi recherchées qu'elles furent méprisées au moment de leur apparition, c'est la perception du caractère humain, c'est la naïveté profonde, la simplicité redoutable ; c'est *l'œil simple* dont parle Lavater : « Ce regard « sévère qui ne retranche rien, n'ajoute rien, et voit « les objets tels qu'ils sont. » Quiconque se faisait peindre par Hogarth était sûr d'avoir le catalogue de ses imperfections physiques indiquant ses laideurs morales. Bientôt l'impitoyable pinceau ou plutôt le scalpel du jeune homme ne trouva plus à s'exercer.

Il fallait vivre; le père de madame Hogarth n'était pas réconcilié avec son gendre. Hogarth chercha son salut dans ce qui avait fait son premier succès et entr'ouvert pour lui les portes de la réputation et de la fortune, dans l'ironie. Malgré la confusion de la société anglaise, c'était une société forte, pleine d'avenir, ardente, active, favorable au moraliste; elle aimait la peinture des mœurs; elle encourageait le sarcasme doux et délié d'Addisson, elle s'associait à la satire féroce du doyen Swift. Amoureuse de la vérité libre, elle se montrait peu sévère sur les convenances et sur l'agrément, sur la décence des détails, et s'arrangeait du scandale, pourvu que la tendance fût honnête, et la loi morale respectée. Placé dans ce milieu et parfaitement d'accord avec son siècle et son pays, pressé par les éléments de cette société un peu sauvage, Hogarth adopta l'observation critique des mœurs. Déjà il avait percé à jour la fausse réputation de Kent; il se mit à la chasse des folies et des travers.

Il ne se préoccupa que de la réalité, et des imperfections humaines à immoler. Les saisir au passage, les frapper durement, les châtier aux yeux de tous, voilà son but. Il vécut et mourut dans cette lutte, souvent ardente et douloureuse; car il n'avait ni ami, ni parents, ni fortune, et bientôt sa sévérité calviniste et son talent incisif armèrent contre lui les vicieux et les frivoles. Le théâtre anglais était en décadence. Il remplaça le théâtre, ou plutôt il en ouvrit un à son profit : tribunal aristophanesque où comparurent tour à tour les personnages célèbres, les misères, les douleurs, les ridicules contemporains. C'est cette entreprise hardie qui lui a donné la gloire et qui a gravé son nom en caractères ineffaçables.

Génie réfléchi et logique, non involontaire et inspiré, Hogarth se rendit parfaitement compte de sa mission. « Je suis résolu, dit-il, à faire de la comédie sur la « toile, à peindre non pas des sujets classiques, mais « des personnages modernes, à leur donner un sens « utile et un caractère moral. Je ne ferai plus de por- « traits bourgeois. Je ne peindrai plus de héros ima- « ginaires. Je serai utile. » Aussitôt il se met à l'œuvre. La prostitution, favorisée par les cavaliers et les gens de l'ancienne cour, anathématisée par les puritains, avait pris un développement formidable. Daniel de Foë, l'auteur de *Robinson Crusoé*, avait protesté dans plusieurs romans devenus populaires contre l'État qui négligeait de guérir ou de signaler cette plaie douloureuse. C'était un des sujets les plus saignants, une des thèses les mieux faites pour s'emparer des esprits. Hogarth créa sur ce même texte son propre drame ; dans une série de six gravures de grande dimension, il fit l'histoire d'une de ces malheureuses que l'attrait du plaisir et le goût de la paresse enlèvent aux travaux de la campagne, pour les jeter dans la misère, et leur creuser un déplorable tombeau.

Deux fois le puritain de Foë avait traité ce sujet. Il avait surtout voulu reproduire ce qu'il y a d'aventureux, de douloureux et de bizarre dans ces existences placées hors de toutes les lois morales. Hogarth, aussi original que de Foë, voulut démontrer la logique de l'inconduite et marquer les degrés souterrains qui font descendre l'âme de l'imprudence à l'abrutissement.

La jeune paysanne arrive de la campagne; une vieille la livre au vice opulent. La vie élégante s'ouvre pour elle ; à un éclat passager succèdent de longs combats contre la pauvreté et l'opprobre ; enfin accourent le dénuement, l'ivresse, la prison, la maladie ; — enfin voici le cercueil, ce cercueil à peine cloué, sur lequel on voit rire et boire ses compagnes et ses rivales.

Le *Harlot's progress* (les degrés dans le mal de la fille perdue) produisirent autant de sensation que la furieuse attaque contre Kent en avait fait quelques années auparavant. La vérité des types était incontestable ; on reconnaissait jusqu'à la vieille qui faisait tous les matins antichambre chez la noblesse débauchée. La foule attroupée devant les gravures nommait les personnages. Le vrai peintre de l'école anglaise était trouvé. Il était courageux ; il était brutal et fin, passionné et sévère. Son pinceau, trop appuyé peut-être, mais profondément significatif, ne laissait de doute ni sur ses intentions, ni sur le but, ni sur la race. Bientôt les exemplaires du *Harlot's progress* ne suffirent plus à la demande des amateurs. Sir James Thornill consentit à revoir son gendre. La fortune de Hogarth était faite.

Quant au repos, il ne l'espérait pas. Toutes les luttes auxquelles un satirique s'expose, il les subit et les brava. Les six gravures contenant l'histoire dramatique de la femme perdue furent bientôt suivies de six autres planches qui servaient de pendant aux premières et qui avaient pour titre : *Progrès du Mauvais sujet dans la vie.* Se formaliser des sarcasmes lancés contre les demoiselles de mauvaises mœurs eût été difficile et hasardeux. Ici Hogarth prenait à partie les *mauvais sujets* de l'autre sexe ; et la satire devenait périlleuse. On était convenu depuis Cromwell que libertins et mauvais sujets composaient la classe bien élevée. Une clameur s'éleva contre le peintre. Son crayon ne faiblit pas; sa verve ne recula ni devant les vices cachés ni devant les obscénités parées. Le nombre de ses admirateurs s'accrut, non celui de ses amis. Il s'imposait de force à l'admiration populaire et n'essayait pas de flatter et de séduire une société âpre et libre; réunie par l'intérêt et le travail; esclave de l'idée morale, dominée par le devoir. Elle allait à lui et le couronnait, pendant que la société française, si amollie et si aimable dans sa faiblesse, couronnait le peintre Watteau, ses grâces, ses nymphes qui ne sont pas même folles d'amour, mais galantes, pimpantes, assoupies dans la fatigue des voluptés. Hogarth et Watteau, deux pôles extrêmes, antithèses de l'Art. Le Francais Watteau avait essayé de passer quelques jours à Londres; il s'était enfui avec horreur. L'anglais Hogarth toucha seulement du pied la plage de Calais et s'empressa, plein de fureur, de remonter sur son navire.

D'ailleurs il n'était pas homme à s'effrayer des mauvais vouloirs qui pouvaient se mettre en travers de sa route. Il publia bientôt *le Mariage à la mode* (en six pièces) *les Actrices nomades* (en une seule planche) enfin *les Quatre parties du jour* pour le directeur du Vauxhall (en quatre planches), œuvres qui continuèrent et accrurent son succès.

L'artiste n'a rien conçu ni exécuté de plus parfait, dans le style qui lui est spécial, que *les Actrices nomades*, car c'est ainsi qu'il faut traduire cet exergue dont les mots *Comédiennes ambulantes* ne reproduisent pas le sens véritable. On peut imaginer la hardiesse de Callot, la finesse de sa touche, l'élégante désinvolture de ses poses, jointes au grotesque de Scarron et dominées par un parti pris énergique et une vigueur de trait moral tout à fait particulière à Hogarth. Rien de plus charmant et de plus comique que cet intérieur d'une grange de village où sont pêle-mêle les oripeaux de la fausse grandeur, les sceptres de carton et les diadèmes de verroterie; où Agrippine et Thisbé, lady Macbeth et Desdemone recousent leurs chemises délabrées, allaitent leurs enfants et se repaissent à la hâte de je ne sais quel débris qui leur tient lieu de déjeuner. Une belle Diane, occupée à rattacher sa jarretière, brille, peu voilée, au centre du tableau: c'est à la fois l'apothéose et la parodie de la Beauté.

Le Mariage à la mode (en six parties) offre le commentaire achevé de la société élégante en Angleterre vers 1750. Non-seulement il faut reconnaître l'intrépide liberté de l'artiste, et comprendre le besoin qu'avait un pareil monde d'un pareil moraliste ; mais l'histoire doit beaucoup à Hogarth. Il a conservé fidèlement et le caractère des personnages et celui des intérieurs : meubles, costumes, jusqu'aux portraits célèbres ou connus, se retrouvent dans la série de ses œuvres. De là l'empreinte profonde et originale qu'il a laissée. Philosophe, historien, romancier, commentateur et critique, il est en réalité le véritable auteur comique du temps.

Son domaine ne s'étend pas plus loin. Ses essais dans le genre noble et gracieux, *Moïse recueilli par la fille des Pharaons*, *l'Accordée de village* et *l'Heureux couple* attestent un effort impuissant. Dans un sens opposé, *les Scènes de cruauté* (en six pièces), la *Crédulité, le Fanatisme et la Superstition* (en une planche) *l'Angleterre et la France* (en deux planches) n'offrent que des caricatures exagérées, des déclamations violentes et des parodies sans valeur : tout un amas d'hiéroglyphes inintelligibles et d'épigrammes furieuses. Les détails s'amoncellent et blessent le regard ; les accessoires étouffent le sujet. La vie dramatique, l'observation profonde ont disparu. L'œil se fatigue de ces nuances multipliées dont chacune s'arroge un rôle accentué et une signification satirique ; le moindre pli de draperie accuse une intention de l'auteur, et le chien qui emporte un os veut être une moralité.

Tel est l'excès, tel est l'écueil de ce puritanisme dans l'art, âpre révolte contre l'idéal et contre le type du beau. Les trois gravures de Hogarth, destinées à stigmatiser la France, les Catholiques et tout ce qui n'est pas anglais, véritables œuvres d'énergumène, répugnent au bon goût comme au bon sens. La France de Louis XV est représentée par un soldat maigre qui monte la garde sous la porte de Calais, entouré de grenouilles qui rôtissent pour notre nourriture, de chaînes et de potences qui nous attendent, de donjons, de machicoulis et d'instruments de torture à l'usage de la monarchie française.

Certes, la société française s'endormait ; elle allait périr. Mais son suicide s'achevait bien plus doucement, elle glissait sur une pente bien plus fleurie. Le sentiment populaire des races teutoniques nous était contraire. A leurs yeux (et Voltaire pendant son séjour à Londres a dû s'en apercevoir) l'indépendance de l'âme et la liberté de la pensée nous manquant, nous ne pouvions prétendre qu'à une place très-inférieure parmi les nations. Ce défaut d'indépendance morale et de liberté personnelle devait surtout déplaire à un esprit original tel que Hogarth, qui n'admettait la règle que comme émanant de la pensée individuelle. Ce fut lui qui représenta, dans une de ses gravures les plus comiques, les cinq ordres d'Architecture sous l'emblème des *Cinq Ordres de Perruques.*

Le Combat de coqs, les Élections parlementaires, Activité et Indolence (Industry and Idleness) mirent le comble à sa popularité. *Industry and Idleness*, comme le *Harlot's progress* et le *Rake's progress*, forme une double série de dessins consacrés au double drame d'un jeune ouvrier qui devient lord-maire, et d'un mauvais sujet qui finit par la potence : sujet sans rapport (comme on le voit) avec la traduction française qu'on en a donnée : *l'Industrie et la Paresse.* Ce drame saisissant fut, de 1760 à 1790, le véritable poëme épique des classes inférieures anglaises, qu'un peu de brutalité n'étonnait pas et qui se retrouvaient elles-mêmes dans leur cynique moraliste. En effet il n'épargne rien, pas même les goûts militaires du roi. Georges II, quand on lui montra une des gravures de Hogarth : *Soldats en marche et se rendant à Finchley* (March to Finchley), entra dans une véhémente colère et s'écria: « *Otez de devant moi cette infamie ;* » comme Louis XIV, en face des rustres de Teniers, s'était écrié : « *Otez de devant moi ces magots.* »

Cette opposition plaisait au peuple. La variété, la liberté des inspirations, la ressemblance caractéristique des portraits charmaient tout le monde. Il ouvrait un théâtre « *à cent acteurs divers* », qui s'enrichissait de tous les personnages que le vice, le talent ou le ridicule avaient signalés. Grâce à lui leur fidèle image nous est restée. Voici l'impudente activité du directeur de théâtre Heidegger, le plus laid et le plus riche des hommes de son temps;—la débauche cynique et efféminée de ce colonel Charteris, déjà cloué par Pope au pilori de ses vers; — puis la terrible figure de lord Lovat, le maréchal de Retz des montagnes écossaises, Ulysse sauvage, armé d'une double ruse et d'une double férocité par la civilisation et par la barbarie; — enfin la figure ignoble et mafflée de mistress Needham, femme très-employée de son temps et dont il est difficile de signaler l'emploi. Voici les juges iniques, les geôliers barbares, les usuriers sans pitié; le ridicule Kent, cet artiste universel qui dessine pour les femmes des robes classiques, ornées de chapiteaux et soutenue par des pilastres; le faux littérateur Churchill, tour à tour ecclésiastique et viveur, whig et tory, versificateur habile, pugiliste politique. Voici enfin l'intrigant Wilkes; — un chef-d'œuvre dans ce genre de portraits philosophiques. Entrevoyez une seule fois cette physionomie grossière et raffinée, sournoise et hautaine, violente et basse, et vous ne l'oublierez plus. Faux amour des lettres, amour faux de la patrie, manœuvres, malices, cupidités. Ce Cléon moderne, à demi-borgne, dont les paupières clignotent sous un sourcil qui voile sa pensée, et qui, avec un mélange de dégoût et d'ironie, sourit aux passions populaires, a été une autorité; — presque un héros.

L'assiduité au travail, la faveur générale, la parfaite analogie de Hogarth avec sa nation et son temps, enfin une série d'œuvres remarquables assurèrent le bien-être du peintre, qui recevait l'élite de l'Angleterre et vivait dans une sorte de luxe.

Ses ennemis et ses rivaux l'accusaient de manquer de système et d'élévation, de reproduire avec une fidélité grossière les saillies et les difformités de la nature, enfin de manquer du sentiment du beau. Ils affirmaient que le hasard de son organisation personnelle avait plus de part à son succès que le génie, et qu'il ne pourrait jamais faire école, n'ayant rien de sérieux, de logique, de durable. Accusations mal fondées. Nul plus que Hogarth n'a su ce qu'il voulait et où il allait. Son but était de créer la peinture de caractère et des variétés du caractère. Il se rendait à lui-même un compte aussi exact de ses tendances que l'avait fait Albert Durer, le grand peintre allemand, celui qui, méditatif et logique comme Hogarth, écrivait au seizième siècle ces paroles remarquables : « *Toute recherche de la beauté me semble inutile.* » La liberté et non l'unité, la diversité et non le type ; la vérité particulière et non la beauté générale ; tout ce qui est varié, fugitif, mobile, incertain ; rien de ce qui est idéal, impersonnel et absolu ;— telle est la base essentielle de Hogarth. Lassé des critiques qu'on lui adressait, il se mit à recueillir ses idées. Partant de ce principe que la vie est l'art même, que l'immobilité lui est contraire, que la variété en est l'essence, et que plus on s'écarte de la ligne droite, plus on est fidèle à la nature flottante de la beauté suprême, il composa ce singulier ouvrage qui fit beaucoup de bruit en son temps, souleva de nombreuses critiques, et fut mis à contribution ou plutôt au pillage par Diderot : *l'Analyse de la beauté.*

Le livre parut en 1753. Hogarth, qui maniait mieux le pinceau et le burin que la plume, s'était adjoint pour collaborateurs Benjamin Hoadly, Morell et Townsley.

« Je présente ici au public, (dit-il dans son introduction,) un essai concis, avec deux planches explica-

« tives, dans lequel je tâche de démontrer les prin-
« cipes de la nature d'après lesquels nous sommes dé-
« terminés à regarder certaines formes comme belles et
« gracieuses, et d'autres comme laides et désagréables.

« Pour parvenir à ce but, je porterai un regard plus
« attentif qu'on ne l'a fait jusqu'à présent sur la nature
« des lignes et sur leurs différentes combinaisons,
« lesquelles servent à réveiller dans l'esprit les idées
« de toutes les variétés de formes imaginables. Au
« premier coup-d'œil, le plan de cet ouvrage et les
« planches qui l'accompagnent ne paraîtront qu'un jeu
« d'imagination, plus propre à amuser qu'à instruire ;
« mais je me flatte que lorsqu'on aura examiné avec
« quelque attention les principes que j'y développe,
« tous fondés sur la nature, on ne les regardera plus
« comme indignes d'un plus mûr examen.

« J'ose dire la même chose relativement aux deux
« planches, en priant le lecteur de ne pas considérer
« les figures que j'y donne comme des modèles de grâce
« et de beauté, mais seulement comme des exemples
« nécessaires pour indiquer les objets auxquels on
« doit avoir recours dans la nature et dans les produc-
« tions des grands maîtres. »

Les principes fondamentaux qui, dans les compositions de l'art et dans la nature, servent à produire la grâce et la beauté sont, selon Hogarth, quand on sait les allier convenablement, la *convenance, la variété, l'uniformité, la simplicité, la complication* et *la quantité*. Dix-sept chapitres sont consacrés à l'examen de ces principes. Le titre que porte ce traité — où, suivant la remarque de Walpole, se trouvent beaucoup de vues excellentes, d'aperçus aussi neufs que vrais — ne rend point la pensée de l'auteur. C'est, à bien dire, *le Principe du Beau analysé*. Peu de personnes en ont pénétré le sens ; et l'on est tenté de se demander si Hogarth lui-même s'est douté des bases philosophiques de son œuvre et des points importants auxquels elle touche.

La conception du beau peut avoir deux sources ; — ou la Variété, ou l'Unité. L'art moderne ou gothique ne l'a compris que sous le premier de ces aspects. Hogarth, essentiellement gothique et septentrional, Hogarth, qui avait commencé contre Kent et le goût rectiligne l'attaque violente qu'il a continuée toute sa vie, poursuivait la même guerre dans cette œuvre didactique, qui dut sembler aux fidèles de l'art grec la Bible même du mauvais goût. La ligne droite, qui, s'harmonisant avec la splendeur du ciel et les cîmes des monts, avait produit en Grèce des effets si grandioses, fut représentée par Hogarth comme la définitive impuissance, négation de la variété, type de la nullité dans l'art. Il n'eut pas de peine à démontrer la grâce ondoyante de la ligne courbe, qu'il appelle *ligne serpentine*, et le charme suprême des formes s'y rapportent. C'était là ne rien prouver. Raphaël Mengs ou tout autre défenseur de l'art hellénique auraient pu, avec non moins de raison, soutenir que l'art est essentiellement rectiligne et unitaire, et que l'on doit s'écarter le moins possible de ce principe, sans lequel on n'obtiendra que diffusion et désordre. Question oiseuse ; — querelle éternelle de la liberté contre l'ordre, de la vie centrale contre l'indépendance, de la diversité contre l'unité ; — problème stérile puisqu'il ne peut être résolu que par un troisième élément; l'Harmonie. Elle seule accorde et concilie les contraires

Une grande clameur s'éleva. Une nuée de philosophes, d'esthéticiens et de peintres vint fondre sur l'auteur de la nouvelle théorie. Il déplaçait les bases de l'art. Déjà la netteté de ses opinions sur tous les points, en politique et en peinture, et la vigueur tranchante avec laquelle il les soutenait, avaient éveillé mille colères. Le combat devint plus violent encore, la mêlée plus acharnée. Son effort pour renouveler ou transformer les principes de l'art le jetait dans l'arène ardente des gens de lettres. Il armait contre lui les amours-propres et les rivalités. Ce fut pis encore lorsqu'il attaqua de front l'homme politique le plus dangereux de cette époque, Wilkes dont nous parlions tout à l'heure, et Churchill son acolyte. L'un et l'autre injurièrent Hogarth en le calomniant; Wilkes dans une prose diffuse et envenimée, Churchill dans des vers étincelants de verve et de méchanceté. Hogarth répliqua par deux caricatures et par ce portrait admirable de Wilkes, qui n'exagère aucun des traits de l'original, mais qui fait ressortir la plus hideuse laideur morale, perçant à travers la science raffinée du monde et du bon ton.

Le peintre vieillissait. Fatigué de luttes, ennuyé de vivre, rassasié de célébrité, ses forces ne suffisaient plus au combat. Sa richesse et sa réputation ne le protégeaient qu'à-demi contre des fureurs qu'il avait provoquées. Il aurait dû s'y résigner et les prévoir.

Les quelques mois qui lui restaient à vivre, Hogarth les employa à retoucher ses planches avec le secours de plusieurs graveurs. Le 25 octobre, sentant sa fin prochaine, il se fit transporter de Leicesterfields à Londres. Malgré l'état d'épuisement et d'extrême souffrance dans lequel il était tombé, il n'avait perdu ni sa bonhomie, ni sa gaîté. Ayant reçu le lendemain une lettre du docteur Franklin, des États-Unis, il s'empressa d'y répondre. Ce jour-là il mangea, ce dont il se faisait gloire, une livre de *beefsteak* à son dîner. Mais il était à peine au lit qu'il fut pris d'un vomissement de sang. Deux heures après il n'était plus. La maladie qui venait de l'emporter était un anévrisme. Il fut enterré à Chiswick. On éleva un monument à sa mémoire. Ce monument consiste en une pyramide sur laquelle est l'inscription suivante :

HERE LIETH THE BODY
OF WILLIAM HOGARTH, ESQ.
WHO DIED OCTOBER 26, 1764.
AGED 67 YEARS.

Sur la façade de devant sont sculptés en bas-relief un masque comique, une couronne de laurier, une palette, des pinceaux, un livre intitulé : *Analysis of beauty*, avec ces vers de Garrick, l'un des plus fidèles amis d'Hogarth :

FAREWELL, GREAT PAINTER OF MANKIND,
    WHO REACH'D THE NOBLEST POINT OF ART;
WHOSE PICTUR'D MORALS CHARM THE MIND,
    AND THROUGH THE EYE CORRECT THE HEART.
IF GENIUS FIRE THEE, READER, STAY;
    IF NATURE TOUCH THEE, DROP A TEAR :
IF NEITHER MOVE THEE, TURN AWAY,
    FOR HOGARTH'S HONOUR'D DUST LIES HERE.

Etait-ce un peintre ?

Horace Walpole ne le croit pas.

Sir Joshua Reynolds est de l'avis de Walpole.

Passant en revue les peintres de l'Angleterre, celui-ci ne juge pas Hogarth digne de mention ; il ne le nomme même pas. Il se refuse à placer sur la ligne des maîtres le dessinateur satirique, l'inventeur ingénieux dont le crayon nous a légué toute la comédie anglaise du dix-huitième siècle. Du point de vue technique et si l'on comparait ce maître aux chefs des grandes écoles hellénique, italienne, espagnole, cette sévérité paraîtrait justifiée.

Dans ses compositions, souvent confuses, les accessoires harcèlent et désorientent le regard. Sa touche fine et savante a de la sécheresse et de l'âpreté ; il ne peint point dans la pâte ; il sacrifie au détail, au caractère, à l'intention philosophique, à la vigueur du sentiment la beauté de la forme, l'ensemble, la grâce, le clair-obscur. Il abuse de l'épigramme.

Dédaigneux à la fois de la couleur et de la ligne, il ne s'occupe que de l'homme et des variétés humaines. Moraliste avant tout, — fils légitime et involontaire des maîtres septentrionaux qu'il n'avait point étudiés, mais dont la race était identique à la sienne, il procède de Durer, Kranach, Holbein, Teniers, Steen, Van Ostade, qu'il continue sans les imiter. Avant lui les Terburgh peignaient des intérieurs ornés de femmes vêtues de soie et de satin ; les Steen, des cabarets enfumés et des buveurs chancelants ; les Metzu, de petites figures ravissantes, encadrées dans ces jolies fenêtres que couronnent le chèvrefeuille et le pampre. Il crée un nouveau mode de peinture, — accentuée, détaillée, philosophique, s'attachant aux caractères et aux idées, attentive à reproduire les mœurs dans leur minutie, leur violence ou leur vulgarité.

Dernière expression des tendances teutoniques, cette

école creuse dans une direction anglaise le sillon de l'art septentrional, ce protestantisme involontaire qui s'insurge contre l'idéal grec, contre l'unité, la règle et le type. A cette même époque (entre 1720 et 1760), la verve amère du grand satirique Swift, provoquée par les mêmes causes, jaillissait avec fureur, et ce fut au moment où Hogarth était le plus brillamment populaire, que Daniel de Foë, surnommé par Pope *le romancier des écaillères*, publia ses quarante volumes de *fac similes* presque serviles, reproduisant dans leur simplicité la plus nue les accidents de la vie privée. Hogarth a quelque chose de Swift et de Daniel de Foë; amer comme le premier, il est vrai comme le second.

Lorsque la monarchie française s'effondra, lorsque Voltaire, Montesquieu et Jean-Jacques eurent imprimé à notre race une impulsion tentonique, l'influence de Hogarth pénétra, grandit et se propagea en France.

Toutes les ressources empruntées à l'Italie savante, à l'Espagne héroïque, à l'antiquité hellénique, nous les avions épuisées; le monde septentrional représenté par l'Angleterre nous conquit. On vit le fougueux Diderot servir d'organe actif aux nouvelles théories de Hogarth, le paradoxal Mercier se jeter dans la même voie, Rétif de La Bretonne emprunter au *Harlot's progress* (la carrière de la fille publique) et au *Rake's progress* (la carrière du libertin) les sujets de ses deux romans, *le Paysan* et *la Paysanne pervertis*. Comme Hogarth, ils répudiaient le monde idéal et impersonnel pour se rapprocher de la réalité vivante et de la variété libre.

Mais la moralité leur manquait.

Elle ne faisait point défaut à Hogarth ; implacable bourreau du vice, il a laissé une trace profonde et originale.

Ce législateur moral, ce peintre des physionomies avait une figure vive, taquine, intelligente, très-harmonieuse dans sa laideur, fine et énergique d'accent, pleine de sens et de vie, de témérité et de mordant ; le front beau et vaste plutôt qu'élevé ; l'arcade sourcillère d'une élégance accomplie ; l'œil grand, ouvert, éclatant ; la prunelle transparente et brillante ; le nez petit, retroussé, malin surtout ; le bas du visage sans délicatesse et le menton court. La bouche et les lèvres sont dessinées avec une grâce exquise ; les lignes de l'ensemble s'arrondissent comme pour corriger l'incisive audace et le caractère provoquant de l'original.

Son talent est hardi comme sa figure. Pour châtier le vice, rien ne l'arrête, il ose tout, brave tout. Philosophe, conteur, romancier, doué de puissance dramatique et cynique, il touche à la comédie, il atteint la tragédie. Ne pas l'admirer serait injuste ; l'imiter serait dangereux.

RECHERCHES ET INDICATIONS (1).

Il serait difficile, pour ne pas dire impossible, de donner un catalogue complet des ouvrages d'Hogarth; on ne saurait également fixer avec certitude les dates de quelques-unes de ses productions.

Son œuvre comprend plus de 250 pièces, dont il a peint et gravé une partie.

L'édition la plus ample est celle de Londres, 1808, 2 vol. in-4°, avec 160 planches gravées par Cook, et les explications souvent critiques et même hostiles à Hogarth, par Nichols et G. Steevens.

Voir aussi *Hogarth moralised, a complete edition of all the most capital and admired works of William Hogarth*, accompanied with concise and comprehensive explanations of their moral tendency, by the late Rev. Dr Trusler, an introduction and many additional notes; London, 1831, in-8°.

Les figures qu'il peignit et grava en 1726 pour l'édition d'*Hudibras*, avec le portrait de Butler, furent le premier ouvrage qui fit remarquer le génie de Hogarth. Elles furent copiées dans l'édition donnée par Grey, en 1744, et dans la traduction française de ce poëme, publiée en 1757.

L'Opéra des gueux eut une grande vogue. On remarquait, parmi les assistants, des ducs, des majors, des miss, que chacun nommait. On voyait figurer, derrière le directeur Rich, le poète Gay, ce qui donna lieu à ce calembourg que courut alors : « Hogarth a fait Gay riche et Riche gai. »

Les Quatre parties du jour, pour le directeur du Vauxhall de Spring-Garden ; Cowper a décrit le matin dans son poëme. On lit, entre le cadran d'une horloge et la vapeur qui s'élève de la cheminée : *Sic transit gloria mundi*.

(1) Nous empruntons à l'ouvrage de M. Blanc sur les peintres ces excellentes recherches que nous nous contentons de reproduire textuellement.

Carrière d'une femme perdue (Harlot's progress), 6 gravures (1733-1734).

Marche du Mauvais sujet. (Rake's progress), 8 planches.

La Conversation moderne, ou *les Buveurs de punch*, où figurent les doctes personnages des quatre facultés. — Très-grand succès. — Contrefaçons qui donnèrent lieu à Georges II d'accorder aux artistes un privilége pour les productions du dessin et de la gravure, à la sollicitation de Hogarth.

Actrices nomades.

Le Mariage à la mode, 1745, 6 pièces.

Ébauche du Mariage heureux, esquisses coloriées.

Moïse devant la fille de Pharaon, pour l'hospice des Enfants-Trouvés, dont Hogarth fut l'un des fondateurs.

L'accordée de village.

Scènes de cruauté. 6 pièces.

Activité et indolence. 12 planches. Vie opposée de deux artisans, dont l'un devient lord-maire de Londres et l'autre est pendu à Tyburn.

La France et l'Angleterre. 2 caricatures, où il oppose ridiculement l'urbanité, la gaîté et la bonne mine du peuple anglais à la grossièreté triste et maigre de la nation française. — pour se venger d'avoir été pris comme espion lorsqu'en traversant la France, après la paix d'Aix-la-Chapelle, il dessinait la porte de Calais.

Election parlementaire.

Combat de coqs.

Crédulité, fanatisme et superstition, satire des sectes anglaises et de la religion catholique.

Cinq ordres de perruques.

Analyse de la beauté, 1755, aidé par le Dr Hoadly.

Fin de toutes choses. 1764. On voit le Temps couché et assoupi sur des débris de colonnes. Semble avoir inspiré ce vers de Gilbert :

Sur le monde détruit, le Temps dort immobile.

La rareté des bonnes épreuves des grands ouvrages de Hogarth doit être attribuée principalement à ce que, lors de leur publication, on les a collées sur de la toile ou sur du carton, pour les mettre sous verre, de sorte que la fumée du charbon de terre en a gâté la plus grande partie; il en a passé aussi une quantité considérable dans les pays étrangers lorsque leur mérite y fut connu. L'immortelle Catherine II prenait un plaisir singulier à voir ces gravures, qui lui donnaient une idée exacte des mœurs anglaises.

Voici les prix auxquels furent vendus les tableaux suivants à un encan que Hogarth fit faire en sa maison :

	L. st.	sch.
6 de *la Vie d'une fille publique*, 14 guinées pièce.	88	4
8 de *la Vie du libertin*, à 22 guinées pièce......	184	16
Le Matin, 20 guinées........................	21	»
Le Midi, 37 guinées	38	17
Le Soir, 38 guinées........................	39	18
La Nuit, 26 guinées........................	27	6
Les actrices nomades, 26 guinées.............	27	6
	427	7

Gravures publiées par W. Hogarth, dont les éditions originales se vendaient, en 1782, chez sa veuve, dans Leicester-Fields, à Londres :

	L. st.	sch.	d.
Frontispice...............................	»	3	»
La Vie d'une fille publique, 6 planches.......	1	1	»
La Vie du libertin, 8 planches..............	2	2	»
Le Mariage à la mode, 10 planches...........	1	11	6
Les Quatre parties du jour, 4 planches.......	1	»	»
Avant et après, 2 planches..................	3	5	»
Conversation moderne à minuit.............	»	5	»
Le Poète malheureux......................	»	3	»
Le Musicien enragé.......................	»	3	»

	L.	st.	sch.
La Foire de Southwark....................	»	5	»
Garrick dans le rôle de Richard III.........	»	7	6
La Porte de Calais........................	»	5	»
Paul devant Félix........................	»	7	6
— — avec des changements...	»	6	»
Moïse devant la fille de Pharaon.............	»	7	6
Marche vers Finchley.....................	»	10	6
Les Actrices ambulantes s'habillant dans une grange.................................	»	5	»
Quatre planches d'une élection.............	2	2	»
L'Évêque de Winchester...................	»	3	»
La Paresse et l'Industrie, 12 planches........	»	12	»
Lord Lovat.............................	»	1	»
L'Assemblée endormie.....................	»	1	»
La Cour d'une auberge de province..........	»	1	»
Paul devant Félix (Rembrandt)..............	»	5	»
Différents caractères de têtes................	»	2	6
Christophe Colomb cassant l'œuf.............	»	1	»
Le Banc................................	»	1	6
La rue de la Bière et l'allée de l'Eau-de-Vie de Genièvre, 2 planches......................	»	3	»
Les Quatre scènes de cruauté, 4 planches.....	»	6	»
La France et l'Angleterre, 2 planches........	»	2	»
Le Combat de coqs.......................	»	5	»
Les Cinq ordres de perruques................	»	1	»
Le Pot-Pourri...........................	»	5	»
Le Times...............................	»	2	»
Wilkes.................................	»	1	»
Le Meurtrisseur..........................	»	1	6
Finis..................................	»	2	6

La collection complète de ces gravures reliées coûtait alors 13 guinées, et l'*Analyse de la Beauté*, 1 vol. in-4°, avec 2 planches, coûtait 15 schillings.

Prix excessifs auxquels ont été vendues, à cause de leur extrême rareté, quelques-unes des plus mauvaises gravures de Hogarth.

	L. st.	sch.
Un ange tenant une palme à la main, carte d'adresse pour M. Gamble, le maître de Hogarth.	7	»
La Boucle de cheveux enlevée...............	33	»
La Nuit des recherches.....................	10	»
Billet d'enterrement........................	10	10
Armes de la duchesse de Kendal.............	10	10
Carte d'adresse de Marie et Anne Hogarth......	8	8
Carte d'adresse : *le Commerce de Florence*....	9	9
Billet pour l'école de Tiverton, Devonshire.....	10	»
Carte d'adresse de Hogarth, graveur.........	25	»
Frontispice pour l'*Heureux ascétique*........	2	2
Punition militaire des Romains.............	10	»
Billet pour le bénéfice de M. Walker..........	5	5
— de M. Spiller (unique)....	5	5
Épreuve d'une gravure faite sur le couvercle d'un pot à bière........................	10	»
Scènes du *Paradis perdu*...................	8	8
Une autre................................	8	8
Billet pour James Figg, le boxeur............	8	8
Billet pour le bénéfice de M. Milward.........	7	7
— de M. Henri Fielding....	5	5
La Découverte............................	7	7
Le Double Richardson.....................	14	»
Billet pour le bénéfice de Joée Miller..........	8	8
— de M. Henri Fielding...	5	5
Portrait du vicomte de Boyne................	5	5
L'Oratoire................................	6	6
Le Pèlerinage de l'esprit de lord Lovat........	2	7
Le Journal des Jacobites...................	2	2
Frontispice...............................	5	5
Satan, le Péché et la Mort.................	20	»

Estampes publiées pour tourner en ridicule l'*Analyse de la Beauté*, le *Times* et d'autres ouvrages d'Hogarth :

1. — *A New Dunciad done with a view of fixing the fluctuating ideas of taote*, etc., etc.

2. — *A Mountebank demonstrating to his admiring audience that Crookedness is most beautifull.*

3. — *The author run mad.*

4. — *An author sinking ander the weight of his Analysis.*

5. — *The Analyst*, etc., etc., etc. " *In his own Taste.* " (Gravure ordurière et mauvaise.)

6. — *Pug's Graces, etched from his original daubing.*

7. — *The Temple of Ephesus in flames*, etc., etc., intitulé : " *A Selfconceited Dauber*, etc. " (Bonne eau-forte.)

8. — *Burlesque sur le burlesque.* (Il y a une inscription française sur cette planche.)

9. — La seconde édition de la même planche avec quelques changements et une inscription anglaise.

10. — *Burlesque of the burlesque Paul; Magic lantern*, etc., etc.

11. — *The Painter's march from Finchley, dedicated to the king of the Gypsies, as an encourager of art*, etc., etc.

12. — *The Beautifier, a touch upon the Times*, plate I.

13. — *The Times*, plate II.

14. — *The Times*, plate I, 1762. (La tête d'Hogarth sur le corps d'un âne, à la tête d'une ballade.)

15. — *The rarye-Show.* (Contraste politique du *Times*.)

16. — *The Booth and the Blockhead.*

17. — *John Bull's House in flames.*

18. — *The Vision or M-n-st-l Monster.*

19. — *The Bruiser triumphant.* (Il y a un rideau sur lequel on lit : *A Harlot blubbering over a Bullock's heart*.)

20. — *Tit for tat.*

21 — *The Bear and Pug.* (Petite estampe.)

22. — *The Snarling cur chastised.*

23. — *The Hungry Tribe of Scribblers and Etchers.*

24. — *The grand Triumvirate, or champions of liberty,* avec trois plaisants acrostiches sur les noms de Wilkes, Bute et Hogarth.

Les biographes de Hogarth sont Nichols (1782), Walpole (1771) et Allan Cuningham (1830).

Les notices explicatives les meilleures ou les plus pittoresques sont celles de John Ireland, en anglais, Londres, 1791, 3 vol. du texte in-8° et 2 vol. de planches; celle du professeur Lichtenberg, en allemand; Gœttingue, 1776; 6 vol. in-12 et 44 planches in-fol.

L'*Analyse de la Beauté*, traduite en allemand par Mylius, et une version italienne (Livourne, 1761) a été traduite en français par Jansen, avec une notice biographique, chronologique, historique et critique; Paris, 2 vol. in-8°, an XII. (1805).

DAVID WILKIE

DAVID WILKIE

NÉ EN 1785. — MORT EN 1841

Le 1er juin 1841, par le degré de latitude 36°,20, de longitude 6°, 42, le navire à vapeur l'*Oriental* se trouvant en vue de Gibraltar sur les huit heures et demie du matin, ordre fut donné d'arrêter la vapeur et de suspendre le jeu des machines ; les matelots, tête nue, s'échelonnèrent sur le pont pour assister à un service funèbre qui fut lu à haute voix par le ministre protestant, James Vaughan ; et sous un soleil splendide, tempéré par la brise maritime, au milieu du silence des flots, des vents et des hommes, un cadavre fut solennellement enseveli dans la mer.

C'était celui de David Wilkie. L'homme dont les débris inanimés allaient rejoindre les éléments primitifs de la nature avait été l'artiste le plus célèbre et le plus populaire de son pays et de sa race. Fils d'un modeste ministre presbytérien, peintre des cabanes écossaises, sa vie n'avait été qu'une longue étude, un progrès modeste et continu. Jamais l'enfant de la *manse* presbytérienne de Cults, l'adolescent qui à quinze ans copiait de son mieux et avec tant de peine les physionomies des moutons et celles des *Prédicans* de son village, n'eût pu prévoir qu'il mourrait comblé d'honneurs, ami de sir Robert Peel, chevalier et baronnet, peintre de George IV ; qu'il serait enseveli dans la mer et que sa mort ferait plus de bruit en Europe que celle d'un roi.

Né le 18 novembre 1785, il était le troisième fils d'un ministre presbytérien du comté de Fife en Écosse, chargé du soin d'une petite paroisse et recevant une faible somme pour salaire. La famille était ancienne et de souche rustique ; l'austérité patriarcale y régnait. On dit que pendant plus de trois siècles les mêmes terres furent exploitées par la même race, sans diminution comme sans accroissement. La vénérable famille se composait d'un père, d'un grand-père, d'une mère, de cinq enfants, tous marqués de la même empreinte modeste, frugale et laborieuse ; chacun prenait à son tour la charrue, la herse, la bêche et la Bible. On était pauvre et doux, sobre et énergique, simple et un peu ironique : on ne pardonnait guère aux vices et aux sottises de l'humanité. Telle fut la première éducation morale de Wilkie, et elle ne s'effaça jamais : toujours on reconnut chez le peintre populaire, chez le Hogarth de l'Écosse, l'enfant sévère et doux de la Manse presbytérienne.

Il y a deux grandes subdivisions dans l'histoire des arts plastiques ; l'une comprend la beauté de couleur ou de forme, l'autre s'attache particulièrement au caractère et à l'expression. La première est le partage de la Grèce et de l'Italie ; elle naît du soleil même qui les dore de sa lumière éblouissante,

>   ...... qui lumine vestit
>   Purpureo (1)...

La seconde appartient au Nord et tient moins compte de la beauté et de la volupté que de l'observation et de la philosophie. Ces deux domaines, on doit le penser, ne sont point séparés par des limites infranchissables ; bien des modifications et des mélanges s'opèrent entre ces deux fractions de l'art. L'italien Léonard de Vinci s'occupe de l'expression et du caractère ; Rembrandt, joint la couleur à l'expression ; Hogarth ne possède que l'expression sans la couleur.

Par une complication de motifs que les philosophes essayeront d'analyser, la race issue des régions scandinaves, des régions sans soleil, ce grand peuple teutonique subdivisé en mille tribus n'a jamais pu effacer de ses mœurs et de son âme le caractère originel d'une volonté indépendante et d'un respect profond pour l'individualité humaine. De là chez les maîtres septentrionaux deux tendances dominantes : — sacrifier la beauté à l'expression ; — et reproduire des individus plutôt que des types.

Pendant que les hommes des régions favorisées tiennent leurs yeux fixés sur le type suprême, sur l'idéal du beau et rêvent la forme pure revêtue de splendeur lumineuse, l'observation du caractère humain, celle

---

(1) *Purpureus* ne signifie pas « empourpré » comme le veulent les traducteurs, mais *éblouissant*, *étincelant*. On lit dans plusieurs poètes latins « *purpureæ* » *nives*, mots qui n'indiquent ni les neiges roses du *Schreckhorn* ni les glaces teintes en rouge par des milliers d'insectes, mais *la splendeur de la neige*. Ce mot curieux se compose peut-être de πυρ, feu, et de φερειν, apporter : — étymologie probable qui assigne à *purpureus* son vrai sens : *porte-lumière*.

des accidents et des caprices de la lumière, la reproduction accentuée de la réalité la plus complète et la plus exacte constituent pour les hommes du Nord une seconde espèce d'idéal. Rembrandt, Rubens, Albert Durer, Hogarth sont les représentants de cette seconde école. Wilkie, au commencement du dix-huitième siècle, est venu y occuper une place importante, nouvelle, à la fois calviniste et moderne. Le sentiment profond de la pureté morale, c'est là son caractère propre ; c'est ce qui le distingue des Brauwer et des Jean Steen.

On peut étudier dans l'œuvre de sa première manière, la seule dont il faille tenir compte, le fond sévère de l'art septentrional, modifié par les idées chrétiennes, par le puritanisme, la sévérité écossaise et l'amour de l'humanité. Il nous sera facile de le suivre dans cette voie. Chez Wilkie en effet rien ne dépend du hasard ; rien ne vague au gré du caprice. Dès dix-huit ans il sait où il va et son esthétique est tracée. « Aucune peinture n'est bonne, écrit-il en 1805, si « elle n'est la nature même. — J'abhorre le parlage « des arts, dit-il à la même époque. Il faut *faire* et « non dire. » Le sage qui s'exprime ainsi n'a pas vingt ans.

De là cette activité de l'artiste qui n'ayant pour guides que lui-même, la nature et l'étude, poursuivit jusqu'à sa quarantième année avec une admirable énergie l'expression, le caractère, la vérité chaste, se fraya une voie nouvelle et se plaça tout à fait à part, comme symbole des idées de son pays et de sa race parmi les maîtres de l'école du Nord.

L'école du Nord proprement dite peut se diviser en

trois sections dont chacune est subdivisée elle-même en diverses fractions : 1° École allemande ; 2° écoles hollandaise et flamande ; 3° écoles anglaise et écossaise.

L'ancienne école allemande est naïve, la nouvelle école allemande est archaïque. L'école hollandaise recherche surtout le détail, l'école flamande la couleur.

Née au XVIII° et continuée au XIX° siècle, l'école anglaise s'inspire de toutes les écoles du Nord, en mêlant à leurs inspirations plus d'une étude espagnole et vénitienne.

L'école écossaise, qui avait déjà produit en 1800 des peintres de talent, Jamesone, Ramsay, Raëburn et Runciman, — se résume dans Wilkie, plus détaillé, plus idyllique, plus chaste, plus grave qu'eux tous, par conséquent plus national.

On sait que les peuples septentrionaux de souche teutonique respectent dès l'enfance et protégent avec un soin pieux le libre développement de l'individualité humaine. Ce respect, devenu superstition aux États-Unis où les jeunes filles tiennent la maison et où les enfants sont souvent les maîtres, s'accorde avec le courant général des mœurs privées, fidèles en beaucoup de points à la primitive indépendance sauvage. Wilkie fut élevé sans contrainte; nul ne s'opposa aux premières tendances de l'enfant qui dessinait tout ce qui frappait ses yeux. Seulement quand il déclara qu'il avait résolu d'être peintre, l'austère famille s'inquiéta : le grand-père essaya quelques remontrances amicales, le père pria, la mère plus indulgente pleura et consola David. « Je voulais absolument devenir dessinateur et peintre, « je ne sais pas pourquoi, » dit-il dans une lettre.

Placé à quatorze ans, selon son désir, à l'*Académie*

de dessin ornemental instituée pour l'amélioration des manufactures et fondée à Édimbourg, il commença par dessiner d'après la bosse et la gravure, et remporta un prix ; voilà tout ce que la ville d'Édimbourg et ses parents pouvaient faire pour lui. Les modèles vivants et les leçons anatomiques lui manquaient.

Jamais le calvinisme presbytérien n'avait permis cette abomination païenne, nécessaire à la culture des arts ; — dessiner la forme nue, observer le jeu et le détail des muscles, étudier le corps humain et la merveilleuse unité de son organisme ; — crimes impardonnables. En Angleterre même on se résout avec peine aujourd'hui à disséquer les morts. En Écosse c'étaient toujours les mêmes calvinistes dont l'austérité avait poussé le spiritualisme chrétien à ses extrêmes limites ; ils n'avaient pas changé depuis le jour où le prédicant John Knox apostrophait si vivement les dames d'honneur de Marie Stuart, parce qu'elles portaient sur leurs poitrines découvertes d'abominables pièces d'orfèvrerie. On ne trouvait pas, à Édimbourg et l'on y trouve avec peine aujourd'hui un seul modèle d'homme, excepté pour la tête et les mains ; je doute qu'un modèle de femme s'y rencontrât pour or, argent ou prières. Offrir au dessinateur sa poitrine nue ou même son bras, c'est une indécence à laquelle personne ne consent.

Au surplus les modèles vivants qui posaient autour du jeune homme, les singularités et les accidents de la vie humaine qui avaient éveillé et nourri le génie de Hogarth suffisaient pour alimenter le trésor secret du jeune Wilkie. Observateur infatigable, il n'y avait pas de paysan, de *souter*, de *bonnie lassie*, de petit enfant allant à l'école ou de vieux *cronie* endormi au coin du feu, qui ne se gravât dans sa mémoire. Il avait dix-huit ans et il était encore à l'Académie, quand il traça la première esquisse de son charmant tableau : *les Politiques de village.* Le groupe principal, très-accentué et très-net, s'y trouvait déjà. Sans avoir vu une seule toile de Van Ostade, de Hogarth ou de Greuze, il avait deviné la peinture de caractère.

Ses amis s'étonnèrent; il continua. L'adolescent pauvre et privé des ressources les plus vulgaires, n'ayant ni palette, ni mannequin, ni chevalet, que personne ne renseignait sur les procédés techniques de l'art, triompha de toutes les difficultés par la patience et la volonté. Un traité médiocre d'Ibbotson sur la peinture à l'huile tomba dans ses mains; il le copia d'un bout à l'autre. Son premier tableau fut peint sur une vieille commode, dont il avança le second tiroir pour soutenir le canevas, de manière à s'en servir comme d'un chevalet postiche. Lui fallait-il un modèle de pied, de coude ou de main, il plaçait devant le vieux miroir son propre coude, sa main ou son pied, les copiait résolûment, et se servait à lui-même de modèle. « Entrez, dit-il un jour à l'un de ses amis, je copie un « assez vilain mollet; mais le modèle ne me coûte pas « cher. »

Tous les ans, dans le village de Pitlessie, voisin de la *Manse* de Cults desservie par son père, se tenait une foire où affluaient de dix lieues à la ronde laboureurs, magistrats, prédicants, jeunes garçons et jeunes filles. Il voulut donner à ses concitoyens un portrait complet de cette *Foire de Pitlessie,* avec tous ses acteurs en mouvement. Dès qu'on le vit errer, un crayon à la main, dans la grande rue du village, les vénérables habitants qui ne voulaient pas être *pourtraits* au naturel se mirent à le fuir. Il eut recours à mille stratagèmes. La figure d'un ancien (*Elder*), qu'il désirait saisir au passage dans sa rigidité « bonhome », fut croquée dans le *Kirk* (à l'église), au crayon rouge, sur la feuille de garde de la Bible, pendant un somme auquel l'*Elder* s'abandonna d'aventure. La chose s'ébruita. Il fallut, pour échapper à une admonestation que notre peintre allait subir, employer la controverse; son bon « grand-père » (*douce* (1) *grand-father*) se mit de la partie, défendit son petit-fils et prouva aux presbytériens que tout peintre n'est pas nécessairement damné, et que, l'œil de l'artiste étant seul engagé dans le travail matériel du dessin, l'oreille et l'esprit n'en sont pas moins attentifs au service divin; distinction subtile dont les ministres se contentèrent. Quant à Wilkie, il se vengea en artiste et composa le portrait général de la congrégation endormie; les nuances variées du sommeil s'y trouvaient reproduites : l'un ronflait, l'autre bâillait, celui-ci se pinçait le nez, cet autre cachait le sien dans sa bible. Chose singulière, Hogarth, autre Wilkie plus satirique et moins tendre, avait eu la même idée, et son portrait de la congrégation endormie lui avait attiré beaucoup d'ennemis. Wilkie plus prudent comprit le tort que pourrait lui faire sa malice innocente, et le panthéon du sommeil calviniste fut jeté au feu.

(1) *Douce*, « amène, courtois, bonhomme, » dans le dialecte des « Lowlands : » de même que *bonnie*, dans ce dialecte, veut dire « charmante, belle, gracieuse, gentille. » Ce sont les adjectifs français « doux » et « bon » détournés de leur sens et prenant une acception plus morale, plus intime et plus attendrie.

Un ami de la famille, frappé des dispositions du jeune homme, acheta pour lui à Londres un mannequin articulé; un autre lui montra quelques tableaux de Reynolds et d'Allan Ramsay. On lui donna des portraits à faire. Son second tableau, le *Recruteur de village,* assez mal peint, mais inventé, composé, groupé infiniment mieux que le premier essai de son pinceau novice, étonna bien davantage ses amis, et la famille se hâta de l'envoyer à Londres, pour qu'il étudiât à loisir et devint élève de l'Académie royale de peinture.

C'était un long et pâle jeune homme aux grands yeux bleus, et dont le sourire doux et singulier exprimait ce caprice observateur que les Anglais appellent *humour ;* ses lèvres, fermement dessinées, annonçaient une volonté peu commune. Paisible et calme dans ses actes, inébranlable dans ses résolutions, d'une sensibilité délicate, il voyait les ridicules sans s'irriter contre les hommes et s'intéressait à tout sans se passionner pour rien. Sa modestie était réelle jusqu'à l'humilité. Quand on lui disait qu'un de ses tableaux n'était pas réussi, il le recommençait. Il ne se croyait pas de génie, ne sentant pas en lui ces élans vigoureux et ardents qui emportent les gens d'imagination. C'est qu'en effet il n'avait pas du tout d'imagination. Il se contentait d'accumuler les souvenirs, et sa maturité devint plus féconde que sa jeunesse; son trésor avait grossi. Aussi lent à créer que Salvator Rosa ou l'Espagnolet étaient fougueux, il retrouvait à trente ans l'image, l'attitude, la pose ou le profil dont il avait observé à vingt ans le caractère spécial. Chaque débris de passé revenait prendre sa place et se poser sous sa lumière ; — le violon d'un aveugle, le vieux bahut du ménage, le chapeau à plumes de coq du dandy de campagne. Il n'avait jamais fini, tant il avait mis en réserve de petits détails de ce genre. Pas de fait, si petit qu'il fût, dont l'image ne restât fixée dans son esprit avec une netteté parfaite. Économe de ce trésor, il thésaurisait chacune de ses acquisitions, pour les placer à intérêt. De là cette variété infinie de ses compositions et l'intérêt dramatique que leur prêtent mille détails animés qui en font ressortir l'unité fondamentale. C'est comme dans la vie humaine. Une même chambre réunit vingt scènes diverses : le feu pétille, l'enfant pleure, le père ne revient pas, la mère est inquiète, le vieil oncle moralise ou dort, le jeune homme pense à ses amours et les poursuit, l'espoir de souper appelle vers l'âtre le vieux chien du logis qui grogne en attendant ; — la servante, le corps à moitié hors de la chambre, entr'ouvrant la fenêtre comme pour fermer le volet, se penche dans la rue et livre une de ses mains aux rustiques tendresses d'un galant ignoré. Le génie de Wilkie ne se contente pas de ces souvenirs qui eussent suffi à Van Ostade ou Bega ; il s'élève jusqu'à la comédie, l'élégie ou la tragédie. Le pauvre mobilier est saisi ; le lit du ménage va être enlevé ; le jeune laboureur pleure tout bas, en face des *baillis* à figure de pierre ; ou bien, dans *Duncan Gray*, la jeune fille qui vient de frapper au cœur son amant dévoué, s'attendrit tout à coup, parce que le rustique s'est écrié : « *Ma foi, c'est fini, qu'elle s'arrange... elle peut aller au diable !* »

Pour mieux approfondir ses sujets, Wilkie cherche sans cesse des ressources nouvelles. Cet artiste sans élan et sans caprice travaille comme un ouvrier, du soir au matin, reprenant chaque jour sa tâche de la veille avec l'exactitude monotone d'un commis, avec une imperturbable patience. Sans cesse il retouche, écoute tous les avis et appelle tous les souvenirs à l'aide de sa sagacité personnelle. C'est par ce côté même qu'il représente l'art de son pays, et cette pénétration lente, incisive, philosophique plutôt que railleuse, qui caractérise le génie écossais. S'il est une qualité spéciale de la race écossaise, c'est cette *Keenness* (1) mêlée d'une ironie sans amertume ; on la retrouve dans le scepticisme de Hume, dans la satire élégiaque de Burns, même dans les poésies du vieux roi Jacques I er (2).

Wilkie arrivé à Londres loua un petit logement bien modeste et travailla comme à son ordinaire, sans relâche et sans penser à autre chose qu'à son art. Il refit ses *Politiques de village,* ajouta plusieurs détails à sa première composition et ouvrit son atelier aux amateurs. Dès lors son génie fut reconnu. Il était impossible de ne pas saluer en lui le descendant légitime de Hogarth et de Holbein, du Bamboche et de Teniers, de Van Ostade et de Metzu.

L'Angleterre était disposée à l'accueillir ; les peintures villageoises du poète Crabbe et les scènes familières dont Walter Scott avait semé ses compositions venaient de préparer les esprits, qui depuis un demi-

---

(1) *Keenness*, de « keen » (aigu). *Cannieness* ou *Kanhieness*, mot charmant et tout écossais, indique l'homme qui sait le monde, (*canny*) qui le comprend et en use. C'est le *Knowing* des Anglais, avec une teinte de hasard heureux, déterminé par la prudence.

(2) *Christ's kirk on the Green*, satire populaire.

siècle gravitaient vers cette région de l'art. Non-seulement c'était un artiste de génie, mais il avait l'avantage de venir à temps. La peinture de caractère et d'observation où Wilkie excellait, ses tableaux de mœurs septentrionales et rustiques coïncidaient avec les idées et les goûts de la génération anglaise qui luttait contre Napoléon et qui méprisait souverainement le goût classique, les héros de David et l'idéal de la beauté, telle que le Midi la recherche et l'adore depuis Phidias et Praxitèle.

A dater du jour où les *Politiques de village* furent exposés, ce fut à Londres un véritable engouement en faveur du peintre des mœurs domestiques. La foule se pressait dans l'atelier de Wilkie, pauvre atelier triste et dégarni ; car l'artiste, bien que sobre et rangé, avait fait des dettes. « Quarante livres ! écrit-il à son père, « avec une exclamation et un soupir arrachés à son « économie écossaise ! Vraiment je ne pourrai jamais « m'enrichir. Je passe plus de temps à préparer un ta-« bleau que d'autres à en terminer douze. » — Il cherchait sans cesse, retouchait, effaçait, recommençait, et sa vie n'était qu'une étude. « Je me livre, écrit-il à sa « mère, à une espèce de peinture qui fera envie à Jean-« nette et à Nancy (servantes de la maison). Les frais « de cirage pour mes bottes et mes souliers étant trop « considérables, j'ai acheté les instruments nécessaires ; « et tous les matins je cire mes chaussures. J'arrive à « de très-beaux résultats ; elles reluisent, que c'est une « merveille. »

Cependant il avait trouvé des protecteurs. L'aristocratie anglaise se mit à soutenir cet humble aventurier, créateur d'un nouveau genre dans l'art, la *Satire élé-*

giaque. Sir George Beaumont lui donna non-seulement de l'argent, mais ce qui vaut mieux, de l'amitié, des égards, de l'honneur, des secours intellectuels, d'excellents conseils. Je ne sache rien de plus touchant que la longue liaison de Wilkie et de sir Georges Beaumont. Le ton de leurs lettres se maintient sur un niveau parfait d'égalité; la protection du seigneur reste inaperçue, la dignité de l'artiste est sans morgue. Sir George ose tout lui dire, et Wilkie sait tout comprendre. « Prenez garde à vos fonds, lui dit le gentilhomme, ils
« sont lourds... Vous voulez être brillant, vous devenez
« sec et cuivré..... étudiez les grands coloristes..... Pei-
« gnez dans la pâte; jetez de l'air dans vos toiles. Quant
« à la finesse du dessin et de l'observation, jamais cela
« ne vous fera défaut. » Wilkie discutait et profitait des avis. Son introduction dans les parages du grand monde où l'artiste en faveur fait aisément fortune fut l'ouvrage de sir George. Un jour qu'il était malade, après avoir beaucoup travaillé à plusieurs tableaux (souvent une œuvre lui coûtait deux ans) il reçut de sir George la lettre suivante : « Vous savez que ceux de vos tableaux
« qui valaient cent livres il y a un an, ont doublé de
« prix, et se vendent deux cents et même deux cent cin-
« quante; ainsi ceux dont je suis possesseur et dont j'ai
« fait l'acquisition avant que vous eussiez acquis votre
« juste réputation me rapportent un bénéfice considé-
« rable, à moi ou à mes héritiers. Je crois qu'il serait
« tout à fait indélicat de votre part, mon cher Wilkie,
« de vous refuser à recevoir la différence qui existe
« entre la vraie valeur de vos œuvres et ce que j'ai
« payé... » à quoi Wilkie répondit : « J'ai reçu, cher sir
« George, la traite que vous m'avez envoyée sur votre

« banquier. Je ne puis que l'accepter, moins comme une
« rémunération juste et une chose due, que comme une
« preuve et un témoignage touchant de votre confiante
et bienfaisante amitié... » — Le même artiste avait tout
récemment refusé deux cents livres sterling d'un tableau qu'il avait promis d'exécuter pour cent cinquante : et il avait très-résolûment bataillé contre lord
Mansfield, qui voulant tirer avantage d'une promesse
prétendue, espérait acquérir ses tableaux pour rien.
Après la mort de sir George, nous verrons le célèbre
Robert Peel devenir aux mêmes titres et avec la même
délicatesse, le patron de Wilkie.

Ce fut alors et sous l'influence de cet encouragement
qu'il produisit successivement son *Aveugle qui joue du
violon*, pour le duc de Glocester, et son *Payement des
ermages*, pour le duc de Mulgrave. Sa réputation grandissait. On ne se lassait pas d'admirer le pinceau éloquent et naïf qui disait si bien, sans emphase, la dignité
du paysan, la noblesse de sa charrue, la grâce et l'humble grandeur de cette communion perpétuelle avec la
nature et Dieu. *Le Payement des fermages* et *l'Aveugle qui joue du violon*, suivis bientôt de la *Dame malade* et de la *Coupure au doigt*, sont autant de gaies et
profondes idylles, drames charmants et philosophiques,
où la vie rustique, la vraie vie de l'homme, n'est ni
flattée ni calomniée, mais simplement reproduite. Ici un
petit bonhomme qui sera quelque jour amiral et qui a
voulu lancer une frégate sur l'Océan (qui remplit une
jatte d'eau) s'est coupé le doigt, et la sœur lui applique gravement les remèdes que son art de ménagère
tient en réserve ; là toute une chaumière est heureuse,
attendrie, égayée par les sons d'un violon d'aveugle

auquel on a donné l'hospitalité. Il n'y a d'autre idéal pour Wilkie que l'humanité rustique, soumise à la moralité, épurée par le travail, ennoblie par l'indépendance : heureux le pays qui produit un tel peintre ! La grâce voluptueuse le préoccupe peu ; jamais il ne s'adresse aux sens, soit pour les irriter comme Boucher, soit pour les offenser comme Brauver. Son œuvre n'a pu naître que d'une société saine et forte. Il n'appartient au dix-huitième siècle que par son amour intime et son culte enthousiate et calme de l'humanité ; culte involontaire, sincère, qu'il exprime dans la variété de ses plus fins détails. S'il aime à peindre les intérieurs, s'il lui arrive rarement de se hasarder en plein air, c'est que la vie domestique fait voir l'homme plus complet, plus seul, moins dominé par la nature, moins absorbé dans son vaste sein.

Wilkie abusa des intérieurs. A ce peintre rustique il manque l'horizon des campagnes et le silence murmurant des bois. C'est le poète de la cabane, qui pour lui est un temple modeste, parfumé d'une saveur frugale et religieuse ; jamais, comme quelques flamands et hollandais, il ne demande aux prestiges de l'art une excuse et un prétexte pour la trivialité des scènes et la grossièreté des mœurs. La moralité puritaine ne l'abandonne pas ; de là des traits touchants et graves, d'une finesse qui côtoie la sécheresse et d'une pureté vraiment profonde.

Dans *la Dame malade*, un pauvre chien, l'œil triste et fixé sur sa maîtresse alitée, pendant que le médecin lui tâte le pouls, attend les oreilles basses le jugement du docteur. Dans *le Payement des fermages*, vrai chef-d'œuvre, une mère, jeune et triste veuve, accompagne ses deux enfants ; bonne ménagère, elle a pris la clef de sa maison ; le second enfant, assis dans son giron, mord la clef de toutes ses forces ; c'est qu'il fait ses dents, et l'on est trop pauvre pour lui acheter un morceau de corail ; pauvreté voilée et fière qui apparaît profondément touchante et qui se révèle au spectateur, malgré le chapeau bien propre et la tenue excellente de la jeune femme.

Cette sobriété philosophique de l'observateur ne tourne pas toujours au profit de l'art. Sir George Beaumont eut raison de reprocher à la première manière de Wilkie des tons gris et lourds, des teintes ardoisées et métalliques, un sorte de sécheresse brillante, peu de largeur, de facilité ou d'empâtement, des glacis laborieux et multipliés. Ces défauts, il n'a pas cessé de les combattre et de les corriger ; et s'il n'est point parvenu à les détruire, il a su les affaiblir.

Élu d'abord associé, puis membre de l'Académie royale de peinture, il continua la même vie de labeur modeste et produisit tour-à-tour la *Garde-robe au pillage*, la *Fête de village*, le *Colin-Maillard* et la *Lettre de recommandation*, autant de petits chefs-d'œuvre.

Les peintres anglais qui se trouvaient alors en possession de la renommée et de la fortune se plaignirent comme toujours, d'un succès peu conforme aux règles qu'eux-mêmes avaient posées ; les épigrammes n'épargnaient pas Wilkie. « Qu'avez-vous fait là, lui « dit un jour le grandiose Fuessli[1] ? un saut périlleux « dans le vulgaire, mon cher ami. De deux choses

---

(1) Ce peintre, né en Suisse, avait altéré l'orthographe de son nom (*Fuseli*), pour le rendre plus facile à prononcer en Angleterre.

« l'une : ou votre fortune est assurée ou vous êtes
« perdu. — A la bonne heure, répondit Wilkie tran-
« quillement; nous verrons. » Northcote, esprit ingénieux et froid, trouva un mot qui fit fortune. « Avant
« vous, dit-il à Wilkie, nous avions l'école de la cou-
« leur et celle de la forme; vous avez créé l'*École de*
« *la gueuserie.* » — Les gueux de Wilkie vivent; les
dieux de Northcote et de Fuessli sont morts. Hazlitt,
homme d'esprit et de caprice, répandit et commenta
le mot de Northcote. Cependant le public prenait parti
pour « les Gueux »; Wilkie marchait toujours avec
cet enthousiasme grave et calme que rien ne pouvait
distraire de son but : ni les sourires de la fortune, ni
les railleries des rivaux.

Sa vie était celle d'un séminariste ou de Grandisson
devenu peintre. Il écrivait son journal ainsi que le
veulent Locke et Franklin. « Cette jeune personne qui
« est venue ce matin visiter mes tableaux m'inquiète,
« dit-il; pourquoi venait-elle? Ses intentions ne sont
« pas claires. Je la consignerai. » De temps à autre,
cependant, il lui échappe une malice tranquille : « J'ai
« dîné chez lord ***; il y avait là un homme très-ins-
« truit et très-occupé de le faire voir. C'était divertis-
« sant. »

Ses amours platoniques ne ressemblent guère à celles
de Teniers ou de Van Dick. « O l'admirable attache de
« cou et l'incomparable épaule, dit-il un jour (en montrant la jeune fille d'un noble, beauté digne du Corrège, à mistriss Thompson qui raconte l'histoire) —
Vous l'aimez! Pourquoi ne pas vous déclarer? — Je
n'ose pas. » — Il n'en parla plus et ne se maria jamais.

Cette sévérité puritaine, incompatible avec l'idéal de

la beauté, devenait un défaut grave, appliquée au genre du portrait. Non-seulement la sécheresse de son pinceau mécontentait les modèles, surtout les femmes quand elles commençaient à vieillir, mais il abusait de la fidélité des accessoires et de la servilité de l'imitation, qu'il n'élevait pas à une harmonie suprême. Loin de se montrer comme Boucher, ou Watteau ou l'Albane, trop aimable et trop joli, il était comme certains Allemands du quatorzième siècle, trop rigide et trop vrai. Aussi le grand tableau représentant la *famille de Walter Scott*, son ami, est-il une œuvre manquée, malgré tout le soin qu'il y apporta. Ses figures, sans tomber absolument dans la caricature, offrent le *fac simile* trop minutieusement exact de la nature vivante et de ses mille défauts.

C'était dans les scènes domestiques qu'il était maître. La plupart des sujets d'intérieur traités par Gérard Dow, les Ostade, Terburg et Teniers, ont été repris en sous-œuvre par l'artiste écossais. Comparez ses *Politiques de village* à ceux d'Adrien Van Ostade. Il n'y a que trois personnes dans le tableau du Hollandais; personnages ingénus, pleins de mouvement, admirablement posés, surtout le vieillard en lunettes, sillonnés de charmantes et profondes rides, et peints on ne peut mieux. Passez au tableau de Wilkie. — La Révolution française vient d'éclater et ses lointaines foudres sont venues tomber au fond d'un village ou *Clachan* des *Low-lands* d'Écosse. Voici l'hôtellerie, ou *change-house*, voici la chambre, cuisine, salon, salle de jeu, chambre à coucher, estaminet, (propre néanmoins), où viennent danser et boire forgerons, charretiers, fermiers, laboureurs. La grande cheminée est chauffée au charbon de terre ; la table longue occupe le centre, avec pots de bière, fromage et journal; car le maître fournit à ses hôtes, avec la boisson et les gâteaux du pays, le journal de la liberté populaire. Ce vieillard sagace et calme qui tient son menton dans sa main gauche continue à haute voix la lecture de la gazette ; un cordonnier, un tisserand et un laboureur l'écoutent ; celui-ci, jeune et ardent, se penche, et le corps en avant, les sourcils contractés, la bouche ouverte, l'index de la main droite appuyé dans la paume de sa main gauche, propose à ses voisins la solution dernière du grand problème politique. Le soc de sa charrue est à ses pieds ; une plume de paon, passée dans la ganse de son bonnet, prouve son élégance. Il est fort animé ; mais le tisserand ne l'est pas moins. Pendant que le tranquille regard du Nestor de village arrête la fougue du laboureur, le tisserand se lève à son tour : son vieux bonnet jeté de travers et la grimace véhémente de sa bouche, annoncent l'ardeur de son opposition. Quant au cordonnier, dont le chapeau est orné d'un débris de plume à écrire et dont le couteau suspendu va bientôt attaquer un reste de fromage placé sur la table, il semble moins irrité que son ami le tisserand. Le vieillard qui les regarde étend la main vers un pot de bière placé par terre, à portée du lecteur ; l'apparition de la maîtresse qui entr'ouvre la porte, tenant à la main un beau renfort de rafraîchissements ; un brave paysan qui écoute sans comprendre et qui se gratte la tête ; un vieillard que le présent n'intéresse plus et qui se contente de relire un vieux journal ; enfin un *montagnard* aux jambes nues, au tartan écossais, qui se chauffe paisiblement sans accorder la moindre attention à ce qui se passe, comme s'il représentait le vieux monde et qu'il n'eût que faire de tout cela, complètent cette admirable scène.

Il faut avouer qu'on regrette ici un peu de ciel et cet air pur dont Teniers aime et reproduit la magie. L'air libre fait peur à Wilkie l'Écossais : il s'aventure rarement sur la place publique ou dans la forêt qui tressaille sous l'ombre et la lumière ; et quand cela lui arrive, un écran de maisons noires ou un grand rideau d'arbres lui cachent le jour. Les profondeurs diaphanes des horizons l'épouvantent autant que l'élégance du grand monde ou la vigueur de la satire. Le terrible burin de Hogarth fait peur à sa main délicate. Une fois il a essayé la caricature, et sans succès. Le sourire mêlé aux larmes, l'intérêt dans le calme, la dignité dans la simplicité, voilà son talent ; — dans ce genre il est sans égal.

Sa *Noce de village* et sa *Fête de village* laissent bien loin d'elles les aimables compositions de Greuze, si charmant et si faux, moral à la façon de Marmontel, rustique à la façon de Florian, vrai à la façon de Diderot ou de Crébillon fils ; idylles artificielles et parées dont l'ingénuité ressemble à celle d'une duchesse jouant la bergère.

Dans *la Noce de village*, l'idéal de pureté morale chez la femme, l'élégance et la rustique grâce de la jeune danseuse écossaise ; — dans *Duncan Gray* l'expression passionnée, sérieuse et coquette de la jeune fiancée, au moment où la résistance de son orgueil est vaincue par son dépit, — doivent être placés parmi les plus aimables créations de l'art moderne.

Voilà ce que produit une société organisée et forte.

Etrangère à l'art dans son essence, l'Ecosse puritaine l'a créé ou plutôt l'a renouvelé selon ses désirs, en dépit du climat, des doctrines et des habitudes.

Les raccommodeurs de porcelaine, Duncan Gray, les Invalides de Chelsea, Devinez qui je suis, la Lecture du testament et *le Bedeau de la paroisse* attestèrent la vigueur constante du pinceau de Wilkie et son infatigable activité. *Les Invalides de Chelsea* lui étaient commandés par le duc de Wellington, qui fournit lui-même toutes les indications nécessaires, approuva ou modifia l'ordonnance des groupes et paya généreusement l'artiste, non sans sourire un peu de la *Cannieness* écossaise. — « Quelle somme vous dois-je, « M. Wilkie, lui demanda le duc, qui n'avait rien sti« pulé d'avance ? » — « Douze cents guinées (trente mille « francs), répondit *Canny Daüvid !* » — Lord Wellington, sans mot dire, se mit à compter l'énorme somme en billets de banque. — Votre Grâce « peut s'épargner « cette peine, reprit Wilkie : je passerai chez son « banquier. — Oh! reprit le duc, souriant encore, « quand je fais des sottises je ne veux pas qu'on le sa« che ? » Au surplus Wilkie avait consacré près d'une année à ce travail. Celui qui représente la *Lecture de la gazette après la bataille de Waterloo* offre le développement du même sujet. Les groupes de ce dernier tableau, tout animés qu'ils soient, nous semblent moins naturels et moins ingénus que l'artiste n'a coutume de les faire ; le lieu de la scène en est admirablement choisi, à Chelsea, près de l'hôpital des Invalides, se trouvait une rue aujourd'hui détruite, dont les maisons dataient du seizième et même du quinzième siècles : chaque jour Wilkie allait étudier et copier ces pignons, ces moulures, ces entablements, ces combles qui projetaient sur la rue la bizarrerie de leurs ombres. « Il avançait bien lentement dans ce travail, dit « mistriss Thompson; chaque soir il revenait pren- « dre le thé chez moi et me rapporter ses essais sur pa- « pier teinté; ici une moulure, plus loin une corniche: « Vous n'aurez jamais fini, lui dis-je un jour.— Tout « ce qui est paysage m'embarrasse, me dit-il, je n'en « finis pas, quant au reste, je les ai là dans ma tête. »

A cette peinture, qui flattait l'orgueil national aux hommes et qu'il fallut protéger par un grillage pour empêcher les curieux de la détruire, nous préférons le *Testament*, admirable élégie, mêlée d'ironie douce et étincelante de vérité, commandée par le roi de Bavière et qui fut l'objet de notes diplomatiques échangées entre son cabinet et Georges IV, qui désirait en rester possesseur. Wilkie ne favorisa point le roi d'Angleterre, qui perdit son procès et qui commanda au peintre un tableau difficile d'exécution, contraire à ses goûts et à ses études : « *L'Entrée solennelle de S. M. dans le palais d'Holyhood.* » L'esquisse que Wilkie soumit à l'approbation royale, montrait le monarque recevant avec courtoisie les clefs de l'antique résidence. « Ce n'est pas cela, » s'écria Georges IV, qui prit une pose théâtrale, se plaça dans une attitude toute royale, et dit au peintre : — « Voici ! » — Wilkie se tut et dessina Georges IV comme il voulait être reproduit ; la jambe étendue, le corps renversé, la main sur la hanche. Ce ne fut rien que ce premier désagrément, auprès des rivalités et des prétentions rivales des seigneurs, tous réclamant la plus honorable place dans la procession, en raison, ceux-ci de leur race, ceux-là de leurs emplois; il fallait montrer les armoiries de l'un, embellir la physionomie rude ou bizarre de l'autre, rajeunir celui-ci, présenter celui-là, non de profil mais de face. Pour un ami de la vérité tel que Wilkie, que d'obstacles à la fois! la patience de l'Écossais en vint à bout, et l'effet pittoresque du vieux palais sauva son tableau.

Il avait alors sur son chevalet une œuvre à laquelle tout son cœur de presbytérien écossais était voué, une « *Prédication de John Knox.* » Le roi, qui en avait vu l'esquisse, s'était écrié : « Je n'aime pas ce puritain. » — « Je vous supplie, écrivit aussitôt Wilkie à lord Liverpool, de ne plus parler de cette œuvre à Sa Majesté. » — Il la continua néanmoins et chercha de tous côtés les documents historiques qui lui étaient nécessaires. Ses amis d'école découvrirent dans une cave d'Édimbourg la vieille chaire d'où Knox avait foudroyé les papistes; chaire vermoulue et renversée près d'un gibet mis à la réforme. A l'annonce de ce tableau de Wilkie, le presbytéranisme s'émut tout entier; de mille côtés on lui envoya des esquisses, des gravures, des portraits de vieux puritains et des débris de costume. Nourri dans l'adoration de ces dogmes austères, écossais avant tout, le bonheur de plaire à ses presbytériens chéris lui semblait le plus beau de ses succès. Quand les notables de Cupar lui envoyèrent le diplôme de bourgeois avec les franchises de cette localité écossaise, il en fu plus profondément touché que de la *Baronetcy* conférée par le roi et par Robert Peel. Son orgueil naïf éclata, quand il reçut un peu plus tard le titre national d'*Enlumineur* (Limner) *de Sa Majesté pour le royaume d'Écosse.* Aussi tout le temps qu'il consacra au tableau qui représentait *la Prédication,* c'est-à-dire l'Apohtéose de Knox, fut-il un temps de bonheur et de joie ; et grâce à ce sentiment profond, du sujet le plus froid que l'on puisse imaginer il fit un chef-d'œuvre.

Laborieusement, sans interruption, par un constant progrès, Wilkie depuis sa quinzième année avait marché d'étude en étude, de chef-d'œuvre en chef-d'œuvre, de succès en succès ; la gloire était venue avec l'aisance. Cette vie douce et honnête, soutenue par des travaux persévérants, fut tout-à-coup frappée de calamités cruelles. Il avait une sœur nommée Hélène, d'une grande beauté, qu'il aimait beaucoup, qui allait se marier, quand son jeune fiancé mourut de mort subite sous le toit de Wilkie ; peu après la mère de Wilkie mourut entre les bras de son fils. Il perdit dans le même mois deux frères ; l'un, aux Indes Orientales ; l'autre, officier, à son retour du Canada, où il laissait, comme agent comptable, un déficit de mille livres sterling payables par David. Le dernier des frères de l'artiste, établi à Londres dans le commerce, tomba en déconfiture, au même moment où la faillite Hurst et Robinson, qui détruisait la fortune de son ami et de son compatriote Walter Scott, enlevait à Wilkie dix-sept cents livres sterling, fruit de ses travaux.

Il reçut ce dernier coup avec autant de sérénité que Walter Scott ; mais une maladie nerveuse s'empara de lui et le rendit incapable de tenir le crayon et le pinceau.

Frappé dans sa santé, sa fortune et ses affections, l'artiste défaillant devint critique. Il parcourut l'Europe et même l'Orient, cherchant partout des adoucissements à sa peine, des leçons nouvelles pour son art, des objets d'étude, des points de comparaison, des renseignements sur l'esthétique de la peinture et sur les procédés des grands maîtres. Il se mit à écrire, et son style, dont il avait négligé l'exercice, devint net, vigoureux et expressif. On tirerait beaucoup d'instruction, d'agrément et d'utilité de ses notes de voyage, si une main judicieuse les mettait en ordre : l'observateur, l'artiste acharné que rien ne rebute, qui veut tout voir et qui tend à la perfection par un effort constant, y apparaissent. On y découvre aussi les mobiles réels de son talent et le secret de ses deux manières.

En France il admire peu de peintres, le Poussin et le Lorrain exceptés. L'idée qu'il se fait de l'art se rapporte si exclusivement au vrai et aux développements du caractère dans l'humanité, que l'emploi de la peinture dans les grandes constructions monumentales lui semble un scandale. Versailles lui déplaît : « Ces colonnades et ces dorures, ces portiques et ces marbres écrasent le peintre, » dit-il avec humeur. Il exècre la peinture d'apparat ; à peine admet-il les tableaux de Paul Véronèse. Vérité ; il ne demande et ne veut qu'elle. Tout en convenant que David dessinait bien, il s'arrête devant ses tableaux sans les comprendre. C'est Teniers examinant les grands cadres de Charles Lebrun. Avec quel dégoût le poète des kermesses eût-il détourné les yeux de ces orgueilleuses images ! A Rome, Raphaël et Michel-Ange appellent son observation sans conquérir son amour ; à Venise il étudie Titien et Giorgione ; en Espagne, Murillo et Velasquez le ravissent.

Quant à la Hollande, elle l'enivre, bien qu'il ne la voie pas. Il en visite seulement les musées, qui lui semblent le paradis et l'apothéose de l'art de peindre. Teniers et Van Ostade lui dérobent la nature. Il lui semble que ces grands *Polders* sont copiés d'après Paul Potter et non que Potter les a copiés. En face des sites merveilleusement idéalisés par Ruysdaël et Karl Dujardin, il sent tout ce qui lui manque; il se rappelle le Titien, Murillo, Velasquez et s'aperçoit enfin qu'il a beaucoup à faire encore pour devenir un grand peintre dans la suprême acception du mot. En effet, sans la vigueur et la profondeur, sans l'harmonie du coloris, on peut être un dessinateur ingénieux ou charmant, non un peintre complet.

Il reconnut aussi qu'il n'est point permis de pécher contre les lois de l'anatomie, du dessin et de l'unité, défauts fréquents chez les artistes anglais. « Il faut « avouer, dit-il, que si nous dessinions mieux les bras « et les jambes, cela vaudrait tout autant. Je ne puis « souffrir cette négligence et cette incorrection. Je « n'aime pas davantage l'éparpillement de lumières et « de personnes dont nos peintres font abus; ils croient « ainsi obtenir de l'*espace* (c'est leur mot), et ils n'ob- « tiennent que la confusion. Ils composent mal. Pres- « que jamais leurs accessoires ne se subordonnent au « sujet principal. L'unité est sans cesse blessée. Une « boîte à coudre ou une bobine ont plus de valeur dans « leurs tableaux que la figure qui en est le centre. « Voyez Reynolds; chez lui les plus beaux costumes « ne font aucun tort aux figures; il ne sacrifie jamais « ce qui a plus de valeur à ce qui en a moins. »

Sous le rapport de la composition et du dessin seulement, Wilkie concède quelque mérite à l'école française : « Cette pureté de dessin est incontestable, dit-

« il ; mais je ne puis m'accoutumer aux tableaux de M.
« Guérin, qui ressemblent à des papiers peints et qui
« manquent de profondeur et d'empâtement. Ce sont
« plutôt des dessins légèrement frottés de couleur que
« des peintures riches. Où sont les accidents et la magie
« de l'ombre ? » — Les peintures d'Herculanum lui
laissèrent la même impression : « Je soupçonne que
« les anciens, dit-il, n'avaient pas deviné le secret
« du coloris moderne, et que leurs peintures si van-
« tées manquaient de clair-obscur, de profondeur
« et de solidité. » — Séduit par les chefs-d'œuvres de
Rembrandt, de Murillo et de Vélasquez, il résolut de
se faire une seconde manière, plus élevée de sentiment
et plus puissante de couleur. Il y réussit, au détriment
peut-être de son génie, dont la naïve empreinte disparut pour faire place à une touche plus savante, mais
trop laborieuse.

Il avait visité la France, l'Espagne, l'Italie, et s'y
était livré à de continuelles et profondes études, sans
que sa douleur éprouvât aucun soulagement. Il passa
en Allemagne par Inspruck ; dès qu'il sentit sous ses
pieds le sol teutonique, une douce saveur de la famille antique et de la race primitive vint le ranimer :
« Ces Allemands sont de vieux Anglais bien conservés, » dit-il quelque part. — Le Tyrol lui rappelle sa
chère Écosse ; il est ravi de ce que les paysans
tyroliens comprennent le patois des *Louwlands*; de-
mande-t-il son chemin dans les montagnes, on lui répond : « *Der recht,* » et il se croit au pied des monts
Grampiens, où le mot *right* se prononce *recht*. Même
propreté sévère, mêmes mœurs économes et riantes,
même hospitalité grave et digne : « Voilà donc, s'é-

crie-t-il, le vieux sanctuaire de nos mœurs primitives.»
Et il a raison; son esprit observateur ne le trompe
pas.

Peu à peu sa santé se rétablit; ses amis sir Robert
Peel, Thomas Lawrence l'aident, le soutiennent, l'encouragent, le consolent. Il se met alors à peindre dans
sa seconde manière, beaucoup plus grasse, plus solide
et plus forte, *Christophe Colomb*, les *Quatre épisodes
de la guerre d'Espagne*, l'*Insurgé irlandais (Peep o'day
Boy)*, enfin *le Premier conseil d'État de la reine Victoria*. Épuisé de travail, il part ensuite pour l'Orient
où il exécute ses derniers ouvrages, *l'Écrivain public
de Constantinople* et *le Tartare apportant la nouvelle de la prise de Saint-Jean-d'Acre*. Il avait vu Jérusalem et venait de quitter Alexandrie quand cette
existence fatiguée s'éteignit paisiblement à bord de
l'Oriental, à cinquante-six ans.

Quel que soit le mérite d'imitation et de coloris qui
distingue les œuvres de sa seconde manière, c'est Wilkie l'Écossais, c'est le peintre profond et naïf du *Testament* et de *la Noce de village* qui se recommande à
la postérité ; c'est l'enfant calviniste qui dans *la Manse
presbytérienne* a entendu lire et a lu les prières et la
Bible à haute voix ; c'est le moraliste de village; riant
doucement ou plutôt souriant en dedans avec une
finesse élégiaque, sans amertume. C'est le peintre philosophe, supérieur à Béga, Jean Steen et Hemskirk,
non par la verve franche et la vigueur, mais par la
compréhension variée de l'humanité. C'est le poète
des ateliers, des granges, des cuisines et des intérieurs;
celui dont les chaudrons et les ustensiles de ménage

ne sont pas seulement vrais et vigoureux comme ceux de Kalf, mais empreints d'un bien-être intime.

Que ces chaudrons écossais sont luisants et moraux! comme ils font honneur à la ménagère! — Wilkie, fidèle à la rigueur des habitudes chrétiennes et calvinistes, n'introduit pas une nudité dans ses tableaux, pas une seule des ingénuités indécentes de Teniers, des obscénités satiriques de Hogarth ou des séductions trop coquettes de Watteau. Cette nuance fait de lui le peintre écossais par excellence et le classe à part dans la grande école du Nord.

Il est le Léonard de Vinci de la peinture anglaise. En revanche quelques-unes des qualités suprêmes que ces maîtres possédaient lui font défaut. La nature extérieure semble le toucher fort peu ; l'air manque à ce peintre des cuisines et des ateliers d'Écosse. On ne doit chercher dans son œuvre ni les douces forêts penchées dont Hobbéma voile ses lacs, ni les élégies tristement adorables de Ruysdaël, ni les folâtres gaîtés de Berghem, ni les lointains diaphanes qui jaillissaient du pinceau transparent de Teniers. Dans la nature Wilkie n'a vu que l'homme, et parmi les hommes un seul, le plus grand selon lui, le *gudeman* (1) (paysan) écossais. Il a étudié depuis sa quinzième année ce *roi de sa cabane*, l'œil fixé sur la compagne de son labeur et de ses joies, sur la *bonnie lassie* aux yeux bleus, au front haut, à la physionomie plus intellectuelle que sensuelle. — Il ne reproduit pas avec moins de bonheur le beau type féminin du Nord montagnard; — celle dont le regard, fier devant l'étranger, s'humi-

(1) *Goodman*, « bonhomme, » expression charmante. Nous avons tort de faire du « bonhomme » un sot.

lie devant le père et devant l'époux, —belle et blonde, aux cheveux couleur de noisette, moins massive et plus blanche que les nymphes de Rubens, avec de plus fines attaches et des chairs moins morbides; fleur sauvage, vigoureuse, ferme sur sa tige.

Dans son œuvre mille traits rappellent la finesse de Ferdinand Bol et de Holbein, le mouvement et la vie bruyante de Wouvermans, l'énergique rusticité de Van Ostade, le fini délicat de Terburg, le détail achevé de Metzu, l'accent ingénu, philosophique et profond de Corneille Béga. Il est de leur famille et ne les imite pas ; il ne les a jamais étudiés. Il les dépasse en plusieurs points.

Il a de plus qu'eux la grâce morale, le sentiment de la pureté et de la rectitude idéalisées.

RECHERCHES ET INDICATIONS (1).

M. Louis Viardot, dont nous consultons avec fruit les recherches cosmopolites, traite avec une grande sévérité l'école anglaise dans ses *Musées d'Europe*. Voici cependant ce qu'il accorde à David Wilkie :

« L'auteur de *Colin-Maillard*, du *Jour des loyers,* des *Politiques de village,* procède un peu d'Hogarth pour les intentions, et beaucoup, pour le *faire*, des petits flamands, surtout d'Adrien Ostade, qu'il semble avoir pris particulièrement pour modèle. Il est spirituel, vif, enjoué, et l'on trouve dans tous ses détails l'œil d'un observateur exercé ; son exécution est fine et soignée, mais elle n'a pas le charmant naturel de ses maîtres, elle est déparée par un fâcheux abus d'un ton rosé, et ce défaut ou cette affectation ferait dire de Wilkie, avec une sorte de justice, qu'il n'est qu'un Ostade enluminé. » (Musées d'Angleterre, 2ᵉ édition, p. 38).

En regard de ce jugement d'un écrivain qui fait autorité, nous aimons à rappeler l'opinion d'un artiste éminent, Géricault, dont le talent original paraît procéder bien plus de l'étude de la nature que de l'imitation des maîtres, écrivait en 1821 à M. Horace Vernet :

« Je disais il y a quelques jours à mon père qu'il ne manquait qu'une chose à votre talent, c'était d'être trempé à l'Ecole anglaise, et je le répète parce que je sais que vous avez estimé le peu que vous avez vu d'eux. L'exposition qui vient de s'ouvrir m'a plus confirmé encore qu'ici seulement on connaît ou l'on sent la couleur et l'effet. — Que je voudrais pouvoir montrer aux plus habiles mêmes plusieurs portraits qui ressemblent tant à la nature, dont les poses faciles ne laissent rien à désirer, et dont on peut dire qu'il ne leur manque que la parole. — Combien aussi seraient

(1) V. les pages 340, 372.

utiles à voir les expressions touchantes de Wilky (*sic*). Dans un petit tableau, et d'un sujet le plus simple, il a su tirer un parti admirable. La scène se passe aux Invalides ; il suppose qu'à la nouvelle d'une victoire, ces vétérans se réunissent pour lire le bulletin et se réjouir. Il a varié tous ses caractères avec bien du sentiment. Je ne vous parlerai que d'une seule figure qui m'a paru la plus parfaite et dont la pose et l'expression arrachent les larmes quelque bon que l'on tienne. C'est une femme d'un soldat qui, tout occupée de son mari, parcourt d'un œil inquiet et hagard la liste des morts..... Votre imagination vous dira tout ce que son visage décomposé exprime. Il n'y a ni crêpes, ni deuil, le vin au contraire coule à toutes les tables et le ciel n'est point sillonné d'éclairs d'un présage funeste. Il arrive cependant au dernier pathétique comme la nature elle-même. Je ne crains pas que vous me taxiez d'anglomanie ; vous savez comme moi ce que nous avons de bon et ce qui nous manque. » (*Archives de l'art français.*, Recueil publié par M. Th. de Chennevières, tome III, p. 189.)

Quoi qu'il en soit, les œuvres de Wilkie, vantées dans toute l'Europe, ne sont connues sur le continent que par les gravures qui reproduisent ses principaux tableaux. — La Bibliothèque Impériale de Paris possède une collection assez incomplète de sujets gravés d'après *Wilkie*, dont nous citerons les principaux :

Les Politiques de villages, gravé par Marris. — *Le Jour du loyer*, par le même. — *Colin-Maillard*, par le même. — *L'aveugle joueur de violon*, gravé à Londres par Beyer. — *Même sujet*, par Marris. — *La Saisie*, par Jazet. — *Lecture d'un testament*, par Marris. — *Même sujet*, par Jazet. — *Le Petit Commissionnaire*, par Joly. — *Même sujet*, par Jazet. — *Le Doigt coupé*. — *La Noce du village*. — *La fête de village*. — *Les Moissonneurs*. — *L'Orage pendant la moisson*. — *Le Lapin sur le mur*. — *La Lettre de Recommandation*, par le même. — *Les Délices de la musique*,

— *Les Plaisirs de la danse*, par Moreau. — *Indécision*, par Maille. — *Le Retour inattendu*, par Debucurt, etc.

On doit regretter que notre Cabinet des estampes, si riche sous d'autres rapports, ne soit pas mieux pourvu des belles reproductions que la gravure anglaise a faites des plus célèbres tabeaux de ce peintre.

Les sujets que nous avons choisis pour l'*Histoire des Peintres* sont variés et traités surtout dans le sentiment des gravures anglaises. Ces spécimens seront d'autant plus intéressants pour nos lecteurs qu'ils trouveraient à peine quelques tableaux de Wilkie en parcourant les Musées de l'Europe. Les catalogues des plus riches collections ne contiennent pas même son nom. Il n'y a pas un Wilkie au musée du Louvre! Les œuvres de ce maître sont accaparées par les riches galeries de l'Angleterre, où elles sont comme immobilisées. — On trouve à LA GALERIE NATIONALE : *Guess my name* (Devinez mon nom). Une jeune fille debout, placée derrière un jeune homme assis, lui pose la main sur les yeux. — *Village festival* (la Fête de village), dont nous donnons la gravure exécutée par M. Sargent sur le dessin de Freeman.

GALERIE DE S. M. LA REINE. *Georges IV recevant les clefs d'Edimbourg*. — *Les Invalides de Chelsea* recevant la nouvelle d'une victoire. — *La Princesse Doria* lavant les pieds des pèlerins.

GALERIE VERNON. *Peep of day Boy's Cabin* (la Cabine de l'insurgé irlandais). — *Reading the news* (la Lecture du journal). — *Wood-Land view* (Paysage. Vue d'une forêt.) — Wilkie, qui affectionnait les sujets d'intérieurs, s'est bien rarement essayé dans l'étude du paysage. — *The bag-piper* (le Joueur de cornemuse). — *The first ear-ring* (la première boucle d'oreille), composition remplie de fines intentions dont nous donnons la gravure.

GALERIE DU MARQUIS DE NORMANBY. *The rent Day* (le Jour du loyer).

Galerie de Grosvenor. *La Première boucle d'oreille*, répétition du tableau déjà cité.

Collection Lansdowne. *La Guimbarde*, gravé dans notre recueil par M. Gauchard, sur le dessin de M. Freeman. *La Confession*. — Collection de S. J. Clow, esq., à Liverpool. *John Knox administring the sacrament* (John Knox administrant la cène), grande composition inachevée. — Collection de S. J. Swinburne, bart. *The errand Boy* (le petit Commissionnaire). — Collection de S. W. Wells esq. *The Jews harp* (le Joueur de guimbarde.) — Collection de S. J. Sheepshanks, esq. *Duncan Gray*, sujet tiré d'une ballade anglaise. Nous avons reproduit cette jolie composition. — Collection de S. Sam Dobrée, esq. *La Lettre de recommandation*, qui sert de frontispice à notre texte.

Les tableaux de Wilkie ne sont pas comme ceux de l'École hollandaise, la monnaie courante qui circule dans les ventes publiques, et on pourrait à peine indiquer un prix d'enchère pour une de ces précieuses toiles conservées avec l'égoïsme bien légitime du sentiment national par leurs heureux possesseurs.

TABLE DES MATIÈRES

	Pages.
Avertissement	9
Histoire de la Presse	3
Une fabrique de vices à Paris	75
— — Le fils de l'ouvrier	83
— — Répartition du vice, naissance du crime	110
La révolution de 1848 jugée par un ambassadeur	111
De la condition des gens de lettres	135
Du progrès de l'argot	165
Une croisade contre le costume féminin	179
Du rôle de la femme dans la famille	193
Un type de voyageur. — Bazile Hall	211
Présent et avenir de l'Angleterre	229
Les cantons de la Suisse centrale	249
Les conteurs russes	277
Les Khirgiz	307
Souvenirs des lacs du Cumberland et du Lancashire	319
École de peinture anglaise. — Richard Wilson	333
— — — Guillaume Hogarth	341
— — — David Wilkie	373